# 青椒书话

——青年教师读书精粹

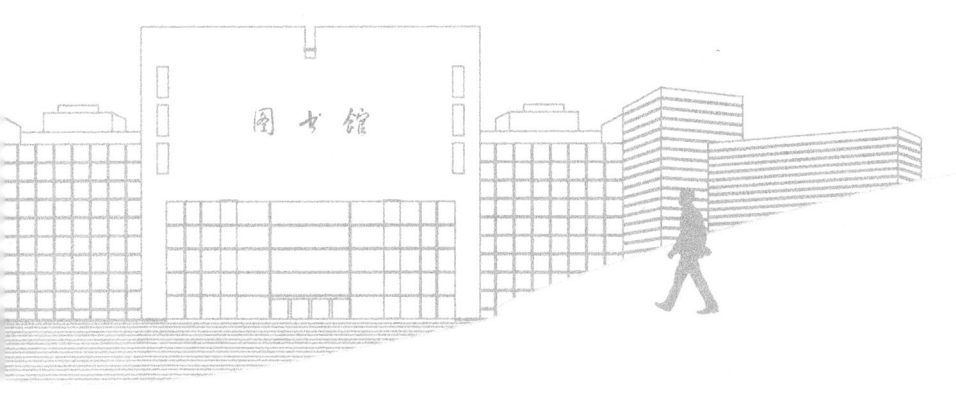

曹炳霞 主编

郑州大学出版社

## 图书在版编目(CIP)数据

青椒书话:青年教师读书精粹 / 曹炳霞主编.
郑州 : 郑州大学出版社, 2025. 4. -- ISBN 978-7-5773-0993-4

Ⅰ. G252.17-53

中国国家版本馆 CIP 数据核字第 2025VL0672 号

青椒书话——青年教师读书精粹
QINGJIAO SHUHUA : QINGNIAN JIAOSHI DUSHU JINGCUI

| 策划编辑 | 张　霞 | 封面设计 | 王　微 |
| --- | --- | --- | --- |
| 责任编辑 | 侯晓莉 | 版式设计 | 王　微 |
| 责任校对 | 王艳霞 | 责任监制 | 朱亚君 |

| 出版发行 | 郑州大学出版社 | 地　　址 | 河南省郑州市高新技术开发区 |
| --- | --- | --- | --- |
| 出 版 人 | 卢纪富 | | 长椿路11号(450001) |
| 经　　销 | 全国新华书店 | 网　　址 | http://www.zzup.cn |
| 印　　刷 | 广东虎彩云印刷有限公司 | 发行电话 | 0371-66966070 |
| 开　　本 | 710 mm×1 010 mm　1 / 16 | | |
| 印　　张 | 16.75 | 字　　数 | 283 千字 |
| 版　　次 | 2025 年 4 月第 1 版 | 印　　次 | 2025 年 4 月第 1 次印刷 |
| 书　　号 | ISBN 978-7-5773-0993-4 | 定　　价 | 68.00 元 |

本书如有印装质量问题,请与本社联系调换。

# 作者名单

**主　编**　曹炳霞
**副主编**　高景晖
**编　委**
| | | | |
|---|---|---|---|
| 王士祥 | 王建生 | 王　琼 | 元成方 |
| 孔喜梅 | 刘玉叶 | 刘玉怀 | 刘宏志 |
| 齐秀琳 | 江　磊 | 许　群 | 李　勇 |
| 吴　漫 | 位俊达 | 张　旭 | 张嘉军 |
| 周　倩 | 庞振超 | 庞新厂 | 赵艳花 |
| 黄　霞 | 梁　静 | 韩　恒 | 褚金勇 |
| 潘中伟 | 薛　波 | 魏　涛 | |

# 序

书籍,是知识的海洋,是智慧的源泉。在汗牛充栋的典籍中,我们得以与古今中外的思想家、哲学家、科学家进行对话,从他们的智慧中汲取养分,开阔我们的视野,丰富我们的内心世界。在郑州大学这片充满学术氛围的沃土上,有一个独具特色的活动——"青椒书话"。这个活动汇聚了一群热爱读书、勤于思考、充满活力的青年学者,他们探讨书中的深奥知识,分享从阅读中获得的喜悦与感悟。

"青椒书话"更像是一个灵感的熔炉、一个思想的交汇点。在这里,每位青年学者都怀揣着对知识的热爱,带来了自己对某本书的独到见解。这些见解或是源于深邃的哲学思考,让人感受到他们对生命、宇宙以及存在本身的追问;或是对生活的细腻感悟,透露出他们敏锐的观察力和丰富的内心世界。他们每次分享自己的读书心得,都能引发活动现场师生们的共鸣和思考。这种交流和碰撞无疑是大学校园中难能可贵的财富。

如今,这些闪耀着智慧火花的读书心得,被精心梳理并汇编成册,形成了这本《青椒书话——青年教师读书精粹》。本书不仅仅是对"青椒书话"活动成果的一次全面而精彩的展示,更是对文化交流的一种深刻致敬,它记录了郑州大学青年学者的阅读轨迹和思考印记。

当翻开这本书的每一页时,你都能感受到青年学者们对于知识的尊重和热爱。他们的思考并没有停留在书本的表面,而是深入到文字的背后,去探寻作者的真正意图,挖掘书中的深层含义。这些心得体会,不仅仅是他们对于某本书的解读,更是他们自身学术研究和人生经历的投射。你会看到,他们在阅读的过程中,不仅学到了知识,更在思考中找到了自己,塑造了更加丰盈的内心世界。

《青椒书话——青年教师读书精粹》不仅是一本充满智慧的书，更是一座连接过去与未来、沟通你我的桥梁。它为我们提供了一个窥见郑州大学青年学者们学术风采和人文情怀的窗口，让我们能够感受到他们对于学术和文化的不懈追求。

我们更不能忽视这本书所承载的更深远的意义。在当今信息爆炸的时代，我们每天都被无数的信息和观点所包围，而阅读，尤其是深度阅读，成了我们筛选、理解和吸收这些信息的重要途径。青年学者们通过阅读所获得的思考和感悟，对于我们每一个热爱学习、追求进步的人来说，都具有极高的参考价值和启示意义。

最后，我想说，《青椒书话——青年教师读书精粹》不仅是一本书，更是一种精神，一种对知识的追求，对文化的热爱。愿我们每一个人都能从这本书中汲取养分，找到自己的学术之路，为人类的进步和发展贡献自己的力量。

同时，《青椒书话——青年教师读书精粹》也是对郑州大学乃至整个学术界青年才俊的一次集体致敬。他们的热情、才华和追求，都在这本书中得到了充分的体现。他们的思考和见解，无疑将为我们带来新的活力和启示。

在未来的日子里，让我们期待更多的"青椒书话"，期待更多的青年学者分享他们的阅读心得。愿《青椒书话——青年教师读书精粹》成为一座永恒的桥梁，引领我们走向更加广阔的知识海洋。

是为序。

崔慕岳

2024 年 6 月 12 日

# 前言

  书香盈室,智慧流光。在这个知识爆炸、信息泛滥的时代,阅读依然是我们心灵的港湾,是我们寻找智慧、启迪思想的重要途径。郑州大学图书馆自2016年起,便以"青椒书话"为平台,汇集校内青年才俊,共襄阅读盛举,旨在邀请精英、分享经典、打造精品。该活动不讲学术,不讲专业,适合各专业各年级的学生;不是讲课,不是讲座,只分享读书感悟。"青椒书话"活动分为四个环节:嘉宾分享、主持人访谈、书目推荐、互动提问。嘉宾分享是由嘉宾选择一本自己喜欢的或对自己影响较大的书进行分享,可围绕这本书分享自己的读书感悟和对生命或人生的感悟,其间可以穿插嘉宾本人的学习、工作、科研经历。主持人访谈是由主持人围绕嘉宾分享内容及嘉宾的个人情况与嘉宾交流。书目推荐是由嘉宾向大学生推荐值得阅读或对自己影响较大或自己喜欢的书,并表述推荐理由。互动提问是由现场观众自由向嘉宾提问与分享书目相关的问题。

  从2016年5月4日启动"青椒书话"以来,截至2023年底,"青椒书话"共开展了33期。其间,出于线下活动受限等原因,有过中断,但是只要条件允许,我们就会适时启动"青椒书话",因为这个活动自开办以来反响一直很好,在学生中形成了一票难求、抢票入场的现象,这给了我们继续做好"青椒书话"的动力。

  "青椒书话"自开办以来就迅速走红,成为大家心有所念心有所想的精品活动,这主要得益于我校青年"大牛"的倾力支持。"青椒书话"的嘉宾都是从我校青年教师中精挑细选出来的,在师生中知名度很高,他们或是学术大咖,或是讲课水平高,本就自带光环,圈粉无数。比如"青椒书话"开办的第一年,一共邀请了9名嘉宾,看看他们的简历,绝对令人赞叹不已。他们分别是曾登台《百家讲坛》讲授《隋唐考场风云》的王士祥老师,河南省首位"全国百篇优博"获得者、河南省数学学科首位"国家优秀青年科学基金"获得者薛波老师,国家级青年人才项目入选者(2015年)、河南省特聘教授庞新厂老师,教育部新世纪优秀人才支持计划入选者、河南省特聘教授张嘉军老师,郑州大学第一位博士辅导员、第一位教育学博士周倩老师,河南省首批青年文化英才、河南省杜甫文学奖获得者李勇老师,河南省高校青年骨干教师、河南省"百优人才"工程获得者韩恒老师,河南省首届"百优人才"工程获得者、河南省特聘教授吴漫老师,享受国务院政府特殊津贴、河南省首位中国青年女科学家奖提名奖获得者许群老师。

如今,我们荣幸地将这份宝贵的读书记忆与感悟集结成册,以《青椒书话——青年教师读书精粹》之名,呈现给广大读者。《青椒书话——青年教师读书精粹》不仅仅是对2016年至2023年举办的"青椒书话"活动的简单回顾,更是一次深度的心灵之旅。这里汇聚了郑州大学青年学者的读书兴趣和人文素养,他们或引经据典,或畅谈心得,或分享感悟,每一篇都充满了他们对知识的热爱和对生活的思考。这些文字,如同繁星点点,照亮了我们的心灵,让我们在忙碌的生活中找到了片刻的宁静与慰藉。

在编写本书的过程中,我们力求保持活动的原汁原味,让每一位嘉宾的声音都能得到充分的展现。但是由于各种主客观原因,我们并没有将33期"青椒书话"活动的分享内容全部收录在此书中。同时考虑到篇幅有限,对每期嘉宾1.5小时左右的分享内容做了删减,并且只保留了"青椒书话"活动前三个环节的主要内容,对互动提问环节的内容没有进行收录。因该活动是即时分享,没有讲稿和课件,口语化较多,在收录时对分享者的内容做了适当的整理与加工。有一点需要说明,"青椒书话"是一个读书分享活动,嘉宾分享的都是自己的读书感悟,是个人见解,非学术观点。如有不同看法,则可坚持自己的观点,也欢迎批评指正。另外还有一点需要说明,因为本书收录的活动时间跨越8年之久,很多嘉宾在这8年之间或是职称有变化,或是职务有变化,或是获得了更多的荣誉称号。考虑到文中对每位嘉宾参加"青椒书话"活动都标注有具体的分享时间,所以依然保留了各位嘉宾参加活动时的个人简介,未做更新。

作为本书的编者,我们也是"青椒书话"活动长达8年的组织者。在这段旅程中,见证了"青椒书话"从萌芽到茁壮成长的每一个阶段,同时也深刻体会到了其中的艰辛与不易。在编写的过程中,重听现场录音,每一期活动都仿佛历历在目。我们的分工如下:从《王士详老师分享〈咸也好,淡也好〉》到《元成方老师分享〈行者无疆〉》,由曹炳霞老师负责;从《刘宏志老师分享〈天龙八部〉》到《刘玉叶老师分享〈诗经〉》,由高景晖老师负责。

《青椒书话——青年教师读书精粹》的出版,不仅是对过去活动的总结与回顾,更是对未来阅读的期待与呼唤。我们希望通过这本书,能够激发更多人对阅读的热爱与追求,让书香飘满校园,让智慧照亮未来。

最后,我们要特别感谢郑州大学图书馆为我们提供了宝贵的资源和平台,感谢图书馆历任馆领导的支持与帮助,正是在图书馆和领导的长期支持下,"青椒书话"这个活动才能在郑州大学校园里生根发芽并茁壮成长。同时,我们要感谢所有参与"青椒书话"活动的嘉宾、读者和工作人员,感谢郑州大学读书会,是你们的热情参与和无私奉献,让这个活动得以持续并不断发展。感谢所有参与本书整理录音、校对文稿的老师和学生,是你们的辛勤努力让"青椒书话"从活动到编书出版成为可能。

让我们以书为媒,继续寻觅知音和精神导师,共同书写更加美好的未来!

# 目 录

王士祥老师分享《咸也好,淡也好》 …………………… 001
薛波老师分享《悲惨世界》 …………………………… 010
庞新厂老师分享《秦谜》 ……………………………… 017
张嘉军老师分享《菊与刀》 …………………………… 024
周倩老师分享《平凡的世界》 ………………………… 032
李勇老师分享《我们仨》 ……………………………… 041
韩恒老师分享《穷人的银行家》 ……………………… 049
吴漫老师分享《读史的智慧》 ………………………… 057
许群老师分享《不遗憾 你离开:张幼仪传》………… 063
张旭老师分享《庸人治国》 …………………………… 071
褚金勇老师分享《娱乐至死》 ………………………… 080
刘玉怀老师分享《平凡的世界》 ……………………… 089
梁静老师分享《三体》 ………………………………… 097
刘宏志老师分享《活着》 ……………………………… 104
翟小波老师分享《西方哲学史》 ……………………… 113
庞振超老师分享《爱弥儿》 …………………………… 119
孔喜梅老师分享《解忧杂货店》 ……………………… 126
潘中伟老师分享《理想国》 …………………………… 135
元成方老师分享《行者无疆》 ………………………… 143

1

刘宏志老师分享《天龙八部》 ...... 150

黄霞老师分享《黄河青山》 ...... 159

赵艳花老师分享《简·爱》 ...... 168

齐秀琳老师分享《不能承受的生命之轻》 ...... 178

褚金勇老师分享《文献中的百年党史》 ...... 187

位俊达老师分享《道德经》 ...... 196

王建生老师分享《东京梦华录》 ...... 205

江磊老师分享《传奇》 ...... 215

王琼老师分享《心流:最优体验心理学》 ...... 225

魏涛老师分享《中国哲学简史》 ...... 235

刘玉叶老师分享《诗经》 ...... 245

# 王士祥老师分享《咸也好，淡也好》

2016年5月4日

## 嘉宾名片

王士祥，郑州大学文学院教授，古典文献学博士，历史学博士后，硕士研究生导师，曾被评为郑州大学最受欢迎的老师之一，并被授予"河南省教师标兵"称号。受邀在中央电视台《百家讲坛》讲授《隋唐考场风云》，并在社会上赢得了一致好评。

## 书目介绍

《咸也好，淡也好》是林清玄25年写作生涯的超越之作。49篇林清玄不同时期最具代表性的散文，让你在纷繁世界中找到一处宁静的心灵归属。

## 嘉宾分享

今天我和大家聊的这一本书叫《咸也好，淡也好》。我先谈一谈和这本书的缘分。

今年3月份的时候，我以主持人的身份参加了河南省中小学教师培训，王崧舟先生作为主讲嘉宾也参加了这个会议。他曾见过林清玄，在讲课的过程中，他提到了与林清玄交流的经历，还分享了林清玄赠他的一副对联："茶味，禅味，禅茶一味；诗心，佛心，心心相印。"

3月25日,我从重庆的江北机场坐飞机回郑州。结果不巧,有大雾,飞机不能起飞。等的时间太长了,我把随身带的三篇论文都看完了,飞机还没起飞。于是我就去了机场里面的一个书店,看看书架上有什么书。看着看着,《咸也好,淡也好》这本书就映入了我的眼帘。这本书的封面是黄色的,很显眼。我看过书名之后,就把它抽下来。我翻到一处,讲的是一个鹦鹉的故事。这个故事里提到的弘一大师也就是李叔同,他出家后,经常给人写字、画画。他在落款的时候,每一幅字画签的名字都不一样,不像我到哪签字都是"王士祥"。林清玄就通过这个故事往下引,引什么呢?这个故事是说,有一天养鹦鹉的人举办鹦鹉演讲大赛,鹦鹉们聚集在一起,都要发言。第一个鹦鹉上来,说"大家好",然后大侃一通。第二个鹦鹉上来,也说"大家好",大侃一通。到最后一个鹦鹉,这个鹦鹉长得太难看了,但很接地气。原来的鹦鹉长得一个比一个漂亮,主人把它们的毛打理得很光滑,嘴巴也给它们弄得很尖。这个鹦鹉上来之后,就说了一句话:"来这么多鹦鹉啊。"然后就下去了。因为这个故事,我买下了这本书。这个故事告诉我们什么呢?一个人一定要说属于自己的话。这个鹦鹉说了属于自己的话,我也想说属于我自己的话。

买过书后我就开始在机场候机厅里看这本书,在看的时候就觉得这本书写得真好。由于林清玄有着特殊的出家经历,他就用最通俗的方式把佛门、禅门的理论讲给我们听。

林清玄出家的时候,有一天,去外边办事,回来之后,发现大殿里面浓烟滚滚。他以为大殿失火了。因为大殿经常有人烧香,很有可能失火。他三步并作两步行,来到大殿,发现老法师也就是他的师父正蹲在那里,一本一本地把经书往火里填。他就问师父:"你为什么把经书烧了?"师父说:"我们的书是用来结缘的,放在架子上谁需要谁就可以拿。可是最后发现根本没人拿,没人愿意读。这个佛经里面的名词太多,一般人读不懂。"这个时候林清玄就起了一个念头:能不能用通俗的语言,通过一些故事,把禅中的智慧告诉世人。他还俗下山之后,就写了一系列关于菩提的书,而《咸也好,淡也好》中的很多文章,又是从这些书里面摘选出来的,都是精品。

我在读这本书的时候,经常会心一笑,就是因为我常常能从他写的故事里面看到自己的影子。在《幸福的开关》这篇文章中,他写了他自己的窘事:小时候家里穷,物资匮乏,他看见小朋友们喝汽水,能喝到打嗝,就觉得太幸福了,他很羡慕。后来,他一个亲戚结婚,买了很多汽水,他抓起两瓶就往厕所跑,到厕所打开瓶盖,咕咚咕咚就喝完了,打了两个嗝,特别满足,特别幸福。他说,他打嗝的时候,根本意识不到厕所里的臭味,那是另一种享受。

这件事让我想到了什么呢?我也是农村的,曾经也物资匮乏。我记得那时候农村吃菜很少,咸菜也没有。家里的老人不让我单独吃饭,因为我吃饭只吃那稀有的咸菜,剩下的全是白饭。所以老人喂我的时候,就把咸菜夹着,往嘴边送,然后让我喝。我一喝,老人往后一拉,没吃着,再来一口,把一碗汤喝完了,老人就把那根咸菜奖给我。我也一直渴望幸福时刻的到来。到了2003年"非典"的时候,学校要求我们申报一个教育部的社科基地,我跟另一个老师负责这个事。学校规定食堂里不让聚集在一起吃饭。这个老师就想了一个办法说:"士祥,咱俩买两箱方便面,再买点榨菜。"然后我们就买了两箱方便面,一堆榨菜,天天吃榨菜就方便面。那段时间真过瘾,真幸福。"非典"疫情过后,有次上课的时候,第一排坐俩女孩,头发盘得太像方便面了。一看到她俩,我就想起了榨菜,当然也想起了自己曾经幸福的日子。这都是很平淡的一些事。

最后一篇文章是《第四个诗人》。在《第四个诗人》里面,林清玄首先用了一句话。这句话很通俗,也不通俗。他引用了塞万提斯的一首诗:"忍受那不能忍受的苦痛,跋涉那不堪跋涉的泥泞。"因为这两句诗,我想到了《五灯会元》里慧可断臂求法的故事,"难行我行,非忍而忍",意思几乎是一样的。这篇文章主要讲的是,有四个诗人发现了一瓶红酒,有三个诗人在想,什么地方产的?什么味道?哪个牌子?然而第四个诗人已经把瓶盖打开喝完了。这就告诉我们,心动不如行动。

这本书中有这样一段话。两个人在对话,甲问乙说:"什么叫禅?"乙说:"你饿的时候就吃饭,困的时候就睡觉。"甲又问:"你做到了吗?"乙说:"我做到了。"甲问:"众生做到了吗?"乙说:"众生没做到。"甲说:"既然饿了就吃饭,困了就睡觉,为什么别人做不到,就你做到了?"乙说:"关键是别人在要睡觉的时候,想着明天要吃什么饭,在吃饭的时候,想着什么时候要睡觉。"这就告诉我们,做事情要专注,干一件事,就要专注这一件事,不要总是被其他事情干扰。对于大学生来讲,玩的时候要玩好,学的时候要学好。所以这篇文章告诉我们的就是活好现在,活好当下。我自己总结了一句话,就是该干啥就干啥。

在看这本书的时候,我觉得是一种享受。虽然记了那么多故事,但是重要的是故事背后的东西。不管是读一本书还是结交一个朋友,一定要讲究一个"一":我读一本书,记住一句话;我认识一个人,学他一个优点;听一堂课,只要能记住一句话就没白听。看完这本书,我就记住了一句话:放下执念,一生从容。这也是我向同学们推荐这本书的原因。

##  主持人访谈

**主持人:**

在录完《百家讲坛》之后,您的生活发生了什么变化?您对自我的认识又是怎样的呢?

**王老师:**

《百家讲坛》确实对我影响挺大的。2005年,《百家讲坛》节目组找到我,当时我还年轻,不懂事,断然拒绝。2006年,《百家讲坛》节目组又找我,我还是拒绝了。

后来中央电视台的一个工作人员又给我打电话让我讲《史记·游侠列传》,当时我就拒绝了。因为王立群老师讲《史记》讲了这么多年,他不讲《游侠列传》肯定是因为不好讲。他就问我要讲什么,我就报了《隋唐考场风云》这个题目,这个题目其实原来叫《隋唐科场风云》。

2013年7月16日录完,8月2日播出。当时录完之后回到家里边,我就感觉自己不是正常人了。8月2日节目播出第一天,我接了150多个电话,手机一直充着电,摸着很烫手;短信是几百条。有一天,我下楼到生活区里提水,拎着水桶,正往前走着,后面有俩老师跟着我。我想,在生活区里还会被跟踪?俩老师转到我前面问:"你是王老师吧?"我说:"我是王士祥,不知道是不是您说的那个王老师。"他说:"对,就是王士祥老师,上《百家讲坛》的那个。"我说:"对,是我。"他们说:"您讲得可好了!"然后他们又说:"王老师,您怎么能这种打扮,您要代表郑州大学的形象。"我当时就穿着睡衣,然后一个裤腿垂着,一个裤腿卷到了膝盖以上,穿了个拖鞋。从那以后发现,不管走到哪里,都会有人在关注我。

我出行,一般三千米以内的,没坐过车,都是步行,再远点儿,我尽可能坐公交车。B12路公交车是我的最爱,虽然一座难求,但是我坐到座位的频率很高,在那路车上经常会遇到开车的司机回头看我的情况。还有就是我们自己校车的司机,因为校车需要刷校园卡,但是我又经常忘记带卡。没有带卡就得和司机解释。司机就会说:"上吧,认识你。"这种认识就让人觉得有一点荣光,但是活得很不真实,活得有点儿累。同学跟同学之间,学生跟老师之间,那是最真实的东西,是没有任何光环的。后来我在一篇文章里写道:名人的"名"咋写,上面一个夕,下边一个口。但是有的人,端的架儿太大了,他就把上面那个夕给捣透了,于是"名人"就成了"各人"。"各人"是与人格格不入的,总是去凸显自己与别人不一样的,然而我自己的追求,就是想像一个正常人一样活着。

我当时从中央电视台影视之家录完节目出来乘坐一辆出租车,司机觉得从这里面出来肯定都不是一般人。他就问我:"你演的什么电影啊?"他把我当成演员了。我说:"我是讲《百家讲坛》的。"他说:"那个更好。不过你这身儿打扮跟别人不一样啊!"我问:"应该怎么打扮?"他说:"你应该戴个棒球帽,戴个墨镜。"我问:"为什么这种打扮?"他说:"你只有这种打扮,别人才会猜你是谁。"所以你看那些名人,他是真的想让别人认不出来吗?他是怕别人认不出来。我走到学校里边,我从来不担心别人认不出来,因为别人真认不出来。但是如果我戴个棒球帽,戴个墨镜,别人就会猜,这人是谁。因此我觉得录完《百家讲坛》对我的影响就是让我变得更累了。所以,我希望如果同学们将来有机会,有了更大的平台,什么都可以变,心不能变。

**主持人:**

《咸也好,淡也好》整本书描述的是一种禅意的欢喜与幸福的体验,令我想起"饭疏食,饮水,曲肱而枕之"朴素的和乐,而关于中国人的和乐最具体的描述大概是孟子的"君子三乐",王老师能否谈谈"君子三乐"中的"得天下英才而教育之"?

**王老师:**

我们学校的"厚山"原来在命名的时候,其实叫"三乐山"。"父母俱存,兄弟无故;仰不愧于天,俯不怍于人;得天下英才而教育之。"我们用"三乐山"来讲我们郑州大学教育的担当。但是因为这个名字不太好记,后来就改了。每一个老师都渴望能"得天下之英才而教育之",因为任何一个老师价值的实现都不是通过自我实现的,是通过同学们实现的。我经常说一句话,"高徒出名师",只有同学们成功了,老师才成功,我希望每个同学都能够成功。

还有一个就是我们当老师的不能有分别心。我们中文系原来有个学生小时候脸被烧伤了,整个脸皱皱巴巴,初一见面挺吓人的。我被分配给这个学生做论文指导,后来这个学生说:"其实今年我考研究生,您能不能给我写一封推荐信?"我说:"你又不是推免生,写推荐信干什么?"他说:"老师,有这个推荐信可能会提高一点成功率。"通过他的论文,能看出来他真是挺用心的,文章写得很扎实。虽然我给他写了推荐信,但是面试后还是没有被录取。到后来他就跟我说,没想到老师们是有分别心的。

**主持人:**

请问老师您平时是如何珍惜时间和保持好心态的?

**王老师:**

一天24小时,如果有2个半小时在玩微信、看视频,我们就有10%的生命在消耗,看了99%与我们自身无关的信息,这肯定是在浪费生命。我的意思就是放下手机。今天上午体检,我左右两边的人都在玩手机,还抢红包。我说:"你们俩这么大年纪还抢红包?"他说:"你不玩手机?"我说:"不玩。好不容易让眼睛歇一会儿,玩啥。"所以网上的一些东西我基本上是不知道的,我就是这样节省时间的。

每个人都会有不如意的时候,关键看你能不能在不如意中占到便宜。林清玄在这本书里面写道:常想一二。在不如意的时候你能不能想想如意的时候?2003年毕业留校的时候,人事处说三年就可以考博士,但是考的时候还得经过人事处的同意。我是2003年毕业留校,2007年考的博士,这中间是4年,也经过了咱学校人事处的同意。等考试完了,人事处给我打电话,原来叫我王老师,这个时候却问"你是王士祥吗?",然后告诉我,我的档案已经转到了研究生院。这意味着我由一位老师变成了一个学生,我脱离了工作关系。没有工作关系但是课还得上着,当时真的是哭也哭了,闹也闹了。但是,工作关系没了。当时说是可以不读博士,再重新工作,重新引进,但是硕士是引进不了的,所以就很尴尬,尴尬的是由原来1789块钱的工资变成了280块钱的生活费,养活不了老婆孩子。所以那个时候相当痛苦,整天愁眉苦脸。

我现在看着这么严肃都是那个时候练出来的。2010年博士毕业,我要离开郑州大学,学院坚决不同意,说你必须留在这儿,留在这儿能给你解决博士后问题。我说,博士后问题不用你解决,到别的学校我一申请照样也能解决。但还是不让走。不让走就留在这儿吧。毕竟这是老关系,读博这几年我一直在岗,虽然没有发工资但还是一直在教学,跟同学们关系处得也挺好。2010年,我作为教师代表发言,所以我第一句话就是:"同学们,我们一块儿毕业了。"现在再想想,这三年经历了那么多不顺,甚至是人生的挫折,但还是忍过来了。它让我在这三年里面成熟了、成长了。我想,如果没有那三年,我今天应该是坐不到这个地方的。

如果遇到了一点挫折,你一定要学会从这里面占便宜。那个时候你才会发现活着还是精彩一点,虽然不可能每一天都是痛痛快快的,总是会有些不如意的事,常想一二,常想一二高兴的事,你就把十之八九不高兴的事渐渐淡化。忘记的可能性不大,毕竟我们还没有脱离这个凡胎。所以,还是那句话,遇到挫折,常想一二,遇到挫折,想办法从里面占便宜,这是我的生活态度。

**主持人:**

希望在座的同学们都能像王老师说的一样,让过去的不幸或者磨砺造就今天更好的自己。王老师,能再给我们分享一下您的读书方法吗?

**王老师:**

我记得有一天晚上,其实已经是凌晨了,我睡觉晚,刚躺下,一个老师给我发短信:"王老师,我遇到一个问题,一个同学给我发短信问我,读书有什么用?应该怎么读书?如果是你,怎么回答?"我给他回复的是:"不好好读书首先毕不了业。书为我设,但我眼前无书,因为书就是我,我就是书,你到底想从这本书里得到什么?如果你得到了你想得到的东西你的目的就达到了。"

认识一个人学他的一个优点,听一堂课记住一句话,读一本书也记住一句话。书里的信息太多了,全记住可能性也不大。读书的时候用心读,忘记的东西说明跟我们没关系,只有留在你脑海里的东西才是你想要的。别怕忘记,你将来走出郑州大学校园,留在你脑子里的东西才是你这几年真正学到的东西。

对于我自己来说,以前我读一本书都是从头读到尾,傻乎乎的,一个字都不落下。可是后来发现读完了还是记不住,尤其是人文社科类的书。人文类、社科类的书教我们如何为人处事,里面的智慧,说白了,就是通过这本书教我们怎么长大。这书里对我们有用的东西,就是我们需要的。所以你读的时候要尽可能有一些设身处地地联想,这个时候你就读得轻松了。你把自己引入,书就不再是书了,书就是我,我也不再是我了,我就是书。听着有点玄,其实就是这么回事。我也问过身边的同学,他们觉得书就是书,我就是我。没有把书当自己,没有把自己与书融为一体。这种读书,第一,累!第二,收获小!

再说一点,如果你们有读书的习惯,学校图书馆给我们提供了很多有益的资源,这么众多的资源里,你能不能真正找到自己将来安身立命的门路,不是说我们啥都懂,人生有限,不可能啥都懂。你能把一个问题说明白,在这个方面你有发言权,这就足够了。苏轼曾经说过一句话"好书不厌百回读,熟读深思子自知"。读书多当然是好事,在读多的同时你还要想办法从你读的书里找出一批或一个系列作为你以后安身立命的东西。纯粹地讲求量多,我觉得将来会成为你的累赘,读多跟读精没有矛盾,不要一味追求多,纯粹的量代表不了质。

另外在我们读的过程中,你读得越来越多,你自己就会有自己的读书方法。我的药未必能治大家的病,自己总结出来适合自己的读书方法是最好的。我上高中的时候,我们班里面有一个同学把英语字典抄了两遍,但那是他的读书方法。正是因为抄了两遍,他成了我们新乡地区的第二名。人家是抄书,而我读完书之后,一般就是摘录里面的一两句话。所以,我读完林清玄的这本书就剩下一句话:放下执念,一身从容。这样就够了,不求多,心里也坦然,总比没收获强。

**书目推荐**

第一本是《论语》,儒家传统文化里《论语》是尽可能要读的。钱穆先生说过一句话:作为一个中国人,要用二十年的时间把《论语》读四十遍。《论语》里面讲了很多为人处事的智慧。北宋王朝有个宰相,他曾经说过一句话"半部《论语》治天下",这也足以说明《论语》的厉害之处。我们把《论语》读四十遍,尽管治不了天下,我相信这里面的人生经验、历史智慧,都会对你大有裨益。

道家的,原本我想推荐《庄子》,但太长了,就推荐五千言的《道德经》。《道德经》是我们五千余年中华文化的代表文献,这一本书里面有很多有智慧的东西,比如"上善若水""道可道,非常道,名可名,非常名"等,都是值得琢磨的。再比如"罪莫大于可欲,祸莫大于不知足,咎莫大于欲得。故知足之足,常足矣",这就是我们今天所说的"知足常乐"。

佛家的,我推荐的是《百喻经》。这本书有100个小寓言故事,趣味性很强,充满了浪漫主义色彩。道家佛家不是纯粹的宗教,里面是我们的中华传统文化。这里面有智慧,有些东西值得我们学习。

再推荐一本《世说新语》。这是一本文学类的书,通过一个个小故事让我们了解那个时代的人文心态。

还有一本《唐语林》,这本书故事性很强,可以补充正史的不足。

# 薛波老师分享《悲惨世界》

2016 年 5 月 13 日

## 嘉宾名片

薛波，郑州大学数学与统计学院副教授，理学博士，硕士生导师。河南省首位"全国百篇优博"获得者，河南省数学学科首位"国家优秀青年科学基金"获得者。

## 书目介绍

《悲惨世界》是法国作家维克多·雨果的一部长篇小说，跨越了拿破仑战争和之后的十几年的时间，是 19 世纪最著名的小说之一。故事融进了法国的历史、革命、战争、道德哲学、法律、正义和宗教信仰。

## 嘉宾分享

今天我想和大家分享的是关于名著《悲惨世界》的一些读后感。首先，请允许我向大家简单介绍一下《悲惨世界》这部著作的大致内容。《悲惨世界》是由法国作家维克多·雨果 1862 年发表的一部长篇小说，故事的主线围绕主人公冉·阿让的个人经历展开，跨越了拿破仑战争和之后的十几年的时间，融进了法国的历史、革命、战争、法律和宗教信仰等元素，是 19 世纪最著名的小说之一。到了 20 世纪，它又多次被改编成电影，同样吸引了无数的观众。

我第一次读《悲惨世界》是在初中时期。当时我们语文老师的教学方法相对比较创新,在课时压力很大的情况下,她还坚持每周让我们用一下午的时间去图书馆选择自己喜欢的名著进行阅读。就是利用这个机会,我第一次仔细地阅读了《悲惨世界》。第一次读《悲惨世界》的时候,我的想法非常简单,就是想学习一下著名作家的行文结构和写作技巧,通过模仿来提高自己的写作水平。看过一遍之后,因为没有太多的生活经验,当时也没有十分强烈的感受,只感觉书中许多关于人生、法律、信仰的名言特别激励人心。

后来到了高中、大学,有机会又读了几遍《悲惨世界》,发现每次的感受和收获都不一样。初中时主要是看书中经典的语句和写作手法,高中的时候因为学习了世界历史,我才把书中发生的故事和法国大革命时期的历史背景联系起来,从而对其中的人物命运有了新的感受。比如,为什么当时冉·阿让从牢狱中被释放出来以后必须拿一张黄色的身份证去另一个指定的城市?这是和当时的法律制度息息相关的,当时的政府规定:做过苦囚牢的人,出狱以后就不再是普通百姓了,要拿黄色的身份证件,而且必须到指定的城市去从事指定的工作。他就想要逃狱,这才迫使他发生了以后一系列的故事。到了大学以后,随着人生阅历、生活经验逐渐增多,重读雨果的《悲惨世界》可以强烈地感觉到:书中描述的是大革命时期法国人民的生活如何悲惨,其实全书的核心思想是弘扬人性和大爱。

我们可以回顾一下书中的一些经典章节或者经典片段。主人公冉·阿让第一次被抓进监狱的时候,是他为了不让姐姐的孩子饿死而去偷面包,因此被判处五年徒刑。但他并不信任法律,屡屡越狱以致罪行加重,最终被判坐牢十九年。

后来虽然出狱,但苦役犯的罪名永远地附在了冉·阿让的身上,他找不到工作,连住宿的地方都没有。他的内心应该是被一种严重的恶意所笼罩,感觉这个世界太不公平了,对社会充满了敌意,想要通过报复社会来寻求心理平衡。

在前往指定城市的途中,疲惫困顿的冉·阿让推开了受人尊重的米利埃主教的大门。好心的主教招待了冉·阿让,给他提供住所,给他提供晚餐,然而心怀恶意的冉·阿让并不想着怎么报恩,却见财起意,为了偷走教堂中的银器换取一些钱财继续生活,冉·阿让想要把熟睡中的主教杀掉。然而,在准备行刺主教的时候,他发现一缕月光照射在主教慈祥的脸上,仿佛看见了天使降临在人间,心里的恶意逐渐消退。虽然他放弃了刺杀主教的计划,但还是偷走了银器。冉·阿让随后被警察抓到,带回到教堂里。善良的米利埃主教选择了宽容,声称银器并不是他偷的,而是自己送给他的。主教善意的谎言给了冉·阿让一个救赎的机会,让他躲过一次牢狱之灾。这时候我觉得冉·阿让的人性,他善良的一面是彻底地觉醒了。感恩主教的善意,冉·阿让化名马德兰来到蒙特勒小城,从此洗心革面,重新做人。

至此,冉·阿让人性中的善良被彻底唤醒,也才有了之后几次他令人印象深刻的人性闪光。他照顾芳汀的女儿,救一个被大车压住的老人,救马里尤斯。当地一个老头被当成冉·阿让接受审判时,冉·阿让陷入了矛盾的挣扎中。如果承认,自己的身份则会被捕无法照顾芳汀母女,如果不承认,一个无辜的人就会为自己所累而被捕入狱。最终良知战胜了一切,他毅然地走上法庭,道出自己的真实身份。我觉得这都是他人性的闪光点。

从《悲惨世界》整个故事中可以看到,冉·阿让第一次偷面包是为了救济亲人,可以说属于"小爱"的范畴,而后来的几次义举都是为了别人,为了成全别人,这就属于"大爱",这是非常伟大的。特别是最后,他完全可以把芳汀的女儿科赛特留在自己的身边(因为他非常爱自己辛辛苦苦带大的孤女),然后和她快乐地生活,但是他为了成全科赛特的爱情,他选择了牺牲自己。这完全就是一个人人性的闪光,是他的爱和他的人性已经得到了升华。

《悲惨世界》虽说名为"悲惨世界",但是这本书里面充满了爱。作者从一个看似不起眼甚至卑微的小人物出发,向我们展示了一个包罗万象的世界。同时书中也描写了在那个时代背景下法国的历史、宗教、法律等。雨果在写这本书的时候,曾去过很多书中涉及的地点甚至苦囚牢中实地考察,所以说《悲惨世界》是一部以当时的现实生活为基础,而又高于现实生活的伟大的艺术作品。结合到中国的古话,就是"勿以恶小而为之,勿以善小而不为"。

## 主持人访谈

**主持人:**

在《悲惨世界》的众多人物形象中,令您印象最深刻的是谁呢?

**薛老师：**

这部名著里面每一个人物形象都非常鲜明。我相信大家对冉·阿让的形象印象最深，但对我来说，印象最深刻的是米利埃主教。可以说，没有米利埃主教就没有后来的冉·阿让，他可能就是一个非常普通的苦役犯，甚至是一个非常倔强的苦役犯，他不止一次逃狱，甚至可能走向犯罪的深渊。他为冉·阿让提供食宿，还对警察说被偷走的银器是自己送给冉·阿让的，使主人公免去了牢狱之苦，防止他进一步坠入罪恶的深渊，并且唤醒了冉·阿让内心的人性光辉。可以说，如果没有米利埃主教，后面的故事就都不会发生。

**主持人：**

米利埃主教就是冉·阿让生命中的一缕阳光，让他有了信仰、懂得宽恕。故事中的沙威，也有自己的信仰，有着不同于别人的坚持。您可以跟我们谈谈您对信仰的看法吗？

**薛老师：**

我们经常看到网络上有人批评现代人信仰缺失。在我看来，信仰是和所处的时代紧密相关的，网络上或者新闻里所说的信仰缺失似乎是和某个特定年代做对比的。我觉得可能在那个特定年代，大家都有一个梦想，朝着一个方向去奋斗。但现在好像大家都不一样了，几乎都没有共同的信仰了。与其说当代人信仰缺失，倒不如说是当代人信仰多元化了。正如《悲惨世界》里说的："人都是要有信仰的，没有信仰就不会得到幸福。"我认为，每一个不甘于碌碌无为、有目标并为之努力的人都是有信仰的人，只不过是你不要用自己的信仰去衡量其他人，你就不会觉得自己的信仰伟大，别人的信仰不伟大。我觉得有目标有信仰的人都是伟大的人，都是值得我们敬佩的人。虽然《悲惨世界》里面描述的世界很悲惨，到处都是战争，到处都是苛捐杂税，到处都是封建制度在压榨人民，但是不管这个世界有多悲惨，有信仰的人都不会被悲惨的世界所改变。

刚才主持人提到了沙威，从另一个角度看沙威是一个很单纯的人，虽然他一直在追捕冉·阿让，看似是个反派角色，但是我觉得他有自己的信仰。作为一名执法者，沙威的信仰就是法律，所以他要做的就是维护法律的尊严,他不去考虑他做的事是为封建制度还是为资本主义制度来服务。沙威坚定地认为:既然制定了法律,我们就要维护法律;既然有人犯法了,有人没有按照法律的条文实行,就要让他受到惩罚。所以说,和其他人比起来,我觉得沙威更单纯,他有一个执念,就是为了自己的信仰和信念一直在不停地坚持、不停地努力,一直在追踪冉·阿让,并且用尽自己的方法想让冉·阿让承认自己就是那个没有到指定城市服苦役的犯人,我觉得他其实也是一个可以让人敬佩的人。就像我刚才所说的,不管别人的信仰是什么样子,只要他有信仰,只要他为了自己的信仰去努力的话,那都是值得人去尊重的。

在《悲惨世界》这本书里,每个人都有自己的信仰。有的人的信仰可能伟大一点,就像科赛特的爱人一样,他的信仰是要推翻封建统治,建立共和制度;有的人的信仰看起来似乎渺小一些,像洗衣工芳汀,她只是想让自己的女儿幸福。就像我刚才所说的,不管别人的信仰是什么,只要他有信仰,只要他为了信仰去努力,那都是值得尊重的。

另外,每个人的标准是不一样的,不能用普适的价值来衡量。网络上经常喜欢标签化,我是80后,80后是第一代被贴上标签的人,说80后不懂规矩。80后、90后进大学了,似乎就是一些离经叛道的人。但是,我觉得时代在发展,就应该有一些老的规矩被打破,我们一直在强调创新,不应该固守成规。

**主持人:**
经典名著都是经过长时间的检验的。您认为大学生读经典名著有什么益处呢?

**薛老师:**
相对来说,现在的世界似乎比以前浮躁了很多,大家都有点急功近利,不像以前那么单纯,想做就去做。现在大家做事情之前似乎都会衡量一下利与弊,看看付出与回报是不是成比例的。但是,我觉得没有必要。每个人都有自己的一套做事方法,看书也类似,我建议大家多去读一些经典名著,而不是只关注销售排行榜上的"热门书目"。经典名著能从长时间的淘汰、更新中留传下来,肯定是有它的原因和独特魅力的。

最近网上流行的一句话,"世界这么大,我想去看看"。然而,人的精力是有限的,读书能够为我们提供一个很好的平台。比如历史已有几千年,我们不可能每个时代都去经历,但如果你想去了解那个时代的话,你可以去读那个时代的经典。我相信那个时代所写出来的经典或名著,都是对当时最客观、最真实的反映。因此,我建议大家读人文类书籍的话就去读经典。而读理工类的书最好的方法就是做好读书笔记,理工书籍有些知识点特别散,只要把里边的精华做好笔记,理解它的精髓就可以了。

**主持人:**

其实读书是一件很个人的事,每个人都有自己不同的感悟。刚才薛老师跟我们分享了人文和理工类不同书籍的读书方法。而对于人文类书籍,有时候我们在不同的时期看同一本书会有不同的感受,如果把每一次不同的感受记下来也是一种很奇妙的体验。您平时看书是通过什么途径找到这些书的呢?

**薛老师:**

一方面是靠朋友推荐。朋友看过了以后觉得这本书挺好,或者说这本书经常会有人谈,会有人提到里边的一些比较经典的桥段,都会吸引我去读这些书。另一方面,刚才我说了人文类书籍主要是读经典。另外像豆瓣或者当当网等的图书榜单还有评分,也是一个很好的参考指标。

## 书目推荐

浅阅读是一种时代特征,通过微信等也可以阅读。只要你喜欢阅读,不管是以什么形式、在什么时间都可以阅读。就像刚才我说的信仰一样,不是拿着一本纸质书读就是高贵的、有信仰的,而拿着手机读一些碎片化的文章就是没有前途的。其实并不是这样的,只要你喜欢阅读,不管是以什么形式,什么时间都可以去阅读。所以我就不再推荐那些经典的名著了,相信大家都已经非常了解,并且也有很多途径去了解。今天我想推荐的是一些我读过之后觉得还不错的几本书,这些书目各有特点。

第一本是我在上大学时读的,丹·布朗写的《达·芬奇密码》。丹·布朗是美国的一名科学作家,他喜欢把数学、物理等自然科学融入他的故事里面。《达·芬奇密码》这本书是丹·布朗的系列小说之一,这本书的书名是因为它的内容是由达·芬奇的一幅画引起的破解、追逐的一系列事件。这本书把看似和自然科学没关系的一些绘画、书籍和故事与自然科学有机地联系起来,读起来十分有趣味,里面有一些破解密码的情节很引人入胜。

第二本书是钱锺书先生的《围城》,相信很多人也看过。《围城》早年曾被改编成电视剧,当时引起了强烈的反响。最初我读这本书的时候,只是感觉语言非常幽默,但读过两遍之后逐渐体会到,《围城》看似是在讲婚姻,其实它和《悲惨世界》一样,是以婚姻为切入点,描写了抗战时期的社会百态,以及每个人在当时环境下所表现出的不同人性特征。

再推荐一本,就是余秋雨的《文化苦旅》。在我读硕士研究生的时候,余秋雨的散文集也很流行。当时我读了一篇,是他写在小山村里下着雨,而我在宿舍里读的时候,外面也正好是下着凉凉的秋雨,我就觉得他完全把我的感受写了出来,特别欣赏余先生能悟出那么多的人生道理。

最后要推荐的书是前一段时间被翻拍成电视剧的《平凡的世界》,这也是最近比较受大家欢迎的一个作品。《平凡的世界》故事发生在距离我们大学生似乎有点遥远的时代,也是一个非常纯真的时代。通过阅读《平凡的世界》,我们可以深刻地体会到书中所描写的那个时代,有一群人为了自己的理想、信念和爱情去拼搏,去奋斗,读起来十分感人。

# 庞新厂老师分享《秦谜》

2016 年 5 月 19 日

## 嘉宾名片

庞新厂,郑州大学材料科学与工程学院教授,理学博士,博士生导师。国家级青年人才项目入选者(2015 年),河南省特聘教授,郑州大学特聘教授。

## 书目介绍

《秦谜》是李开元先生关于秦朝历史的独特解读。李开元先生以他对历史的刻苦钻研和对人心的考量,写下了这本还原秦朝历史的著作,为我们解读秦朝的兴衰史提供了一个全新的视野。

## 嘉宾分享

我曾经参加过郑州大学新校区的开工仪式,以一个学生的眼光看到了郑州大学发展的一个侧面。我当时还写了日记去记录一些事情,以一个普通的学生来看待这一段历史。可能再过两千年,未来那个时代的历史学家看待这个问题的时候,会找到一个叫庞新厂的人写的这本日记作为历史资料,查看他从侧面以一个普通人的角度记录郑州大学的发展史。这些东西都代表了我们过去怎么看待这件事情:我们是从哪儿来的?我们的思想从哪里来?文化从哪里来?这些历史性的东西为什么会走到现在?由此就引出了我推荐的李开元教授的《秦谜》。

李开元先生是一个历史大家,他是北京大学历史系毕业的。我在美国参加一次会议的时候偶遇过李开元教授,当时他在做一个读书沙龙,正在讲他写的这本书,他完全是用一种理工科思维的方式来讲历史,讲得特别精彩。即使两千年过去了,很多历史场景都不能够重现了,为什么很多人对秦朝的历史感兴趣?因为中国五千年的文明从秦开始是一刀两断的。秦朝以前是一个由贵族统治的社会,是一个封建邦国式的社会。公元前221年,秦统一六国之后,社会制度发生了彻底的颠覆,贵族渐渐退出了历史舞台。之后的郡县制,包括后来的科举制等,让平民政治开始登上了历史舞台。毛主席特别喜欢的两个历史人物,一个是秦始皇,一个是曹操。他说这么多年过去了,我们用的政治制度、治国的模式还是秦时期的模式。所以研究秦朝的人特别多。

最早开始大面积写秦朝历史的是司马迁。司马迁写《史记》所用的资料,都是西汉早期传下来的宫廷的一些档案,他以这些为基础来写秦朝的历史。司马迁的写法是惜墨如金,他写得比较粗线条,因为当时许多历史档案都找不到了。所以我们在看秦始皇统一六国这个过程的时候就比较粗略,很多逻辑并不通顺,也有很多谜不能解释。

第一个谜就是秦始皇嬴政到底是谁的儿子。是吕不韦的儿子,还是异人的儿子?司马迁只写了异人在赵国做人质的时候,懂得投资的吕不韦看中了这个不得志的王子,他把自己的女人赵姬送给了异人。有人说当时赵姬已经怀有身孕,所以就有了这个谜案:嬴政到底是谁的儿子?

还有一个大的谜团,是秦始皇有一个弟弟成蟜,他第一次出现是15岁的时候出使韩国,还做了一个很重要的外交贡献——从韩国手中要回了一百多里的地。但是之后再攻打赵国的时候,他就叛变了。他为什么在这个时候叛变?这是一个很大的谜团。他在叛变的时候,秦始皇已经执掌秦国的政权9年了,这时候的文官集团和武官集团全部都在邑城,他没有任何动机。李开元教授说,这一定是赵国外戚和楚国外戚的内讧事件造成的,这不是一个政治叛乱,他就是想通过这个契机把赵国的外戚集团和楚国的外戚集团一次消灭。为什么要消灭它们?是为以后统一国家做准备。不管是赵国还是楚国的外戚集团在战争中对统一国家都是一个巨大的阻力,他要找一个合适的历史时机。另外嬴政把他的大儿子扶苏贬到长城边监视蒙恬,扶苏

在接到诏书后就自杀了。李开元先生就非常奇怪,为什么让他监视,他却自杀了?

《陈涉世家》中在陈胜和吴广起义的时候,打了两个人物的旗号。第一个是项燕,项燕是楚国人,这个是可以理解的。他还打了一个旗号,就是扶苏,他为什么要打扶苏的旗号?这个非常奇怪,就好像孙中山先生在革命的时候打溥仪的旗号。秦朝的档案中唯一没有记载的就是秦始皇的皇后是谁。在秦国几百年的历史中,对皇后的记载都是非常详细的,为什么在宫廷档案中没有皇后的信息?再结合扶苏的事件,我认为这个皇后一定是个楚国人。楚国贵族消灭的整个来龙去脉,李开元教授引用一个推理的过程写了出来。就像一个案件的侦破,警察通过案发现场把事情还原出来。

有些人也试图把数学的推理和数学模型应用到人文科学中,因为科学都有自己的一套推理方法。学自然科学的都知道,如果 A 能推导出 B,那么 B 就是 A 的必要条件,A 就是 B 的充分条件;如果 A 推导出 B,B 也能推导出 A,A、B 互为充分必要条件。所以如果你不知道一些内在逻辑推理方法,就会上当。这有一个逻辑推理的伪命题:如果你对一只完好的蜘蛛喊一嗓子,蜘蛛就会跑掉,如果你把这只蜘蛛的腿全部砍掉,再喊一嗓子,这只蜘蛛就纹丝不动。这可以得出一个结论:这蜘蛛的听觉系统在腿上。这个逻辑推理看似很严密,其实是错的。这就体现了在历史推导和人文推导中运用基本的理工科知识的重要性。

有时间的时候大家可以多读读书,人总是要做一些远离功利的事。

## 主持人访谈

**主持人:**
我们在历史课本或者影视作品中就经常会看到对秦始皇的评判,说他是一个暴君。那么请问老师,您是怎么评价秦始皇的?

**庞老师:**
对历史人物的评价是比较多元的,按照现代历史流派的看法,它会基于一些自身的背景、利益。基于这些因素,现代艺术发展和历史很像,后现代艺术的鼻祖、法国艺术家杜尚，他的作品很强调观看人的感觉，纽约后现代艺术馆的镇馆之宝就是杜尚的一个自行车轮，你看着很无聊，但它就是后现代艺术的一个典型作品，表现了杜尚对艺术的解读。艺术品本身不重要，重要的是解读的人。读者怎么看待这个事是最重要的，在不同知识的人、不同文化背景的人看来是完全不一样的。

说到历史，总该有一个标准，我们普通读者怎么看待，应该有一个官方性质的、按照横纵坐标定量的评价标准。如果各位有一天成为改变历史的大人物，一定会面临历史的评判。中国传统的做法就是，纵坐标是"史"，横坐标是"经"，按照这个标准去衡量一个人物。所以秦始皇时代的根基、阶层决定了他的出现，这是历史前进的必然结果中的偶然。即使没有"嬴政"也会有其他人出现，就像法国大革命时期。在平民阶层开始登上历史舞台的时候，一定会有一个平衡，就像化学反应中的平衡，平衡发展到一定阶段就会剧烈震动失衡，再达到一个平衡。所以秦始皇是历史的推动者，至于秦始皇是一个暴君，这是用道德模范评判的，而不是以历史的宏观角度去看待的。

**主持人：**
每个人都有自己的看法，我们应该站在历史的洪流中看待。其实这本书是用一种推理、还原现场的方式来解读历史的。您对这种方式有什么看法吗？

**庞老师：**
历史分两种玩法：一种是历史学家的玩法，他们是做学问的；另一种是我们普通人的玩法。这是两种解读历史的标准。历史学家们有自己的看法，我们普通人和看电影是一样的，要看故事、细节。韩国电影很注重对人物的心理刻画，在需要的时候呈献给观众。所以看推理类型的历史书有故事性，很生动有趣。好莱坞电影就和写历史故事是一样的，包括韩剧都是按照三个层次走的，就是：赋、比、兴。赋就是白描，"关关雎鸠，在河之洲，窈窕淑女，君子好逑"。比就是比拟，"硕鼠硕鼠，无食我黍！三岁贯汝，莫我肯顾"。兴就是抽象的理论。多重手法的使用吸引我们读者深入阅读，持续关注。我们周围发生的事怎么发展，就是按照一定的故事性和逻辑性。

**主持人：**

前段时间一名通信工程领域的教授发了一条微博,说工程师才是社会的中流砥柱,他认为人文学科和社会学科的学者对社会是没有什么贡献的。您怎么看待人文学科和自然科学与社会之间的关系？

**庞老师：**

在我们这个时代,由于中国特殊的国情,弱化了人文方面的研究。最开始对这个有区别就是高中文理分科,专注多项就会没有精力兼顾,上了大学就没有心思读书了,毕业以后忙于工作更没有时间。由于这些外在因素影响了人文。2002年,江泽民同志视察中国人民大学的时候曾说,哲学社会科学与自然科学同样重要,培养高水平的哲学社会科学家与培养高水平的自然科学家同样重要,提高全民族的哲学社会科学素质与提高全民族的自然科学素质同样重要,任用好哲学社会科学人才并充分发挥他们的作用与任用好自然科学人才并充分发挥他们的作用同样重要。从那时起,人文学科开始被重视,但由于时间较短,理工科比较具有功利性,容易养家糊口,造成了很多人认为文科的用处不大。而在西方国家,人文学科比较发达,"文艺复兴"复兴了思想、人文、艺术,他们认为人文学科是社会发展到一定阶段的副产物,人类追求真、善、美,而自然科学只研究"真",不停地实验、实践。

自然科学与人文科学发展的关系就像正弦曲线,一个处在波峰,另一个就必定在波谷。自然科学的发展象征着人们的生活水平提高。我们处在一个革命大发展时代,依赖互联网技术,这时人们处于享受的状态,就不愿意去想太多深刻的哲学问题,这时人文科学发展就很寥落。自然科学发展失控时,人文科学就发展到了一个高峰。第一次世界大战是怎么发展起来的？站在人文发展的背景下去看待这个事,这个战争一打响,后来人们发现,与以往的战争都不一样,人类发明了捕杀同类的方法,比如坦克、机枪。甚至整个欧洲的年轻人都上了战场,要么死,要么残废。当自然科学的发展开始出现了不可解决的问题的时候,人文精神就开始登上历史的舞台。我们现在沉浸在物质生活的享受中,物质生活上一些消极的东西会慢慢出现,这是科学技术发展的一个过程。

**主持人：**

科学技术其实是一个非常具有功利性的东西，当我们研究一个东西的时候，我们会想到它有什么作用，它能提供一种手段，但是它不能调整社会关系。

**庞老师：**

尤其是我们学自然科学的，当我们的研究处在开创性的阶段时，没有人给我们提供一个知识的支撑，这个时候我们需要人文精神来支撑我们前进。人文科学的发展，会提供一种思路。尤其是在理工科研究进入特定领域的时候，人容易钻进去，出不来。人总归要回到现实中，找到科学发展体系的一个支撑。

**主持人：**

像您这样的理学博士，喜欢历史、文学的原因是什么？

**庞老师：**

无论你的职业是什么，最终总会回到一个点上，那就是人。人最基本的思维方式和精神需求是必不可少的。每个人在求学的过程中，难免会遇到一些挫折，很多人想不开，躲在自己设的局里面出不来。就是因为他思想理念中人文的东西太少。只要走出低谷，就是一个巨大的进步。你的每一次巨大的进步，不是来源于鲜花和掌声，而是你反省后思维方式的豁达。当多年后回望的时候，你就会释怀许多。五千年间，包括在一些历史大条件下，很多平民百姓是没有留下只言片语的记录的。除非你是历史学家笔下的大人物，能够影响历史进程，你才能被后世记住。

## 书目推荐

《天命不足畏》是写王安石变法的，介绍了王安石变法的来龙去脉，把王安石和北宋的奸臣并列，讲了任何变法都不能脱离社会。

《黑洞——弘光纪事》分析了明朝在一年之内为什么土崩瓦解。

《旧制度与大革命》探讨了法国大革命时期的制度,如何更换制度继续革命。中国的社会现状、所处的历史时期和法国革命时期非常像,可以供我们反思。

《超限战》写的是战争,在面对强势政权的时候,弱势群体应该如何面对。

《帝国的惆怅》写的是秦朝之后社会制度的演变,为什么演变,革命是怎么爆发的,大的政治框架中人是怎么互动的,人文精神是怎么发展的。

# 张嘉军老师分享《菊与刀》

2016 年 5 月 26 日

## 嘉宾名片

张嘉军,郑州大学法学院教授,法学博士,河南省特聘教授。教育部新世纪优秀人才支持计划入选者,河南省首届十大优秀中青年法学家,河南省第七届优秀青年社科专家。

## 书目介绍

《菊与刀》是一部通览日本文化、解读其矛盾性格的惊世之作,作者用"菊"与"刀"来揭示日本人的矛盾性格,即日本文化的双重性。该书畅销 100 多个国家和地区,是我们了解日本不得不读的经典著作。

## 嘉宾分享

我上大学时看过《菊与刀》这本书。我印象中好像是当年我们老师从日本留学回来以后,跟我们提到过这本书,所以我就借回来看。我当年没看懂,现在又完整地看了一遍,突然发现几十年之后再看这本书,原来这么简单。因为有了之前几十年的沉淀和积累,我再看这本书的时候,很多东西都已经理解、认识了。

我大学时看过这本书,至今对这本书的名字记忆犹新。这给我们一个启发是:我们看每本书,并不意味着必须把这本书的所有东西都记下来。如果说一个人能够把看过的所有东西都清晰完整地记忆下来,我相信这个人很受罪,天天晚上睡不着觉,一躺在床上就开始放电影,一直放到天亮。所以说还得感谢我们记忆不好,这样可以让你忘记一部分,然后沉淀一部分,能够记忆一部分,这样我们可以做更多的事情,有更多的精力。

因为我是研究法学的,这么多年已经养成了一种习惯性做法:总是喜欢把"一二三四"写得非常清楚。

我发现研究日本文化的书有两本。一本是第二次世界大战接近尾声的《菊与刀》,一本是2001年出版的《犬与鬼》,这两个名字都很怪。《菊与刀》是美国的一个学者在1944年接受海外情报局的任务时写的一本研究日本文化和民族个性的书。日本在那段时期很快就要投降了,投降之后怎么统治它,怎么驾驭这个民族来为美国服务,这是他们当时迫切想知道的。但是作为美国当局来讲,他们一致认为日本这个民族和我们中国不一样,他们好战,而且每个人都要战死。美国人派军舰接近日本本土的时候,日本人当时没有什么武器,他们带着有限的弹药,开着飞机直接往军舰上冲,同归于尽。日本人拿着长矛之类的武器和美国作战,一定要战死,效忠天皇。日本人性格中有一种报复思想,这种思想让美国高层感到不安。如果美军占领日本,日本人会打游击战报复他们,所以美方迫切想知道日本是一个怎样的民族。

于是这本书的作者接受了这个任务,写了这本书。当时她是从人类文化学这种角度,以一个外国人的眼光来看日本民族的。她想,怎么给日本打上一个标签,形成一个固定的文化模型,让美国高层做出一个很好的决策。她通过研究发现,美国人当时对日本人有一种误读。误读是因为在战场上美国人看到日本人忘我的战斗精神。但是她通过了解日本的文化之后发现日本人是很矛盾的。一方面,他们有一种像菊花一样的精神。菊花在日本是很高贵的,作为皇族的象征,它是皇花,是皇族的一种标志,代表着高雅和高贵。另一方面,他们又具有另一种个性,刀的性格。因为他们是武士,一言不合便拔刀相向,然后报仇。我们看日本的电影时会发现他们看着文文雅雅、正人君子,但是一到了战场,他们就不再是"人",南京大屠杀,烧杀抢劫,什么都干。所以说他们是矛盾的人,有双重性格的人,"菊"和"刀"就代表了两种相互矛盾的个性。这本书一度成为美国的畅销书,日本人也研究这本书,因为他们要反省自己。这本书传到我们中国之后,成为研究日本文化和日本人性格的典型性的代表作品之一。

另外一本书也是研究日本文化的，叫作《犬与鬼》。日本进入现代化社会以后，一个美国人定居到日本，花了很长时间写了这本《犬与鬼》。他认为日本战败以后很快从战败的阴影中走出来，然后发展经济，很快超越了很多资本主义国家，是一个奇迹。这本书描写了日本高度繁荣的经济景象，同时，他又认为日本的繁荣是一种表面的繁荣，背后隐藏的是官员腐败、过度开发导致的环境污染和枯竭，而且他们的银行体系非常落后。所以他认为日本的本质是后者，也就是"鬼"。但"犬"是表面的，"鬼"是本质的。"菊"和"刀"是两面的，但指的是第二次世界大战前的日本。"犬"与"鬼"反映了第二次世界大战后日本人的凶残性格。多年之后，他们也经过了资本主义国家文化和经济的洗礼，但依然没有改变这种凶残的性格。

《菊与刀》还文雅一些，《犬与鬼》就描述得比较凶残，但是它们都反映了日本人的性格特征和文化特征。

我想到一个问题，"耻感文化和罪感文化"，这本书专门有一部分提到。1944年的时候，作者就提到了这样一个命题，一个是"耻感文化"，一个是"罪感文化"。传统意义上的中国人身上就体现着一个典型意义上的"耻感文化"，比如你在村里面干了什么丢人的事，感觉抬不起头，总是感觉有人戳你脊梁骨，有些人受不了这种舆论的指责，最后就上吊自杀、投井自尽。在美国大片里，黑手党老大经常没事就去教堂里忏悔，忏悔出来后该怎么干还怎么干，这是典型的"罪感文化"。亚洲很多国家蕴含着一种"耻感文化"，可能因为没有宗教信仰，我们有儒家文化，它是文化，而不是宗教。有人说它可能是一种宗教，但是它和我们真正意义上的宗教很不同，比如说佛教、伊斯兰教等。

本书最后一章讲投降后的日本，与第二章战争中的日本相对应。战争中的日本什么都不顾，非要战斗到死，轻易不投降，如果被俘虏了，就切腹自杀，非常凶残和暴力。但是天皇诏书一下，说我们投降，这些日本人立刻放下武器，变得非常善良，该干什么就干什么，很平静地去大街上买菜、逛街，变得特别安静。美国人来到日本本土，日本人竟然开始对他们招手、微笑。这让美国人想不通，以为是伪装的，背后有阴谋。结果发现就是这样，没有什么阴谋。前几天还在战场上对决，你死我活，第二天武器一放下，便对美国人微笑、打招呼。这种巨大的反差需要让美国人、让世界去研究它,研究的结果是什么?那就是《菊与刀》。

《菊与刀》这本书体现的日本文化,我归纳了一下,主要有以下几点。

第一,相对主义与日本文化。首先,这本书和《犬与鬼》是相对的,并且是相差很远的两种东西。日本人一方面爱美又好斗,细心又顽固,是矛盾的体现。其次,是极端的相对表现。菊花是一种高贵典雅的象征,而刀是残忍杀戮的一种象征。最后,是传统与现代性的对立。比如感恩、和为贵等,和我们中国基本上是相同的。因为日本当年派了很多人来中国学习,把我们中国的文化传到了日本,学了之后他们要变革。既想学习中国一些和为贵的思想,又想在中国的基础上做出变革,建立自己的以天皇为中心的国道。明治维新之后,日本走向相反的一面,经济发展之后,又开始建立军国主义,到国外去杀戮、侵略。所以他们是传统和现代化的对立,一方面崇尚传统的以和为贵,建立他们自己的民族统治秩序,另一方面又想走向亚洲、走向世界。这也是一个矛盾性的体现。

第二,文化结构和国家精神与日本的文化。第一点是阶级的分层与文化的结构。在封建社会时期和资本主义道路的早期,日本整个社会被分成了八个阶级,依次为贵族、资产阶级、新中产阶级、地主、农民、旧城市阶级、工人阶级、城市底层阶级,把资本主义与传统社会混杂在一起。正是因为有了这么多的阶级,他们才会形成这样一种对立的两种文化。贵族、资产阶级,形成一个上层文化,其他的阶级形成一个下层文化。阶级的分层导致了两种不同的文化结构。第二点是日本的文化与神道。日本汲取中国的儒家文化,但是不想继承中国的东西,想要建立其独有的,具有日本民族特色的文化体系,塑造一个凌驾于传统之上的传统的神,也就是天皇。发动战争都是以天皇的名义,放下武器投降也是以天皇的名义,在战场上,日本人也会对天皇宣誓,将天皇神化。

第三,等级制与日本文化。第二次世界大战时日本战败投降的原因是什么?不是美国的原子弹,而是日本天皇的命令。天皇下诏之后,日本人痛哭流泪,但还是遵守天皇的命令投降回国,所以本质上是天皇的作用,这体现了忠。日本社会的平稳源于他们的各得其所,八个阶层都在行使各自的权利。正是因为这种阶层的分化,社会相对安宁。

第四,恩情情理与日本文化。日本人报恩基本上和中国人是一致的,他们感恩天皇,感恩老师,感恩父母,这是他们的一种文化。这本书中用一些小故事体现日本的一些文化,这也是人类研究的一种手段。

第五,感官享受、自我修养与日本文化。之前看到一张照片是一只猴子在泡温泉,还玩着手机,一般人会想到日本真先进,还给猴子玩手机,但是这也反映了另外一个问题:日本人喜欢泡澡。日本人家里都有泡澡用的大木桶,并且还有很多公共浴池,这是一种文化。因为他们认为作为一个人,就应该学会享受,他们的享受方式就是泡澡。日本人和传统的中国人都有"耻感文化",做了坏事感觉别人看不起你,在背后议论你,你便感觉没法活了。但是在这种"耻感文化"之下,日本人也想努力提高自己,成为在小范围之内大家比较称颂或者赞扬的对象。

第六,国民性与自我文化,包括等级制和国民性。首先是日本通过八个不同的等级形成不同的文化,这些文化共存于日本的社会之中,各得其所。然后是恩情情理与国民性,日本人会报恩。他们的"耻感文化"迫使他们成为更完美的人,所以他们迫使自己更成熟,提高自己的修养,使自己成为完美的人,到最后达到忘我的境界。中国的太极拳,也是类似的境界。日本的教育和我们中国也有相同的地方。日本人幼儿时期管理特别轻松,上学后管理特别苛刻,等到人老了是特别关心自我,所以这种断裂的培养方式养成了日本的双重性格,一方面很温柔,另一方面又特别暴力,就像《菊与刀》所说。这本书体现了日本的文化和国民性的认识。

这本书存在很大的争议,这种争议在于作者写书的目的是完成美国海外情报局的任务,让她去研究日本人,研究日本人的性格文化,然后方便美国高层制定对日本的政策。特别是对于日本的天皇是否保留的问题,当然最后的结果是保留,不过把天皇的某些特权给废除了,但是这个职位一直保留到现在,所以政治性的倾向非常明显。同时这本书的写作时间非常短。在一个极其短的时间写出一本书,而且是研究日本文化的书,它的研究深度还是很有限的。再一个是资料的局限性,我后来发现她写这本书,从写作到完成,没有到过日本一天。她写作所用的材料都是在美国看到的,而且是通过日本的俘虏以及一些日本移民的口中了解到的,这导致她无法非常全面地、系统地看待日本这个民族。并且书中以偏概全的现象还是非常突出的,这与作者访谈的对象有关。作者写书的出发点也是为了研究这些军人在放下武器后的行为,是报仇还是求和。她研究的根本是日本军人的思考方式,最终推而广之放大到日本的文化,所以这本书有点不全面。

她的研究方法也有局限性，这里我想说一下什么是人类文化学。它是研究一个民族日常的行为方式，或者对典型的事件进行梳理和规划，然后放大到反映整个民族的特性或特征上来，而且研究者必须深入到实践中去了解，所以需要大量的访谈。但是这种方法兴起的时候，只用于一些小岛或原始部落里研究它们的文化，日本也算是经济和军事大国，所以用这样的研究方法有一定的局限性。这是我个人的一些看法。

 主持人访谈

**主持人：**

感谢张老师既幽默又深刻的讲解。刚才张老师说《菊与刀》是第二次世界大战末期写的，还有一部作品叫作《犬与鬼》，是2001年出版的，这也是一部写日本人个性的书。这么多年过去了，您觉得日本人的个性有什么变化吗？

**张老师：**

我个人认为日本战败以后，他们的文化依然保留着属于自己特色的一部分，但是它也受到西方文化的影响。他们派了大量的人出国留学，日本很多的法学家去美国、德国考上博士才回来，会说多个国家的语言。所以他们还保留着"菊"这一部分特征，但是"刀"已经成为一种象征。比如，现在的日本人谁还会挎着刀走在大街上呢？所以，"刀"的精神在逐步缩小。另外，经济高度发展以后，可能就呈现出"犬与鬼"的特征。"犬"，很灵敏，有的狗看着比人还聪明。但是"鬼"体现了什么呢？是"鬼"而不是"人"。所以，它的矛盾性特征依然存在，但是达到了何种程度呢？可能随着现代化的发展以及整个世界的逐步融合，这种矛盾性特征会越来越小。但是每一个民族固有的个性永远不会消除，就像我们中华民族的优良传统，尽管有的东西少了一部分，但是骨子里的东西不会改变。

**主持人：**

老师您是研究法学的，《菊与刀》是一部研究人类文化学的作品。那么人类文化学会不会对您的法学研究有一些启发呢？

**张老师：**

这个问题还是很有挑战性的。我们到法院、检察院、律师事务所去调查，这叫实证研究。我们分析法条，看法律好还是不好，看法条规定是合理还是不合理，我们对此进行分析，这叫法解释学；我们写法律文章、推演等，这叫法规范研究；从历史的角度看，叫历史研究方法。但是我从事这么多年法学研究，我还没有见过有人用人类社会学的方法去研究法学的。这也可能是因为我们法学是社会治理的一种工具，是一种方式，是一种规则，是一种制度，而不是一种文化，更不是一种民族的文化，也不是一种民族的个性。所以说用人类文化学来研究法律可能不好研究。但是反过来，当我们评价一部法律制定得好不好的时候，能否从法律里折射出的民族文化和民族个性来评判，或者说我们能不能把优秀的民族文化上升到一个法律的高度，并固定下来。

## 书目推荐

第一本是《乡土中国》，这本书是费孝通从实证研究的角度对乡村进行调查以后写的一本书。这本书到现在还很流行，可能做社会学、人类学或者我们法学的人，看得比较多，做实证研究的人也比较喜欢看这本书。这本书是传统中国的一个浓缩，对于传统乡村怎么治理，看了这本书会有很大的启发。

《法律之门》也是我要推荐的，这本书通俗、易懂。我们国家提倡依法治国，我们河南提倡要依法治省，我们郑州大学要依法治校，法学院要依法治院，所以我想所有同学都应该学一点法律知识。其实我们会发现法律无处不在，我们时时刻刻都会遇到法律上的问题。所以我推荐《法律之门》，你把门推开，里面都是法律，都是知识。

《送法下乡》也是非常浅显的一本书，作者是朱苏力。很多同学都知道他,他是我们中国法学的顶尖学者,曾经是北京大学法学院的院长。他写这本书时,去西北的农村调研,亲自跟着法官去办案。所以我建议大家,特别是没有学过法律的同学们看一看,作为法学院的学生更应该看看,了解法律最真实的一面。

最后一本书是约翰·罗尔斯写的《正义论》,作者是研究哲学的,但是在我们法学界有很大声望,在哲学领域也有非常高的声望。什么是正义,不好定义,但是作者从另一个视角讲了他所认为的正义。

# 周倩老师分享《平凡的世界》

2016年6月2日

## 嘉宾名片

周倩,郑州大学教育学院教授,教育学博士。曾获河南省百名优秀青年社科理论人才、河南省宣传文化系统"四个一批"人才、河南省高校科技创新人才、河南省高等学校青年骨干教师等荣誉。

## 书目介绍

《平凡的世界》是中国作家路遥创作的一部百万字的小说。这是一部全景式地表现中国当代城乡社会生活的长篇小说,全书共三部。

## 嘉宾分享

《平凡的世界》这本小说我记忆深刻。因为除了内容本身,巧合的是,作者路遥是1949年出生的,也是我父亲出生的年份。路遥去世的那一年,是1992年,是我考上大学的那年。1988年,这部百万字的长篇巨著全部完成,并于1991年获得第三届茅盾文学奖。20世纪80年代末到90年代初的那几年,随着中央人民广播电台的陆续播出,《平凡的世界》很火。印象中那是一本封面稍微发暗黄的书,躺在地摊上。这套书有一百多万字,但被做成了一本,字非常小,尽管如此,我还是买了下来。当时年龄和大家差不多,眼睛好使,坐在床上,可以说是如饥似渴、废寝忘食地读,一下子就被故事所吸引。

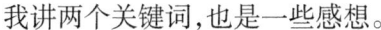

我讲两个关键词,也是一些感想。

第一个是奋斗,这本书是主人公的奋斗史。读了这本书,我觉得主人公就是在苦难中奋斗。为什么这本书对我触动深?因为它与我产生了一个心灵上的共鸣。这个心灵上的共鸣源自作者的乡村生活和我的人生经历的相似性。因为我是来自农村的孩子,20世纪70年代初出生的。这本书恰恰写的是1975年到1985年中国的变化,写了70后这些让人感受深刻的经历和改革开放的前奏。这十年也是中国从以阶级斗争为纲向经济发展转变的重要时期,也是思想大转变的时期。我在家中排行老二,孙少平也是老二,孙少平很喜欢读书,我也很喜欢读书。孙少平读的第一本书是关于保尔·柯察金的。这本书上有一句话,"人在壮大过程中的每一个阶段,都需要求得当时比自己的认识更高明的指教"。这个指教,就是书籍,就是他读的第一本书,所以他有保尔·柯察金的影子。

我小时候很调皮,但喜欢读书,最早是看连环画。我父亲在供销社工作,家里的经济条件还可以。那时候买的连环画可能有200多本,不少是成套的,像《红楼梦》《隋唐演义》《西游记》等,现在估计很难找到那个时代这种成套的连环画了。可惜的是,因为我爱看连环画,加上那段时间学习成绩不好,我妈妈认为看连环画太影响学习,所以在我不知情的情况下,把一箱子连环画当废纸卖了。现在看起来非常可惜。

上小学的时候,我还订阅了《民间故事》《传奇文学》《故事会》等杂志。当时武侠小说也比较流行,像《七剑下天山》《萍踪侠影》《螳螂拳》等我都会看,有时候也看武侠电视,像《霍元甲》《陈真》《神雕侠侣》等。这些长篇的、中篇的、短篇的、传奇的、民间的、武侠的小说、故事等对我的影响较大,特别是写作方面。

孙少平的童年经历跟我那时候的经历很相似。但是孙少平小时候很乖,我却是个有点叛逆的孩子,爱打架,比较贪玩,这一点和他不同。在家里面,他的父亲是个敦厚老人,孙少安、孙少平耳濡目染,就养成了农村人十分质朴的性格,孝敬老人,执着向上,但是有精神上的自卑感。我刚上大学的时候也有很强烈的自卑感,这一点跟孙少平克服了他的自卑有很大的相似性。

我大学学的专业是英语。高中的时候,由于条件限制,几乎没有听过英文磁带。从农村到县城学的是"哑巴"英语,但我的英语笔试成绩特别好。

高考加试听力的时候，我坐在第一排，监考老师放磁带，磁带没有播放完，我的题就做完了。

所以来到郑州大学以后，上课时真的很想哭，因为老师放的英语磁带，我像听天书似的。当看到城市的孩子游刃有余地用英语回答问题的时候，我感到一丝丝的自卑。我和孙少平的性格相似，我们都不向困难低头。别人听力学得好，我的基础差，走得慢，就得想办法把自己的英语听力提上去，就像孙少平一样，刻苦上进。于是我买了录音机、磁带，多听常练。经过勤学苦练，我的英语听力慢慢好起来了。听磁带的时候，一个单词蹦出来，两个单词蹦出来，一个句子蹦出来，一个意群出来，一个段落出来，英语听力逐渐找到了感觉。以至于有时候听不懂的单词，在听过之后我能够根据发音把单词从字典里找出来。听音猜如何拼写，然后查字典找释义。每当这种时刻发生的时候，心中的得意油然而生，这就是我辛勤付出获得的一点成就感。

第二个关键词是真情或者是人性。人性之美在这里面体现在三个方面。

首先是大家最想听到的爱情之美，这里面的爱情很凄美。现在有的爱情是Romantic，但是有让人唏嘘不已的结果。谈到爱情的时候，我被他们那种纯真的情谊所打动。比如说孙少安的退却，他并没有勇敢地迈出那一步，而是娶了农村的一个很质朴的女孩子。我觉得这也是一种心灵的契合，正是这种方式成就了后来的孙少安。她是孙少安稳定创业的精神支柱，孙少安从中得来的好处就是在媳妇的支持下创业成功。

其次是仁爱之美。孙少安有很强的创业意识，尽管他从小没有上过学，承担农活，供弟弟妹妹上学，作为老大，他的职责是完成了。我觉得在那种情况下，作为农民，他有一种致富的意识，去开砖厂，而且把好处留给村民。他不光想到自己，而且想到了他所在的群体，他的乡亲，在苦难中展现了人的温情。

最后就是关系之美，有很多亲情、兄弟情。比如说有的人是孙少平素不相识的，像被工头欺负的小翠，孙少平能把一百块钱给她，一百块钱在当时太值钱了。20世纪70年代的时候，我记得一个鸡蛋五分钱，一斤羊肉八毛钱，一百块钱是什么概念，这钱能让她脱离苦海。一个农村的孩子能够一下拿出这么多钱，让她改变生活，改变命运，我觉得非常了不起。现在如果让人拿一百块钱,我想也不见得有人这么爽快地拿出来。这些都能体现出人与人的关系之美。孙少平的师傅去世之后,他能够把师傅的妻子、孩子的生活照料起来,感恩之情让人感动。

## 主持人访谈

**主持人:**

在现代中长篇小说中,关于农村题材和描述农民生活的小说非常多,比如陈忠实先生的《白鹿原》。在同类型的题材当中,您为什么要给我们推荐《平凡的世界》? 或者说,它与同类型小说相比独特的魅力是什么?

**周老师:**

《白鹿原》已经拍成电影了,很多人也看过,这本书的内容与《平凡的世界》有很大的不同。实际上,《白鹿原》是族权之争,白家、鹿家对宗族的认识,即儒家伦理思想在中国乡村的培养。它反映了西北的风俗传统、历史文化,包括人的心理转变过程,时间跨度比《平凡的世界》长。《平凡的世界》就十年,它们的主题不一样。

读小说在于心灵的感应。在我的老家,宗族观念不是特别强,这部小说没有让我有很强烈的共鸣。看了电视剧和小说后,我觉得《白鹿原》和《平凡的世界》各有千秋。但从对我本人的影响来说,与同类型题材的小说相比,《平凡的世界》当数之最,所以我推荐了它。

**主持人:**

《平凡的世界》这部作品分三册,有一百一十多万字。那么在这么长的作品中,哪一个段落或哪一个情节对您触动最大呢?

**周老师:**

这本书让人心动的情节很多,不同的时期、不同的身份读起来有不同的体悟和收获。现在重新翻这本书,我就想起了田福军书记,想起了书中田书记在改善城市环境时的付出。我现在身为教育学院的带头人,就想把它带得更好一些。去年暑假包括今年寒假,我一直在思索,我们单位要朝向一个什么样的目标发展,未来五年描绘一个什么样的画卷展现在老师和同学们面前。

我在想这个问题,老师们在期盼更大的收获,同学们也想看到我们的进步。所以寒假以后,在咱们学校,教育学院可能是第一个写出了"十三五"规划稿的院系。我利用假期起草了一万多字,写了未来五年,教育学院怎么发展,面临的形势与机遇如何。我用十天的时间上网浏览查阅了世界一流大学中教育学和心理学的发展现状。后来集思广益,经学院党政联席会议研究,我代表学院在教职工代表大会上详细讲了这个"十三五"规划,大家热血沸腾、倍感振奋。这次会议,我们也让学生代表列席,尊重学生的权利,倾听学生的意见。

田福军做大城市的领导时,正好是他女儿田晓霞去世的时候,当时他在改善城市环境这个问题上也面临着非常大的压力,所以一个月之间他的头发白了三分之二。上任以后,他立即成立了市环境服务整顿指挥部,自己任总指挥,召开各种动员会、调查会,听取不同意见,草拟了三十多条要求,制定奖惩规定,全城上下总动员,抓环境卫生,抓服务质量,四处张贴总指挥的详细公告。一个月以后城市骤然间就换了新貌,严格的制度使这个面貌一直保持了下来。尽管这一年,他一下子看起来苍老了许多,头发大部分白了,身板瘦弱而单薄,肩背部有些佝偻,但他那双眼睛仍不失当年的神色。

说实话,我的白发也增添了不少,但看到教育学院的变化还是很开心的。一年多的时间,大家凝心聚力,心往一处想,劲往一处使,整个学院呈现出团结和谐、人心思进的好景象。在文科院系中,我们第一个引进了海外的全职首席教授,而且这位教授还要组建近二十人的研究团队。一个学院的发展要靠人才,有了大师级的人物,教师和同学们会很受益。这位首席教授来了后,会把我们的年轻教师带起来。就像田书记一样,虽然瘦得厉害,身形也变得佝偻,但都值得。

这本书中还有一段话当时最打动我。这一段话是孙少平写给他妹妹的:"我们出生于贫困的农民家庭——永远不要鄙薄我们的出身,它给我们带来的好处将一生受用不尽;但我们一定又要从我们出身的局限中解脱出来,从意识上彻底背叛农民的狭隘性,追求更高的生活意义。要知道,对于我们这样出身农民家庭的人来说,要做到这一点是多么不容易啊!首先要自强自立,勇敢地面对我们不熟悉的世界。不要怕苦难!如果能深刻地理解苦难,苦难就会给人带来一种崇高感。亲爱的妹妹,我多么希望你的一生充满欢乐。可是,如果生活需要你忍受痛苦,你一定要咬紧牙关坚持下去,有位了不起的人说过:痛苦难道是白忍受的吗?它应该使我们伟大!"

为什么这段话打动了我?因为考上大学之后,我父亲得了脑血栓,治疗费花了不少钱。我大哥也考上了学,他上的师范学校,学费需要三千块钱,我考上咱们学校,学费比较少,只有二百块钱。因为父亲患病,家里的钱几乎花空了,我爷爷就把家里的绿豆卖掉,那时候绿豆值钱,两块多钱一斤。在农村,没啥别没钱,有啥别有病。本来我们家里条件很好的,因为这个变故就变得十分困难。但是我又考了英语专业,正如刚才讲的,平时上课跟听天书一样,而我又是个比较好强的人,想把成绩提上去。后来我大哥给我写了一封信,跟这个非常相似。看到这一段的时候,我感到共鸣和震撼,泪水在眼眶里直打转。(书中的)那封信对我起了巨大的帮助作用,至少是精神上和心理上的。

农村的孩子如果勤奋的话同样可以做得很优秀。这个想法一直支持着我前进,想办法把自己的各方面都培养得优秀起来。有了这个想法以后,我的学习生活发生了可喜的变化。在大学三年级的时候,我获得了人民奖学金。大家知道,英语专业学得好的大都是女生。我们班20个学生,只有7个男生。每一年全年级统招生中有12个人获奖学金,11个是女生。四年中,每年只有一个男生能获得奖学金。那时候钱不多,但这是对你努力付出的一种肯定。经过四年的成长,我成为我们年级不多的正式党员。全校留校8位辅导员,我是其中之一。

**主持人:**
在这部著作中,有很多年轻人共同关注的一个点就是爱情。这本书中体现的爱情,有没有一些值得我们大学生借鉴和反省的呢?

**周老师:**
我做了12年多的学生辅导员,从1996年7月留校一直到2009年2月。2009年2月被任命为校党委宣传部副部长。辅导员做学生思想政治教育工作,在宣传部分管思想理论工作,一直与思想政治工作有关。2015年1月,学校任命我去教育系当主任,从党务到行政,从基层到机关再到基层,有很大的转变,但不变的是与大学生的接触,因为我还是老师,给同学们上课。

我在当辅导员的过程当中发现爱情是一个不容回避的话题。我大学也谈过恋爱,在大学四年级。考上大学的时候,我在日记里给自己的定位是,一年级要好好学习,仔细观察,看哪个姑娘比较好。可是当我观察得差不多的时候,人家早名花有主了,只好等机会再说。一直到了四年级,才发现一个情投意合的,也就是我现在的夫人。当时有一个单纯的想法,就是要对女方负责。谈恋爱这个事情,到了一定的年龄,说不想谈恋爱都是骗人的。但是谈朋友要权衡好学业与爱情之间的关系,这非常重要。因为爱情容易让人头昏,有的时候陷进去了,觉得这个世界除了她就没有其他了。《平凡的世界》告诉我们世界很精彩,世界那么大,我想去看看。其实一看,想法可能就变了,这就是大学生谈恋爱不太稳定的原因。

现在的家庭条件跟以前相比有了很大的变化。我做过几次调查,发现现在大学中独生子女并不是最多的。尽管这样,家庭条件也比以前强很多,所以现在孩子的独立性和职业选择的多样性增加了。如果两个人的家庭背景差不多,那么在一起的机会就会多一些;如果家境差距大一些,可能你的爱情就终止于大学。但热恋中的情侣一般是不考虑家庭背景的,仅仅考虑两个人的世界。

很多同学在谈恋爱时摆不好学业与爱情的位置,往往让爱情影响了学业。现在就业压力非常大,如果你没有较强的知识能力做支撑的话,很难在这个社会上立足,也很难给你的另一半幸福。如果你把自己的能力、知识锻炼出来,找到一份较好的职业,那么你们两个人的幸福指数会更高,你们的未来就会更加恒远,这是非常重要的一点。因此,不要被爱情冲昏了头脑,影响了学业。把爱情和学业的关系摆正,说着容易做着难,但做好后会获益匪浅。

在大学学习的美好时光里,在我们即将走出校门的日子里,用《努力到无能为力,拼搏到感动自己》这本书里面的两段话送给各位,我们共勉:"在人生的跑道上,只要心存梦想,坚持不懈地为之努力,每个人都可以书写自己的故事。""安逸让人丧失斗志,没有危机意识才是最大的危机。别在最该奋斗的日子里,选择安逸。奋斗是我们终生不止的使命。为了我们自己,也为了我们的家人,请放下安逸,为了更好的明天拼搏吧!"

**主持人：**

《平凡的世界》中少安与少平的故事与其说是讲述西北地区的历史，不如说是少安、少平的奋斗史。现在我们的国家、党和政府都希望我们大学生努力创业、艰苦奋斗。您觉得这个故事中哪些经典的台词对话，经典的创业故事、奋斗故事可以分享给大家呢？

**周老师：**

"只有一个人对世界了解得更广大，对人生看得更深刻，那么他才有可能对自己所处的艰难和困苦有更高意义的理解，甚至也会心平气和地对待欢乐和幸福。"这一段话告诉我们，作为一个学生，艰苦创业要有更宽广的视野。视野从哪里来，可以从很多方面去获得。读万卷书不如行万里路。你看到了这个世界的变化，提高了你的思维能力，这个是非常重要的。我一直给我的学生讲，批判思维、独立精神、做事方法，会使人终身受益。因为知识性的东西往往可能容易遗忘，而处事方法、思维方式不容易遗忘。学会骑自行车了，还会忘记怎么骑吗？其实我们的生活中有很多细微的变化，而你自己没有觉察到。量变发生质变的瞬间自有美妙之处。

你每天都在变化，每天都在成长，只要你勤奋地去做。比如说，很多人打字会盲打，但我想问你什么时候学会盲打的，刚开始基本都是"一指禅"，这个量变到质变的瞬间发生在什么点？不知道你是否忘记了？但是我印象很深刻。我1998年开始读郑州大学的硕士学位，2000年开始读上海交通大学的双学位，二者有交叉。有一天我在宿舍写英文硕士论文的时候，就有那么一刻，我感觉我好像不用看键盘就能打字了。那一瞬间的感觉真的很奇妙。所以你的辛苦付出，在这一刻完成了一种蜕变，尽管这是我读学位的"副产品"，但这种蜕变已经附在你身上，成了不会再忘却的东西。

## 书目推荐

林语堂的《人生当如是》写得很好。林语堂曾经四次获得诺贝尔文学奖提名。这本书开头的一句话就是，"一生一世界，一岁一乾坤"。这本书是林语堂的生活浓缩，他的人生的一些变化，他对人生的一些感悟。我们读这本书的时候,如果能静下心去,那么就能感觉到与大师同行,与大师对话,看他的成长,看他的世界的变化,看他的心态的调整。

再推荐一本周国平的《灵魂只能独行》。这本书行文很随意,但不少短文富有哲理,也是写了很多自己的经历故事,而且在每一个故事的背后都有他自己的生活感悟。他认为,人是要靠灵魂来活的,而不是靠物质等外在的东西。读完这本书,会有一种心灵的提升。

芭芭拉的《活在当下》写得比较乐观。芭芭拉是一位很知性的女性,这本书也是以一位女性的视角来写的。第一篇是"当下省思"。里面问了这样的问题,"你快乐吗?"描述了世纪末的不安、迷惑。第二篇写的是"生活憬悟"。其中谈了"自我的重生"。第三篇是"人际体验",第四篇是"用心实践"。很多同学现在过于注重网络的碎片化学习,有时候很难静下心来读一些东西。这本书恰恰讲明除了读书外,还要思考,还要回味,还要品尝。仔细想想,如果一个人坐在那里,闭上眼睛,让思想自由驰骋,那该是一个多么畅快的意境!所以我们要找一些时间让我们的灵魂和思想在虚拟的世界里面"恣意"地徜徉。躺在床上,仰卧在草地上,静静心,发发呆,做个美梦,想一想,这也是特别美好的事情,特别美好的时刻。现实中没法实现的东西,梦想中可以实现。

这三本书实际上跟《平凡的世界》有一定的关系,无论是面对生活的挑战所应该具备的态度,还是成功者的历程,以及体现出来的价值观,都跟《平凡的世界》中的人物有很强的契合性。

# 李勇老师分享《我们仨》①

2016 年 6 月 7 日

 **嘉宾名片**

李勇,郑州大学文学院教授,文学博士。曾获河南省首批青年文化英才、河南省杜甫文学奖、河南省优秀教师、河南省社会科学优秀研究成果二等奖、河南省教学技能大赛一等奖等荣誉。

 **书目介绍**

《我们仨》是杨绛在 92 岁时所著,回忆一家三口那些快乐而艰难、爱与痛的日子,讲述了"我们仨"共同走过的一段悲怆而温暖的旅程和一个人思念仨的凄美情思。

**嘉宾分享**

《我们仨》这本书对于我来说是最特殊的一本书。第一,这是一个 92 岁的老太太写的,世上有几个人能活到九十多岁,还能具有无可比拟的文字表述能力、逻辑思维能力、记忆力;第二,它是由一个女性写的;第三,这本书的内容是回忆她的家庭,她的家庭已经不存在了,这已经不叫一个家了。杨绛

---

① 2016 年 5 月 25 日,杨绛在北京逝世,享年 105 岁。杨绛的去世引发了热议,尤其是在微信朋友圈里引发了密集的"云戴孝"。郑州大学图书馆特邀文学院李勇教授做客青椒书话,为同学们分享杨绛的作品《我们仨》,通过阅读先生的作品,纪念先生。

说,三里河这个家已经不是我的家了,就像是长长的旅店,我只是住一晚上,现在我就要去另外一个地方了。她写的是这样一种情感:先是白发人送黑发人,再是送她的先生,所以我觉得这本书是独一无二的。我读过她另外一部作品《干校六记》,里面是6篇短的小散文。文章风格哀而不伤、怨而不怒。但是读了《我们仁》,我的触动也更多了。

  这本书对我触动最大的一点是,它写出了人的脆弱。我们生活在这个世界上,总会遭遇一些事,一些我们每个人都躲不开的事,生老病死,这时便会感觉到生命的脆弱。人一生经历的最大的痛苦与挫折其实就是死亡。我记得周国平曾经说过,死亡是一个必定到来的节日,不用着急,它早晚都要来。人能知道自己命运的发展,但却摆脱不了这种悲剧,这就是生命的困境所在。我就在想,92岁的老太太,经历了那么多的死亡与伤痛,她面对死亡的时候,究竟是一种什么样的心态?

  假设是我的话,我是写不出这样的书的,我就很难去碰触它。我的姥姥在80岁去世,她的一生也很坎坷。她去世时对死亡的恐惧、对离开世界的不安对我触动很深。人存在于这个世界上,就得面临死亡,而人在生着病等待死亡的过程中是最恐惧的。我的姥姥有着跟杨绛先生相似的经历。我母亲的舅舅刚二十岁出头就被带走了,到了我姥姥结婚之后生了我的大舅舅,大舅舅在十六岁就摔死了。我母亲谈这件事情的时候没有多大情感起伏,毕竟那时候年纪尚小。我的姥姥谈起这个事情经常哭,她对小孩特别溺爱,情感非常细腻。姥姥年轻时知书达礼,到了弥留之际,人非常糊涂,像小孩子一样说一些伤感情的话,经常做梦。

  这本书表现了杨绛一生的情感。在自己的女儿和丈夫去世几年之后,杨绛写了这本书。如果是换成我们的话,我们恐怕都不敢去回忆。她不但敢于回忆,还写下来,而且写出了那样的一种情感。她的这种力量究竟是从哪儿来的?我在这本书里面读到了很多,让我印象最深的还是她对亲情的难舍。这本书的结尾,她写到一个梦,醒来回到三里河的寓所,这已经不再是家了,只是一个旅馆,所以长长的一条路我还会继续往前走。让一个人住了一辈子的一个家,住了好多年的一个地方,你对它产生那样的一种情感,肯定发生了很多事情才会产生这种感觉。所有的亲人都走了,就剩你一个人,你也想走,但是又很平静,这也是一种伤痛。文字里的她如此平静,我们在她的文字里,其实能发现那些帮助她超越悲痛的东西。比如幽默和有趣。书中写到一个事情，女儿很小的时候，钱锺书从外地放暑假回来时，女儿久不见他，便不认识爸爸了，父亲的介入让女儿产生了危机感。这个时候钱锺书就问女儿，我和你，谁先认识你妈妈的？女儿说，当然是我，我一出生就认识她了，你是后来长大了才认识她的。还有一些事情，一家人在新中国成立后那个动荡的年代，竟然一起跑去动物园看动物，一起去清华大学探险。这些段落给我的印象都非常深。他们不论遇到什么，都保持着对生活的乐趣和热情。老年的杨绛非常平和、宁静，换作其他人，经历她那么多的家国苦难，是很难达到这种平和的。这也是杨绛给我印象最深的地方。我想，她的这种平和应该是经过苦难磨炼出来的。

迟子建有一篇小说叫《世界上所有的夜晚》，大家可以看一下。这篇小说写了作者的丈夫在他们结婚没几年、感情非常好的时候，突然出车祸离世，作者也是带着平和的心态写这篇小说的。这是我读到的和杨绛作品相似的一部小说，不像我所读到的其他作品，那些作品描写的死亡大多是狰狞的，内心活动是非常强烈的。

杨绛还有一点让我感触很深，就是她的读书。她和钱锺书是把读书、写作当成了毕生的事业来做，这也让他们能够抵御苦难、死亡。杨绛一生除了写作就是翻译，不管是哪一种，都需要读书，要读很多作品，还要学习语言。这是一些外部的准备工作，还有一些内在的对思考的提升，把自己的人生经验、人生体会融合到作品中去。

她和钱锺书对物质生活的要求非常低，但是对于读书的要求就像对空气和水一样。这就是知识分子对知识的纯粹追求。其实不一定每个人都要读书，但读书是杨绛一辈子从事的事业，是她一辈子的精神寄托。我们每个人都要学习，一个人一生要有一个自己喜欢做并值得做的事情，不管碰到什么困难一辈子都要持之以恒，一辈子便有了乐趣。

其实我觉得写作、读书对于杨绛来说，可能也是一种克服恐惧的方式。我有一个深深的体会，读书确实可以克服一些人生困境。我现在36岁，眼看就奔四，年龄也不小了，之前也经历过一些事情。在我最绝望的时候，我的一个方法就是咬着牙不去想它，一心读书，一旦翻开书，那些苦难、烦扰慢慢就退却了。很多人谈到读书很不乐意，但还是要努力去读。当然，我说的书是人文社科类的书，不管你是什么专业，这些书都应该去读，只要读，就会有收获。

读书当然还需要思考。现在有一个怪圈，我们经常对一些感动的事情落泪，过后发现其实我们并没有太多的收获。很多事情都是这样，就这样过去了。很多书也是一样，读完了，也许会感动、落泪，过后就忘了，生活又恢复了常态，我们也没有任何变化。其实原因就在于，没能把读书和思考结合在一起。读完《我们仨》，就像读杨绛和钱锺书这一生，应该思考一下，他们的人生给我们的启示是什么。在读这本书的过程中，我会想到钱锺书的《围城》。《我们仨》里面很多细节其实都可以和《围城》对照着读，这样我们可以了解历史，了解过去的生活，也加深我们读书的印象，甚至启发我们思考一些有趣的话题，比如抗战年代知识分子的生存状态是怎么样的，比如《围城》是怎么诞生的，等等。

读书要思考，要借以反思我们的历史，我们的民族和文化。比如我印象最深的是在《我们仨》这本书中谈到自己的女儿时，杨绛曾说过这么一段话："我的闺女生下来就有过目不忘的能力，这是我一生的杰作，是她祖父眼中读书的种子，是一块玉，可是这颗种子十几岁就要下乡去劳动，后来要下工厂锻炼，又要学习又要运动，就这样经历了那么多磨难，这颗种子始终只是发了一点点的芽。"这里面实际上包含了很多的质疑和反思。像杨绛这种知识分子，她没有把话说得很明白，没有很尖锐地批判历史，但实际上隐藏了很多东西。我们读的时候可以把这些隐藏的东西都挖掘出来。又比如读巴金的《忏悔录》，以及其他一些反映历史的书籍，相互参照着读就会发现历史的真实面目。我们可以和现在做一个对比，忘记历史就意味着背叛，回顾一下就能发现里面隐藏着的很多沉重的东西，这时候的感动才是真实而又宝贵的。

## 主持人访谈

**主持人：**

从您刚才所谈，我们感受到了杨绛和钱锺书先生家庭的和睦。在这本书中，我们可以借鉴哪些内容来处理与父母的关系呢？

**李老师：**

对于处理跟父母的关系，我有很多切身的体会。我跟父亲的关系之前不是很好，如果我们俩待在一起超过一周，就会起冲突，一直到我30岁之后这种关系才缓和。对于这种关系，我们两个都有责任，可能我确实不是一个孝子，有些事情我觉得我是对的，我便会去讲道理。现在我才明白，处理和家人的关系，不要讲道理。人本身就是情感动物，情感不易控制，所以现在我和父亲的关系会好很多。家庭关系是很难处理的，家庭不和谐，关系的缓和需要一定的过程，一方面说明我们的不成熟，另一方面又说明我们是有原则的人。和父母的关系其实不是最难处理的，最难处理的是后天结合的关系，比如婆媳关系，尤其是夫妻关系，非常敏感。

这本书里面写的夫妻关系，我觉得有一点可以借鉴。杨绛提到了一个事情，就是钱锺书从清华大学辞职去蓝田师范学院任教，征询杨绛的意见，杨绛不同意。她觉得清华当然是最好的学校，为什么要去那个地方？但他的父亲执意要让钱锺书去他身边，他父亲在那儿任教，要让他儿子也去那儿任教，然后钱锺书这边的其他家庭成员也都支持钱锺书过去，杨家那边都不愿意让他过去。后来杨绛在书里面没有说，我猜测她跟钱锺书肯定发生了口角或冲突，后来杨绛一下子领悟过来，夫妻两个人关系再好再亲密，也是两个人，也应该有互相的空间，互相的自由，互相的尊重，如果他执意要做这个事情，你表示支持就完了。钱锺书去他父母家回复他们的要求的时候，他的父母仍然是让他去蓝田，钱锺书本人也不太愿意去，但他也不愿意违抗，还是决定去。杨绛是跟着去的，但那一次她没有再说话。她说这个事情我知道，并说决定一个人命运的一些事情，一定要让他自己决定，外人千万不要给他过多的压力，你只要表达你的观点，你的立场就够了，你不要强迫他，尤其是我们不能够以此为借口强迫他的父母，这个就更不好。这是她作为一个儿媳妇在处理他们这种家庭关系的时候，给我触动最深的一点。夫妻关系不就应该是这样吗？有时候夫妻感情出问题，很多时候都不是你们两个人的问题，而是牵扯到两个家庭的很多人，就是夫妻两个之外的一些人，这就会出现很多问题。

**主持人：**

钱锺书因为《围城》而出名，杨绛也提到，"他并不求名，却躲不了名人的烦扰和烦恼。假如他没有名,我们该多么清净"。《我们仨》的三个主人公都是出类拔萃的人,但是他们并没有野心。可是我们现在提倡"不甘平庸,追求卓越",所以想问问老师我们应该如何对待"平庸"二字呢?

**李老师:**

什么叫卓越?什么叫平庸?你说杨绛、钱锺书平庸吗?他们显然并不平庸。他们只是喜欢那种淡泊名利、醉心读书的生活方式,他们选择读书,一直坚持这种理想,他们并不平庸。受大环境的影响,我们心里难免会有一些浮躁的东西,我们应该正视它,然后想办法去处理它。否则的话追求卓越,即使你达到了原来你想象的卓越,可能到最后你发现这个卓越并不是你想的那样,而你觉得这个平庸真的一旦落到你想的那种平庸,这种心理会给你造成一种毁灭性的打击,你可能就会彻底毁了。所以现在一些比较激烈的恶性事件频繁发生,肯定是跟大家的心态有关,这种社会的心态会传染每一个人,包括我们自己,我们也经常会感觉到这种情绪,有些事情来了之后都会造成一些负面的情绪,所以在卓越或者平庸这个问题上,我觉得钱锺书和杨绛在书籍里面表现出来的那种生活态度,即淡泊名利,是我们非常向往的一点。但它是不是适合你自己,需要你好好考虑一下。你得对卓越和平庸有一个很客观的理解,适合你的那种卓越,你就要坚持去追,适合你的平庸,你也不要拒绝。当然这个"平庸"是有双引号的,别人看起来的平庸,可能反而是一些比较平凡的工作,不是每个人都能成为像钱锺书这样在一个行业里面做得那么好的人。

现在往往是用一种标准来衡量,导致我们现在用一种标准来衡量人生的成就和高度,这其实是不太好的。所以我们一方面尽力去抵御它,另一方面要对自己有一个好的判断。我觉得不管做什么都有用,哪怕你做一个很平凡的工作。比如杨绛在干校的时候,她去打扫厕所,她会把厕所打扫得让每个人都觉得是有史以来最干净的,她这种追求卓越的人,让她做其他的工作,她仍然做得非常卓越,哪怕是一个很细小、很卑微的工作,这是一种追求卓越的品质。不一定达到别人看到的那种卓越,但是这种追求卓越的品质,你应该保持。不管做什么,一定要给自己立一个非常高的目标,年轻人还是要追求卓越,做好自己的一个判断,也不要觉得平庸就不好,像杨绛一样,把心态放淡泊一点。

**主持人:**

您觉得这本书中还有哪些面对生活的态度值得我们学习呢?

**李老师:**

现在,我们经常会缺少生活的情趣,做事情总是比较功利化,总是想着应不应该做,值不值得做。其实每个人都有类似的状况,钱锺书一家也有压力,但不论面对何等困境,他们一家仍旧保持着对生活的情趣。这种心态一方面是因为他们的天性,另一方面就是读书带给他们的心境。我们始终都应该保持对生活的一种兴趣,同时也需要修炼,得有一定的心胸,才能盛得下自己的兴趣。

### 书目推荐

第一本是《通往奴役之路》。我们从小学会了很多道理,然而在读书之后我们会发现有一些道理还需要商榷,比如"少数服从多数",为什么一定要这样呢?我一直也在怀疑这个道理,看了这本书之后,我找到了答案。这本书的作者曾获诺贝尔经济学奖,他崇尚自由主义的思想。他认为,世界上的资源是一定的,不足以使所有人都得到满足,所以就会有资源匮乏的人。那么谁做这些人?自由主义者提出,让大家自由竞争,充分发挥自己的能力,依靠自己而得到应得的一份资源。这个时候强权、世袭就会加以干涉,不合理的法律法规会形成阻碍,而国家的工作就是尽力地排除这些阻碍,建立一个公平合理的法治环境,保障每个人争取自己幸福的权利。

第二本是《金蔷薇》,这虽然是关于写作的书,是一个作家写自己如何写作的,但实际上它比一般的文学作品写得还要好。这本书的作者是苏联作家康·帕乌斯托夫斯基,他为了写这本书去了苏联很多地方。我印象最深的是他跨越了茫茫雪地草原之后,住在海边的帐篷里写作,写自己的体会。夜晚,他就独自一个人在帐篷里听潮起潮落的声音。

第三本是《黑骏马》,这是当代作家张承志的作品。张承志是一个集理想主义、浪漫主义和英雄主义于一身的作家。《黑骏马》这本书有着一种让人永远难忘的魅力。一个年轻人在草原与一位老奶奶和她的孙女一起生活,后来在年轻人去读技校的时候,那名姑娘被当地的一个小痞子玷污了。那名姑娘怀孕了,年轻人要去找小痞子拼命,老奶奶拉住了他,并说这是一件好事,说明那姑娘可以生育,那个姑娘也是这样的态度。年轻人不能理解,就离开了这个生养他的地方。多年之后,他又回到草原去找老奶奶和那名姑娘,并逐渐对那件事释怀。草原环境恶劣,在那里,生命才是最重要的,是最高的伦理。

第四本是《康德哲学讲演录》,这本书最早是英译版,后来被当代哲学家邓晓芒翻译成了汉语。康德一辈子都没有踏出他的故乡哥尼斯堡小镇。他的生活十分规律,一到下午四点他就从小镇街头的一棵树下经过,后来那里的人们一看康德经过就知道是四点了。他一辈子没有结婚,他的思想却改变了我们的世界。他虽是一个无神论者,但认为上帝"应该"存在。我们读完这本书就可以领会到他的思想了。

最后一本是曹锦清的《黄河边的中国》,值得我们河南的学生一读,研究河南、研究农村的人也应该看一看。曹锦清的语言表达能力特别好,对历史、文化的了解都很深。当时他写这本书的时候就来到我们河南,住在河南,然后沿着黄河一路考察,研究中国的历史文化。

# 韩恒老师分享《穷人的银行家》

2016 年 9 月 26 日

### 嘉宾名片

韩恒,郑州大学公共管理学院教授,理学博士,硕士生导师,曾获河南省高校青年骨干教师、河南省高校科技创新人才、河南省社科理论青年百优人才、河南省教育厅学术技术带头人等荣誉。

### 书目介绍

《穷人的银行家》是孟加拉国经济学教授穆罕默德·尤努斯创作的自传。他创立了为穷人发放小额贷款的格莱珉银行,致力于帮助穷人脱离贫穷。

### 嘉宾分享

《穷人的银行家》的作者是尤努斯,他 2006 年获得了诺贝尔和平奖。他做了一个改变全球贫困人口的项目——小额信贷。现在全球的好多国家都有小额信贷,它的主要目标是解决贫困问题。我给大家推荐这本书和我本人的专业有关,我上博士时的研究方向是非营利组织,非营利组织和慈善、公益基本上是连在一起的。这本书是在我读博士期间,导师推荐给我的,我的导师也是研究非营利组织的。当看了这本书之后,我感觉译者翻译得非常流畅,印象非常深。另外,这本书很通俗,也很深刻,一般人都能读懂。

　　这本书主要是讲小额信贷这个项目的,讲它是怎么产生的,怎样从一个村庄的项目,最后扩展到孟加拉国,从孟加拉国又扩展到其他的发展中国家。后来又扩展到全球的发达国家,小额信贷还发展成了一个银行,专门负责给穷人发放贷款,再后来又扩展到一个企业甚至是营利性企业。

　　这本书也是尤努斯本人在非营利组织、小额信贷领域打拼的传记。书中讲了尤努斯小时候的经历,他的家族是孟加拉国比较大、比较有势力的家族,后来他有机会到美国读博士,读完博士之后他就留在美国的大学教学。孟加拉国独立之后,他很激动。以前巴基斯坦和印度是一个国家,后来巴基斯坦从印度分离,孟加拉国又从巴基斯坦分离出来,当听到这个消息之后尤努斯就毅然决然地回国。回来之后,他最初是在政府部门工作,但他非常厌倦这种生活,觉得在政府部门里很无聊。后来他到孟加拉国的一个大学经济系当系主任,在20世纪70年代,从美国回来的博士在孟加拉国属于高级知识分子。那个时候,他实际上是精英中的精英。

　　他回国后,孟加拉国出现了大饥荒。其实在20世纪70年代全球都不平静,美国也是涌现了很多运动。经济学讲福利,讲增加人的福利、增加人的财产、增加社会的繁荣。经济学的教材里提到的货币单位一般都是千万、亿这种单位,但是孟加拉国农村里的一个妇女,每天的收入只有几十美分。他看到由于饥荒,很多人饿死。白天去上班看到人奄奄一息躺在那里,晚上可能就被拉走了。这本书里有一句话让我印象非常深刻,大概的意思是,人有很多死法,最让人忍无可忍的是饿死。我是20世纪70年代出生的,体验过那种饥饿的滋味,饥饿是非常难受的。尤努斯说饥饿是最忍无可忍的,这个时候他觉得作为一个大学老师很羞耻,自己在课堂上讲经济繁荣,讲增加福利,讲改变社会,结果大学周边村子里的人都被饿死了。这件事对他触动很大,他当时也不知道应该怎么做,他就想办法去调研,去村子里边探访。孟加拉国有伊斯兰教的传统,女性在这个传统文化里很多都处在底层,很贫困,丈夫可以随意打骂妻子,可以随意离婚。当时很多女人都吃不饱饭,还要喂孩子,女性的社会地位很糟糕。他开始去了解穷人,了解贫困中的女性。

　　穷人愿不愿意改变自己的命运?当然有些人出于文化的原因,没有改变自己命运的动力,因为文化已经窒息了你,让你不会想到改变自己的命运,尤努斯就一个个去动员他们。后来他从一个技术上的项目,扩展到整个扶贫领域,不断扩大他的小额信贷项目。他有他的一套方法,五个人一组,如果你这个组里边有一个人不还贷的话,其他人就要受到牵连,这样就鼓励了一个团队。所以这个项目不仅仅是扶贫,而且还鼓励团队成员之间的参与、合作、互帮互助。他后来又成立了一个专门为穷人贷款的机构。

国有银行不愿意给穷人贷款,因为在银行看来穷人没有偿还能力,给穷人贷款有风险。但是尤努斯用他的实际行动改变了这个观念,穷人也可以偿还贷款,而且还款率非常高,可以达到百分之九十多,银行现在也做不到这么高的还款率。他用他的项目证明穷人不是懒,不是不愿意付出,不是不愿意勤奋,而是没有机会。后来他成立了格莱珉银行,从孟加拉国逐步扩大,再后来成立了整个银行系统。除了扶贫之外,他还办了企业。他的组织网络扩散到全国各地之后,就成了一个组织体系。

组织网络是一种重要的资源,当有组织网络的时候,就可以依托组织网络建立电话系统,建立各种各样的营销网络。后来他依托小额信贷的组织体系,把发展的项目拓展到很多领域。书中对此都有详细的介绍。假如说你在郑州大学要成立一个学生组织,咱们郑州大学校本部有7万人,如果你能组织2万人,你就可以和商家谈判,你可以要求校内的商店给你的会员打八折,我想校内的很多商店都愿意和你合作,因为这样可以增加它们的利润。所以组织是一种重要的资源,尤努斯通过小额信贷的扶贫项目,建立了一个遍布全国的组织网络,然后再依托这个组织网络开展其他的发展项目。

社会科学没有绝对的标准答案。每个人的经历不一样,看待同一个问题的角度也不一样,所以每个人都有自己的看法、体会、感受,大家之间都是一种交流。阅读这本书,我有几点体会和大家交流一下。

第一,我觉得作为一个大学生得有社会关怀,得思考人生的意义。尤努斯本身家族背景好,在孟加拉国过得不错,在美国也是精英,可以留在大学里当老师,可以在经济系里当教授。但是尤努斯放弃海外优越的生活回到国内,当过公务员,也当过大学老师。他的个人生活本身是很舒服的,但是他有社会关怀,他不满足于个人层面的这种舒服的生活。

我觉得我们上大学的时候应该思考怎么让这四年过得更有意义。四年之后同学之间差别是很大的,有的同学荣誉证书一大堆,社会实践很多,还考上了研究生,有的找到一个好工作,有的拿了好几个offer,单位都不错,但也有的同学可能四年之后一无所获。所以我觉得尤努斯给我们最大的一个启示就是不满足于生活现状。

巴菲特说过一句话，什么叫幸福，不是今天买了股票获利十万块钱就叫幸福，幸福是有多少人爱你，爱你的人越多就越幸福。别人爱你表示别人尊重你、认可你。其实他当个大学教授也挺好，又是博士，又是系主任，职业也挺体面的，本身也很受人尊重，但是他通过小额信贷赢得了广大穷人的尊重。从这个意义上讲，他做了小额信贷之后帮助了这么多贫困人口，其中百分之九十多都是女性，是最底层的人。我相信他的幸福指数比做大学教授高很多，因为他把这个事做成了，很多人都受益了。你的幸福在于别人对你的认可和承认，所以我觉得作为一个大学生，要有社会关怀，要不断思考人生的意义。

第二，不仅要有想法、有理想，还要去行动、去做。尤努斯最初也不知道要怎么做，书中讲了很多很详细的案例。项目并不是事先设计出来的，而是一步一步实践出来的。比如近期你准备写一篇论文，或者准备做一个项目，你首先得思考一下，我怎么写或做，分几步，但不能总是停留在想象之中，尽管事先的规划思考也很重要，但你还需要去实践，要边做边思考，而不是等完全想明白之后再去做。当你坐在电脑前面，坐在办公室去想去写的时候，思路慢慢就清晰了。很多时候，不是你想好才去做，而是边做边想，边做边调整，边思考边完善。尤努斯也是这样，他的项目也不是一开始就发展到全球的，从最初的一个个项目，到后来的开公司，办银行，他也是一个项目一个项目的做出来的。

所以，我给大家的一个建议，在大学四年里，要去做，要付出，要坚持。只要你去做，去坚持，你总能有所收获。每当看到电视节目中的杂技表演时，我就想，那些杂技演员在台下训练了多少次，才能达到舞台上的演出效果。常言道"台上一分钟，台下十年功"，我们做事也是这样，坚持下来才能成功。

第三，这本书是讲反贫困的，现在我们国家也在扶贫，在进行精准扶贫。中国的扶贫成绩是得到全世界公认的。但是，什么是扶贫？扶贫仅仅是物质生活的改善吗？《穷人的银行家》里面对穷人生活的改善写得很细致，尤努斯不仅通过小额信贷改变了人们的物质生活，更重要的是他让人获得了一种自信，穷人完全可以依靠自己的努力去改变自己的生活。女人也可以抛头露面,也可以参加活动、组织活动,这也是一种重要的改变,改变了女人的自尊。对贫困的理解不能局限于物质贫困,扶贫不能仅仅停留在物质层面,还有更多方面。

## 主持人访谈

**主持人:**

韩老师为什么对这本书情有独钟呢?

**韩老师:**

选择这本书和我的专业是有关系的,我的研究方向是非营利组织,而非营利组织和公益、慈善基本上是连在一起的,这本书讲的实际上就是非营利组织,就是讲公益、慈善,这是一个原因。还有一个就是翻译这本书的译者,在前言中,译者写道:"在商界征战奋斗多年以后,我开始重新思考人生,经过沉重而漫长的思考,我决定,后半生要为他人、为有需要的穷人做事。"这本书的译者是吴士宏,被称为打工皇后,她中学毕业,最早在医院当护士,后来得了白血病,就辞掉工作治病,病好以后开始自学英语,读了一个大专,后来又去打工,在IBM里面做勤杂工。有一次她进门忘记戴胸牌,尽管很多人都不戴胸牌,但是保安只训斥她。她知道自己的地位低,很多人都看不起她。后来有机会做销售,12年后,在1997年她成为IBM在中国区的经销渠道总经理,她把IBM在中国的市场打开了。1998年,她到微软公司,成为微软中国公司的总经理。1999年,她又辞职了,到TCL集团任常务董事副总裁。她没上过学,全通过自学,通过自己的勤奋获得自己的社会地位。

其实这个社会有很多机会,但是很多女性思维受到限制,没有想到自己可以打破限制去寻找机会。我觉得与打工者相比,大学生不缺少机会,缺少的是勤奋、努力和坚持。我在微信上看到一个大三学生利用假期回家做调研,出了一本26万字的书,影响非常大,反响非常好。只要坚持,就一定能做好。所以我推荐大家读这本书,一方面是因为书的内容本身,另一方面也和这本书的译者有关。

**主持人：**

《穷人的银行家》是一本伟大的人物自传，而人的伟大与他们的精神和能力是分不开的，精神与能力的养成与他年少时受到的教育和成长经历是分不开的。老师，您觉得作者成功创办格莱珉银行的原因是什么呢？

**韩老师：**

经历对人的影响很大，每个人经历的事情不一样，想法也就不一样。我觉得尤努斯的家庭关系对他有一定影响，他父亲对他的影响是潜在的，他为什么要做公益，是和他的家庭经历有关的。家庭有缺陷，孩子多少会受影响，如果一个家庭里面经常出现暴力，这个孩子受到的影响是非常负面的。书中有一部分是讲他的家庭，讲他的父亲和母亲，尤努斯的父亲，为在座的所有男性做出了表率，我觉得他父亲对他母亲的态度，对尤努斯有很大的影响，大家可以认真读一读。另一方面，他以非政府的方式将民众组织起来，这种理念和他在美国受到的教育有关系，最终他创业成功了。这是一种趋势，事实也证明一些民营企业更容易成功。这个银行是以非政府的方式运作的，以企业的理念追求社会的责任，这和他在美国受到的教育有关，也是经历对他的影响。

**主持人：**

作者成长的历程和发展银行的过程中，哪一件事情让您印象最深刻呢？

**韩老师：**

我印象最深的是尤努斯作为一个大学教授、一个政府官员，和农民一起吃一起住，还要求他的学生不能穿得太漂亮，要接地气。他是从一种底层人的角度替他人思考，不像其他人，感觉帮助别人就很自豪。有一次和慈善总会的人聊天，慈善总会的人说，富人捐款不应该有一种高高在上的感觉，比如有的企业家捐了两千万，他会怎么想？他应该这样想：我要感谢穷人，我捐了这么一点钱让我这么有成就感。所以扶贫基金会的理念是助人自助的，你帮助了别人你快乐了，在一定程度上是穷人帮助你实现了自己的价值。书中这种底层人的视角让我印象深刻。有时候我也做不到，但我受到了影响，受到了启发。

**书目推荐**

我感觉大学生不管学什么专业,都要看看社会科学之类的书籍。《乡土中国》这本书是费孝通的大作,尽管它是我们社会学专业方面的经典,但是读起来不累。《乡土中国》讲中国的传统熟人社会和现代陌生人社会有什么不一样,讲传统社会与西方社会有什么不一样。虽然书中的文字很通俗,但思想很深刻。如果要了解传统社会,就要看看这本书。他还写了一本专业性比较强的书,叫《江村经济》,他也因这本书获得英国人类学最高奖。相比来说,《江村经济》更专业一些,《乡土中国》更加通俗一些。

《毛泽东选集》也值得推荐,特别是第一卷。我们现在社会中的很多烙印都是毛泽东时代留下来的,那个时代的特征决定了我们现在的路径选择。所以我觉得大家应该对毛泽东有个了解,特别是第一卷中有关当时社会状况的分析。

郑也夫的《与本科生谈:论文与治学》,是由他在中国人民大学给本科生上课时的录音整理而成的,一点都不枯燥。他讲课有风格,他讲一门课就写一本书,他讲过的专题,后来要么写成论文,要么写成书。他研究信任问题,研究城市社会学,研究社会生物学,还有教育问题。他是一个公共知识分子,他上课会要求学生做调查,不纯粹研究理论问题。他在社会学系上课,商学院、法学院、新闻学院的学生都去听。他上课很有特点,他讲课录音,把录音一整理,就变成了书稿。这本《与本科生谈:论文与治学》,尽管是从社会学的视角谈的,但我觉得其实也是社会科学的逻辑,讲的是研究社会的一套方法。

还有一本是戴维斯的介绍丛书《人类学》,丛书的全球销量已达到2.4亿册。此书用漫画的形式介绍人类学,很简单,很有趣,不是泛泛地讲理论,而是用漫画的形式讲人类学的概念和理论。人类学是社会科学的一个重要学科,主要研究异文化,研究和你不一样的文化。人类学最开始在欧洲出现,当时和欧洲文化不一样的地方在哪?如太平洋的小岛上,美国的印第安人,中国的少数民族,等等。发达国家认为自己是先进的、现代的,他们要研究那些未开化的,研究原始土著。为什么研究这些呢?因为要研究一个和自己不一样的社会文化来反思自己。只有不断地反思自己,才能不断地进步。

最后推荐一本《蔡志忠古典漫画》。我觉得读书方法有两种，精读和泛读。有时候需要精读，有时候需要泛读。现在的书太多了，每一本书都精读的可能性不大。什么时候精读呢？比如要写论文时，有自己的问题意识，就要专门看与自己研究主题相关的那些内容，带着要研究的问题去读书，这是精读，这样的读书效率特别高。除了精读还有泛读，其实我们大部分的阅读是泛读。对于这本书，我建议大家翻一翻，泛读一下。蔡志忠画了很多传统文化主题的漫画，以漫画的形式介绍传统文化，老少皆宜，不分专业，谁都能看懂。推荐这样一套与传统文化有关的漫画，与当下传统文化的复兴也有关系，特别是在党的十八大之后。习近平总书记在建党95周年的讲话中提出了文化自信，文化自信很重要的一个方面是对传统文化的自信，并且习近平总书记认为文化自信是更基础、更广泛、更深厚的自信。所以建议大家看一些有关儒家文化、有关传统文化的书籍，增强文化自信。

# 吴漫老师分享《读史的智慧》

2016 年 10 月 25 日

### 嘉宾名片

吴漫,郑州大学历史学院教授,历史学博士,河南省特聘教授、河南省教育厅学术技术带头人、河南省青年骨干教师。入选河南省首届"百优人才"工程、河南省高校科技创新人才支持计划,荣获 2015 年度宝钢教育奖优秀教师奖。

### 书目介绍

《读史的智慧》是知名学者姚大力教授多年来阅读有关史学著述的各类随笔,内容涉及如何读书,历史学家的人文思索,书籍、学问与社会人生以及书评。

### 嘉宾分享

郑州大学图书馆举办的"青椒书话"活动逐渐声名远播,因为它所采取的交流方式既不是学术讲座,也不是学术报告,而是通过面对面、近距离的师生对话实现读书生活的共享。这种形式因为生动、不拘束,更容易让大家加深对谈话内容的理解和感悟。

作为一名历史系的大学教师,在教学的过程当中,常常会涉及人生、理想、情怀、国家、事业、家庭、责任,以及关于时代的思考等诸多问题,透过一些经典原著、历史事件、历史人物,学生总会有或深或浅的触动,引古筹今,希望将话题引向深入。但是课堂毕竟是有限的,除了在讲台上,将一个话题借助于另一个平台或者某种形式,比如"青椒书话"活动,延伸课堂中的教育,解答个体化的问题、边缘化的问题,正是读书的最终愿望。

今天和大家一起分享的是姚大力的《读史的智慧》,由复旦大学出版社出版。史学中有一门课程叫版本学,要求读书一定要讲求好的版本,好的出版社是一部高质量好书的保证,以后大家选书、读书的时候一定先鉴别版本,选择权威出版社的版本。书的名字叫《读史的智慧》,非常切合我们对于历史、对于史学的一般认识。常言说:读史可以使人明智,从历史中借鉴智慧,我们知道中国有一部著名的史著叫《资治通鉴》,说明了历史智慧的问题。姚大力老师是复旦大学的著名教授,主要从事历史地理研究,涉及元代的历史,是一位知识广博的知名学者。《读史的智慧》是作者的学术文集,包括一些书评和史学研究的随笔,语言质朴,思想独到,逻辑严谨,对于读史、做研究的人是很有启发的。从书名看,这部《读史的智慧》,应该汇集了作者从史学研究当中寻找到的种种智慧。

如何读史?如何从史书当中去寻找自己所需要的智慧呢?中华民族的历史源远流长,有着从未间断的史官文化,典籍浩如烟海,历史长河中积淀下了许多经验和教训,我们该怎样去把握、寻求其中的智慧呢?有一个简易的途径,就是读好书,读前贤的经典作品。

前贤的著作是他感悟人生、经世之后的思想结晶。读书时,我们要关注的是,如何借助前贤的视角去了解他所处的那个时代,那个社会环境,了解他如何在时代的背景下自我定位,主动地响应时代的要求,与时代互动。

历史学家克罗奇曾说,"一切历史都是当代史"。过往的事情具有经验的意义,尤其是历代有识之士的感悟、理解和选择。一个时代的问题,也许会在另一个历史时段再现,这个时候,历史的经验就会成为现实生活中判断的参照、指导。古人对于史学的功用有着深刻的理解。举个例子来说,就是要推荐给大家的另一部著作——北宋政治家司马光的《资治通鉴》。

我们对司马光这个历史人物都不陌生,在民间,他最被人传颂的是砸缸救人的故事。少年的司马光很聪慧,表现出不同于其他人的天分。等到他成年后,走上仕途,开始担负治理社会和匡扶朝廷的职责,这个时候,他和改革家王安石同朝为官,当时王安石为了革除北宋的弊政,主张施行新法。

司马光与王安石一心为国,但是政见不同,对新法持反对态度,而王安石得到了宋神宗的支持,司马光被迫远离朝政。但是他不甘心自己的政治主张就此销声匿迹,于是决定著书立说,把自己对当时政治问题、社会问题的见解通过述写历史表达出来。《资治通鉴》从体裁上来讲,是一部编年体史书,鸿篇巨制;从思想上来讲,主旨明确,博大渊深。这部书记载了一千多年的历史,时间的跨度非常长。司马光正是要通过记载通史的方式,贯通古今,察盛观衰,总结政治上的成败得失,给世人提供重要的历史借鉴。

读书是有讲究的,也就是要有一定的读书方法。我们要留意《资治通鉴》中"臣光曰"的内容。《资治通鉴》往往在一些重要事件、重要人物之后引发评论。我们要重视司马光关于历史事件、历史人物的评价,以及他借鉴历史知识对当下的政治做出怎样的回应。他对于当时的政治改革有怎样的卓识,可以通过"臣光曰"的史论来了解,从而开拓读书的思路。古人重视立言,他们撰史、写史都有经世致用的意图,要发表自己的一家之言、独断之识,读史书,一定要注重史论的部分,因为我们不只是了解史事,最终是要了解历史现象背后的道理,我们也可以把这个叫作历史的逻辑意蕴。

什么是读史的智慧?如何传达?如何探讨?我想终归是要透过历史的表象去考察其背后的历史意蕴,从中试图寻找到一般的道理。这才是更为普遍意义的东西,或者说是实质的内容。《读史的智慧》中包括不少书评文章,因为今天的时间很有限,这部书的内容主要由大家根据自己的需要吸收、理解。内容之外,更想提醒大家关注读书的思维或方法,读好书,更要多读好的书评文章,两者相辅相成。这是可以使我们更好地接触历史、理解历史、在短时间内获得大量历史信息的重要途径。

通过书评我们可以了解到名家眼中的著作,这给我们提供了一种读史的眼光和逻辑思维。很多年轻人都读过《史记》,读过《万历十五年》,但每个人的关注点不一样,一个人关注的地方或许并不是作者用意最深的地方;有的人理解深刻,有的人理解浅显,甚至也会有人误读。《读史的智慧》中就有关于这两部书的书评,除了原著,我们在读书评时,必会和书评者引起思想上的共鸣或碰撞,激发我们的兴趣,有针对性地去读原著。此外,书评者所关注的这部书的思想价值是什么,和我们所理解的价值有没有共通之处,歧异在哪里,再问一个为什么。这种质疑可以将思考引向深入,读书才不会浮光掠影,才可以真正与现实联系起来,构架出知识与现实的桥梁。

《读史的智慧》语言非常优美、雅致,叙事朴实,思维非常灵活、跳跃,从内容和语言风格上来看,都值得我们去学习。

## 主持人访谈

**主持人:**

听完吴老师的分享之后,我想问一下吴老师,在那么多的研究历史的著作中,《读史的智慧》和其他的作品主要区别在哪儿?

**吴老师:**

《读史的智慧》这部书在结构上,是一些文章的汇编,从内容和文章分类来看,包括书评和史学随笔。研究历史的著作当然很多,之所以推荐这部书,一是因为它的学术价值,二是想让大家多关注书评类的文字以及史家随笔的文章。因为书评可以帮助我们尽快了解一部书的内容和结构,它的价值以及优缺点,如何去读,读什么等重要信息。

既然提到一部书和另一部书的不同问题,可以再简单地谈一谈如何做出这种区别:第一,要看书的宗旨和思想内容,要传达的旨趣是什么;其二,要看书的篇章结构。篇章结构能够体现出文章的立足点,它的立场和角度,以及作者观察问题和分析问题的角度。不同的人观察历史的角度是不一样的,有句诗叫作"横看成岭侧成峰,远近高低各不同",从不同的角度你可以看到不同的风景。另外,看书的时候除了了解作者的旨趣和篇章结构、了解它的视角外,还要关注它的文笔、文风。孔子曾经说过"言而无文,行之不远",这就是强调写文章时语言要追求一种美的艺术,追求一种雅致。但孔子还说语言要追求一种平实、朴实,也就是说要在朴实的语言当中传达出深奥的道理。古人在写文章的时候对文风的追求映射在做人方面,就是提倡踏实做人。做人和写文章是一样的道理。

**主持人:**

从历史的经验来看,您是如何看待"人民群众的智慧"的?

**吴老师：**

人民群众的智慧是极为丰富、极为宝贵的,中华民族的历史长河中积淀了丰富的人民群众的智慧,记载在众多典籍中,永远给后人以启示。

**主持人：**

刚刚听您提到司马光,所以想问老师一个问题。有人批判司马光是保守派,因为他把人分为有德有才、有德无才、有才无德、无德无才四类。他主张宁肯用有德无才的人,也不用有才无德的人;宁肯用一个庸人,也不用一个小人。老师,关于"德"和"才"的问题,您怎么看?

**吴老师：**

古人是把"有德"放在第一位的。《左传》记载,春秋时期有一个鲁国的大夫,提出"三不朽"的人生追求:"太上有立德,其次有立功,其次有立言。"这是把德行放在第一位的,这也是选拔人才所应考虑的第一要素、第一原则。自古以来能够做到三不朽的人有三个,第一个是孔子,第二个是王阳明,第三个是曾国藩。人们评价说前两个完全做到了"三不朽",曾国藩是做到了半个。在古代,在用人或是其他场景中强调德行的重要性是很广泛的。再介绍一个历史人物——唐代史学家刘知几,他是《史通》的撰述者,他对史学家的首要要求就是"德"。他说为史者要有三长——"才、学、识",其中,他最为推崇的就是"识"。因为"识"包含了一种对史家道德的要求。后来清代的章学诚写《文史通义》时,对道德问题专门强调,认为一个史学工作者要有"德、才、学、识"。通过这两个简单的例子我们可以看到,古人对于"德"的要求是很高的。

**主持人：**

史书上有一些内容是主观的,比如传说中的三皇五帝,我们很难证明他们的真实性。那我们应该怎样去辨别呢?

**吴老师：**

这个问题牵扯到一个历史辨伪问题。辨伪有两种情况,一种是针对史料的辨伪,一种是针对历史的辨伪。我们对于辨伪的研究是为了让人更加信服,这也说明了历史学为什么是一门科学。史学有两种属性,一种是它的自然属性,一种是它的社会属性。就它的自然属性而言,就是求真,追求历史的真相,这是一个追求的目标,但要还原历史的真相却是极其困难的。因为有这样的常识,即便是刚刚发生的事情,通过不同的渠道、不同的人去转述,也必然会出现一些偏差,而且传播时段越长,传播的途径越杂,历史事件的呈现就越复杂越多样。正是求真的史学追求保证了史学研究的意义,通过求真求实达到经世致用的社会效果。历史学的另一个属性是它的社会属性。史学研究最终是要经世的,要有追求致用的精神,史学研究的意义就在于从历史往事中借鉴重要的经验,寻求历史智慧,通过众多历史现象查找规律性的东西,指导当下,照亮未来。

**主持人:**

之前听到老师提到了一些读书、读史的方式,您有没有什么经验要补充的?

**吴老师:**

我们需要读一些书评,读不同读者对这部书的感受。通过这样的方式,我们可以了解到其他读者的人生感悟以及看问题的不同视角。读书要灵活地读,不能不读书,更不能死读书。我们读书的时候不仅要看懂字面的意思,更要看到那些潜藏在字里行间的意蕴。

## 书目推荐

我给大家推荐《战国策》《国语》《资治通鉴》《史记》《史通》这五部书。推荐这五部书,是它们综合了书的学术价值和对大家的适用性两个原则。

《战国策》《国语》反映了先秦历史的社会特点和历史智慧。

司马迁的《史记》、司马光的《资治通鉴》,一个是纪传体,一个是编年体,两部书体裁宏阔,内容丰富,有重要的历史借鉴意义。

刘知几的《史通》是一部史学理论著作,看似专业书籍,实际上其中的重要理论思想突破了专业畛域,对于其他专业的学习和研究也有指导价值。

# 许群老师分享《不遗憾 你离开：张幼仪传》

2016年11月28日

 **嘉宾名片**

许群，郑州大学材料科学与工程学院教授，博士生导师，享受国务院政府特殊津贴，河南省首位中国青年女科学家奖提名奖获得者，并获教育部新世纪优秀人才支持计划项目、宝钢优秀教师奖、河南省青年科技专家、河南省"感动中原十大人物"等荣誉。

 **书目介绍**

翻开夏墨创作的《不遗憾 你离开：张幼仪传》，你将看见一个没有自我、没有依靠的名叫张幼仪的女人，是如何一步步逆着命运悲伤的河，走向华丽蜕变，完成人生逆袭的。

**嘉宾分享**

实际上，让我来给大家分享读书感悟，我的内心是挺惶恐的，因为我是学理工的。一个学理工的人，却来讲人文的故事，并要将脉络讲清楚，说实话，这对我来讲是一个挑战。但是我想，人生就是要时时面对挑战。所以，我来了，如果讲得不是很好，也希望大家多多包涵。今天来的很多都是漂亮的女生，我觉得你们肯定对徐志摩比较感兴趣，同时也对徐志摩、林徽因以及陆小曼这三个人之间的故事感兴趣。但是你们了解张幼仪吗？有一天,我在书店里翻到一本《不遗憾 你离开:张幼仪传》,突然发现,原来徐志摩背后有一个这么伟大的女性,我在书店就把这本书看完了,看完了以后,我又把它买回去,翻了又翻。

我觉得,随便都能找一个喜欢徐志摩的同学帮我们把徐志摩的《再别康桥》温习一遍,这首诗特别打动人。大家知道这首诗是写给谁的吗?他是写给林徽因的,因为他在剑桥的时候,正好林徽因的父亲带着林徽因去了剑桥。徐志摩当时已经是一个有妇之夫,但他看到林徽因仍然被林徽因打动了。当时林徽因的父亲立即把林徽因带回国,终止了这一段感情。但是这给张幼仪带来很大的伤害,因为张幼仪已经从国内来到了英国,而徐志摩见了张幼仪一面之后就一直逃避不见,直到后来和张幼仪离婚。离婚的时候,他也没有出现,而是托了一个人给张幼仪带了一封信,告诉她要离婚,这对张幼仪来说是一个很大的伤害。但是,大家读相关资料后就会发现,这好像并没有给她造成那么大的打击,所以,我在这里想跟大家讨论这到底是为什么。

我们可以这样想,张幼仪虽然没有从徐志摩那里得到爱情,但是她自己很强大。徐志摩跟她离婚,应该是中国第一个西式的离婚,而在那之后她就到德国重修德语,回来后到大学做了德语老师。所以我想,这样的一个事情放到现在看,我们不会觉得奇怪,但是在那个年代她却能做到,我觉着这很值得我们思考。你们觉得她为什么能够这么强大,能够去做这样的事情?一直到最后,徐志摩飞机失事去世以后,陆小曼和徐志摩这个时候已经结婚了,陆小曼不敢去面对这个现实,真正去把徐志摩遗体接回来的是张幼仪,是张幼仪让徐志摩的儿子去的,因为当时他们已经离婚了。她的身份不合适。徐志摩去世以后,张幼仪帮他处理后事,赡养他的父母,徐志摩的父母什么事情都问张幼仪的意见,包括当时徐志摩要跟陆小曼结婚,他父亲不同意,让张幼仪来做主,张幼仪说同意。徐志摩的父亲很诧异,认为她应该说不同意。但是他想错了,张幼仪是同意的,而且她把这些事情处理得非常好。

她为什么能做得这么好?这其实是中国的传统美德在我们中国女性身上得到了一个很好的体现。第一,她完全体现了一个女性的善良。传统美德对女性美德的教育就是"温良恭俭让",实际上,这些理念早已深入她的内心了。第二,我们传统美德中还有一个重要的是"克己复礼",就是不管碰到任何事情,都要忍耐和包容,这个在她身上得到鲜明的体现。第三,就是一个人的家国情怀,爱国家,爱故乡,爱自己的家庭。这种爱,让她碰到很多困难的时候,没有过度地去想自己,去怜悯自己。第四,就是大气,这指的就是她能包容。她可能受了很多的苦,但这种苦实际上就是人生的一种过程,她慢慢地把这种苦转化成她内心的强大,将来的某一天,要么是厚积薄发,要么是以另外一种能量的形式表现出来。

 主持人访谈

**主持人:**

老师,您刚才说这其中的一个美德是"克己复礼",我觉得是不是您把这个文化套在她身上了,可能当时她自己意识不到那种"克己复礼",因为"克己复礼"是儒家提倡的一种思想,她作为一个女性并没有认识到。至于您说的其他三个观点我还是比较赞同的。

**许老师:**

我想用"克己复礼"形容她的时候,也是有一点点疑惑的。但是,我想,她父亲给她的,其实就是这种儒家的传统思想。她七岁的时候,父母一定要她裹足缠脚,后来徐志摩一直看不上她,也有她缠过足的原因,而实际上她并没有缠足成功,最后放弃了,但她和林徽因、陆小曼又不太一样。她是这样评价林徽因的:"林徽因是一位思想更复杂,长相更漂亮,双脚更自由的女子。"因为她(张幼仪)是缠过脚的。

我一直想说的是清华的校训,"天行健,君子以自强不息;地势坤,君子以厚德载物"。当把这样的一种精神牢牢地根植于自己内心以后,我们就会觉得再多的苦难都是正常的,因为人跟动物最大的区别,就是一定要去克服什么,一定要去征服什么。这就是刚毅坚卓,发愤图强,自强不息。厚德载物指的是接物度量要像大地一样,没有任何东西不能承载,也就是要有包容性。她能包容一切,她包容了徐志摩,徐志摩背后的父母,还有陆小曼。到后来徐志摩家庭困难的时候,她去接济,所以包容性也是她内心强大的一个原因。

**主持人：**

张幼仪是传统式的女子，她贤良端庄、三从四德。徐志摩不爱张幼仪，但却娶了她，娶了她又不肯好好对她，连敬重都做不到，甚至可以说是非常不负责任的。我们熟知的，比如说鲁迅和朱安，张学良和于凤至，他们同样是父母之命，没有感情，但他们对他们的妻子是非常敬重的。许老师，您怎么看待徐志摩的这种做法，你觉得这种做法对张幼仪来说是好事还是坏事呢？

**许老师：**

这当然是坏事。其实在爱情生活中，谁都想要两个人相敬如宾，或者说丈夫非常关爱妻子。从关爱到更深层次的爱，这个爱肯定很滋养人，有爱的话这个人才会感到幸福。

**主持人：**

那对徐志摩这个人，您的看法是如何呢？

**许老师：**

我觉得，徐志摩是一个比较自我的人。他的潜意识中认为自己是反封建的，反对封建的这种包办婚姻，他认为他站在一个很前卫的、反传统的角度。但是他不知道他这样的做法恰恰是伤害了一个女人，他忘记了人实际上是平等的，张幼仪在任何方面没有跟他不平等。

**主持人：**

张幼仪说过，她把自己的一生分成两个阶段：德国前和德国后。去德国以前她什么都怕，去德国以后她一无所惧。在去德国后，她遭遇了她人生最沉重的创痛：婚姻失败，幼子夭折，痛苦的生活塑造了她坚韧的性格。她去德国柏林深造德语，然后进入佩斯塔洛基学院攻读幼儿教育。归国后她进入东吴大学教德语，同时还任上海女子商业银行副总裁，并担任服装公司总经理，可以说张幼仪在她跌宕起伏的命运中完成了一个华丽的转身。我们在生活中也会遇到许多大小不一的挫折，那您觉得张幼仪的人生经历对我们战胜挫折有什么启示呢？

**许老师：**

我特别想让同学们讲一讲你们现在遇到的困难，我想说的其实一开始我都表露了，那就是挫折是常态，逆境和顺境永远是并行的，就像古话所说的"祸兮福之所倚，福兮祸之所伏"。遇到挫折，不要害怕，面对挫折时，克服一个挫折、一个困难，你就上到了一个高度，这就是人和动物之间的区别，动物仅仅是活着，而人活着就存在一个意义。你不去克服困难，征服挑战，那你的人生是没有意义的。所以张幼仪前期的困难造就了她之后的辉煌。大家可以试想，如果徐志摩与她特别恩爱，他们在家乡过着快乐的小日子，那就不会有后来的张幼仪。我们将来要怎样生活？我们要想清楚了，我经常对我的研究生说，如果你们不想努力，不想在实验室里刻苦用功，那完全可以选择过一种很平静的生活。一旦你要读博士，就选择了一种具有挑战性的生活。因为要想拿到一个博士学位，真的没有那么容易。但有一点可以肯定的是，付出与收获是成正比的。所以凡事一定要在做之前想清楚。

**主持人：**

徐志摩不幸遇难之后，张幼仪作为他的前妻，无怨无悔地帮他善后，养育他们的孩子，然后还照顾他的父母，整理出版他的书籍。张幼仪的这种做法，是源于爱情，还是源于责任？您怎么看待这个问题？

**许老师：**

我觉得可能是爱情、责任都有。因为后来陆小曼也为徐志摩整理过很多书籍。当时陆小曼没有去接徐志摩的尸体，有人说陆小曼不爱他。但后来有熟知陆小曼的人说，陆小曼爱徐志摩，深爱到昏厥。当清醒了之后，在其后的三四年，也是和张幼仪一样做着整理徐志摩作品的事情。所以我觉得张幼仪肯定会有爱，且她是爱大于责任。

**主持人：**

许老师是1999年9月毕业于中科院化学所，然后在2001年8月完成在德国核研究中心环境化学所的博士后工作，应聘到郑州大学材料科学与工程学院工作的。许老师曾获得中国青年女科学家提名奖，两项河南省科技进步二等奖,发表学术论文有200多篇,其中被SCI收录的论文有120多篇。许老师同时培养了很多优秀的学生,有些学生已经在国内外取得博士学位,甚至已在科研界崭露头角。

女性做科研的相对较少,像许老师这样取得丰硕成就的就更少了,很多人都说做科研很单调,很枯燥。那您是怎么认为的?您觉得在做科研时要具备哪些心态和精神?

**许老师:**

我并不觉得搞科研很枯燥,在实验室里,一个人安安静静地做科研,整理数据,然后对照文献,发现不同的实验现象和实验结果,然后问自己为什么,真的是一个很愉悦的过程。但是在达到这个状态之前,还是有一个较为挣扎的过程,那就是获取博士学位的过程。这是一个人的追求和梦想,我特别喜欢习近平总书记说的话:我们都要有一个梦想。因为这个梦想,我一直在路上。

我给大家推荐一本书,叫《第二次握手》。这本书讲的是女科学家丁洁琼的故事。书中有个片段是周总理接见科学家丁洁琼,希望她回国做贡献。小时候看这本书时,我就想,长大后我也要当科学家。后来我又读了《居里夫人传》,其实这些都让我想去从事科研事业。

之后我按着梦想走,去了中科院化学所读博士。在那里我见到了所里的第一个女老师蒋丽金——中国光化学的第一位女院士,她是我奶奶的同学。她和她的爱人许国志(也是院士)从美国回来时和钱学森在同一艘轮船上。当我第一次见到蒋老师的时候,她问我以后想做什么,我说我要做科研。那时我感觉自己见到了真正的女科学家,就像我小时候读到的丁洁琼,其实丁洁琼身上就有著名女科学家吴健雄和何泽慧的影子。在读博士期间,我的英语老师是李佩。李佩是郭永怀的夫人。郭永怀是新中国23位"两弹一星"功勋奖章获得者中唯一一位为核导弹和卫星研究均做出卓越功勋的科学家,他1968年12月5日因公殉职。在那次飞行事故中,为了保护数据和资料,郭永怀和他的警卫相对将装有资料的公文包紧紧抱在怀里,防止资料被损毁。老太太(李佩)特别精神,她给我们博士生上课时,都坚持站着讲课,即便已是80多岁的高龄。我们真的特别感动。也正是因为接触了这样的人,感受到她们的人格魅力,以及她们所传递出的强大的力量,激励我不断前行。

**主持人：**

其实在上大学之后，每个人都要面对这样一个问题，就是你本科毕业以后，是继续深造做科学研究，还是进入社会参加工作。您觉得我们在做选择的时候要考虑哪些因素？

**许老师：**

第一是兴趣，第二就是你的志向与追求。一定要想好你想要一种什么样的生活。如果你追求的生活比较安逸，我觉得读到硕士就可以了，读到博士就很有挑战性了。攻读博士迫使你一定要有创新意识、创新精神和创新成果，这些东西不是凭小聪明就能拿到的，是要付出足够的有效时间，以及随之而来的有效思维。如果你真的准备拿博士学位的话，我相信你一天之中会有15到16个小时是在想你的课题。因此这就看你愿不愿意做，如果你不愿意这样付出，那么硕士就可以了。

### 书目推荐

我推荐《第二次握手》《林徽因传》《飘》《苦难辉煌》。

这四本书，其中三本是关于女性的。

《林徽因传》是关于林徽因的传记。大家对林徽因是比较了解的，她是传奇才女、诗人兼建筑师。还有三个才子与她的一生有纠缠不清的浪漫，一个爱慕她多年甚至为她终身不娶；一个婚后为她几度往返；还有一个是建筑大师，五湖四海之间皆有他的作品。他们分别是金岳霖、徐志摩、梁思成。这样几个有名的才子都为她的美和才情所吸引，足见林徽因的魅力之大。

《第二次握手》就是我刚才讲述的丁洁琼的故事，是一个女科学家的故事。作者构思的这个人物带着两位卓越女科学家——吴建雄和何泽慧的影子。吴建雄证明了杨振宁和李政道的理论，却没有获得诺贝尔奖，这是一个遗憾。何泽慧的丈夫是钱三强，她被称为"中国的居里夫人"。

《飘》是关于美国南北战争中的女性抗争。作者是米切尔，我想这其中一定也有她自己的一些原型。书中的斯嘉丽一直纠缠在爱与被爱的感情问题中，最后给我们以启示——要勇敢地面对明天。这种积极向上的精神是很值得我们学习的。

　　《苦难辉煌》是一本具有深度内涵的书,展现了中国革命的波澜壮阔。当遇到困难挫折的时候,你去读一读,会获得启发。"苦难""辉煌"这两个词,我不知道大家的理解是什么样的,是"苦难"和"辉煌",还是从"苦难"到"辉煌"呢?我想它们应该是有一个时间先后的,是从"苦难"到"辉煌",其实也可以说,"辉煌"来自"苦难","苦难"铸就了"辉煌"。对一个人,一个党,一个国家,都是如此。当个人的家国情怀走到了一个更广阔的领域,站到了一个更高的层次上,我们就会真正理解这本书的价值。中国共产党经历了多少苦难,牺牲了多少人,才最终完成了中国历史中最富史诗意义的壮举,中国革命也由此成为一只火中凤凰,从苦难走向辉煌。这本书会给我们答案,以一个真实的视角,还原历史的本来面貌,让我们感知中国共产党人经历了多少苦难才能带领中华民族走到今天。

# 张旭老师分享《庸人治国》

2017 年 9 月 22 日

 **嘉宾名片**

张旭,郑州大学力学与工程科学学院副教授,工学博士,硕士生导师。

 **书目介绍**

《庸人治国》深入浅出地讲述了出身卑微的大太监魏忠贤如何一步步登上高位,阉党是如何构成的,庸愚的魏忠贤及其党羽如何通过专权将大明王朝推下了历史的悬崖等一系列问题,为读者深入了解大明王朝历史开启了一扇方便之门。

**嘉宾分享**

三百多年前,大明王朝在农民军和清军的双重打击下土崩瓦解,而回顾历史,魏忠贤的名字也跃然纸上。今天我想从我的视角和大家分享我对《庸人治国》这本书的理解和认识。

前几天遇到了一位研究生,他告诉我说,他也很喜欢历史,他在研究明朝和清朝的生活史,对历史的研究非常精细化。我对历史的看法主要来源于课外生活,因为我是理工科出身,主要研究理论数学,但是我觉得思维上与文学还有很多相通的地方。现在我就以理工科的思维解读一下这本书,以这本书对人物的刻画为主谈一谈魏忠贤。之所以想要谈《庸人治国》这本书,主要是因为我个人对明朝历史有一定的了解。我对历史上的三个人物了解得比较多一点,一是张居正,二是曾国藩,三就是魏忠贤。魏忠贤这个人一直被我们当作历史上的反面典型,但这本书对魏忠贤这个人物的刻画是非常完整的,他在历史上扮演的是一个非常不一样的角色。

这本书叫《庸人治国》,通过这个题目就知道作者认为魏忠贤是一个庸人,是误国误民的,作者更偏向于从道德层面刻画这个人物。但是我们看一个历史人物,一方面要从他的道德层面看,另一方面要从他的政治层面看。如果从道德来看的话,魏忠贤这个人,我没法给他翻案。因为他确实是一个无赖,做人特别狠,感情特别简单,你对我好,我就对你好,你对我坏,我就对你坏。但如果从政治上来评价他,我觉得应该从一个中性的角度看,不能说他是一个极左或极右的人物。他的所为在一定程度上是不得已,是一个必然的走势,他也有不得已的苦衷和选择。

最近网上翻案文章特别多,但是为魏忠贤这个人翻案,多是从他的政治层面翻案。比如说,魏忠贤死了之后十几年大明王朝灭亡了,从政治层面上说,他有脱不开的关系;在道德层面上,魏忠贤这个人又太差,因此我们一直把魏忠贤当作反面典型来看。但是我们能不能站在两个视角来看待一个人物,今天我用三个问题把魏忠贤和历史环境串起来。剖析一个人物,要同时看他的心境和他所处的环境。就像我们学微积分要解决一个问题,一个微积分方程,你首先要知道这个控制方程,如果说要解出这个方程,还需要一个初始条件,才能构成一个确定解。从力学上来说,我们也需要内在的材料本构关系和外部的加载环境,这两样才能构成问题的一个解。我们在分析人物时也有内在的心境和外在的环境,这两样才能构成对人物的一个完整的描述。我的观点是看人物要从这两方面看,不能单方面看一个人,当然,如果你把政治和道德混淆起来的话,亦没法去判断一个人的好坏。

第一个问题就是魏忠贤是怎么发迹的?他的发迹,我觉得有几大不可思议的地方。首先,魏忠贤和明朝其他的太监不一样,明朝其他太监都是从小接受文化教育的,而他是半道"出家"成为太监的。太监是必须识字的,特别是在宣德年间。因为在明朝时期,太监的内廷和内阁的文臣,还有皇权支撑着明王朝这么一个大庙,所以说太监必须识字,不然一般是成不了秉笔太监的。但魏忠贤不一样,他没有读过书,是半道"出家"。按正常来说,如果做太监，他这辈子只能是做一些简单的任务，但为什么他最后能获得那么高的地位？

其次，他处在宦官的地位，既没有文化，又没有任何的政治经验，那么他是凭借什么统治大明王朝的？根据网上近期的一些文章看来，在他治理大明王朝的时候，明朝的政治尤其是军事还是比较稳定的。好几员大将，我们比较熟悉的一些人物都是在魏忠贤时期涌现出来的。在明朝和后金及清朝激战时期，有几次重大战役胜利也都是在魏忠贤统治期间发生的。既能统率武将也能统率士大夫，他是用什么手段做到的呢？

解答这个问题，我们要先看一看魏忠贤的背景。他有一个很大的背景——东林党争。万历朝有一个国本之争，包括后来天启皇帝登位靠的也是东林党一路的保驾护航，东林党是当时朝廷的一大党派。天启皇帝是一个比较晚熟的少年，他对政治不感兴趣，因此他需要一个代理人来帮他管理朝政。

然而东林党是一个奉孔子为正朔的团体，他们希望辛辛苦苦培养出的好皇帝能帮助他们实现政治理想，在万历朝他们已经被压制了很多年。然而，希望越大失望也就越大，天启皇帝需要一个内廷来压制这些党派，以获得政治上的平衡。作为皇帝的亲近人物，魏忠贤就登上了历史舞台。宫里的太监有很多，识字的也很多，而选择魏忠贤，则是因为天启皇帝有一个乳娘——客氏，客氏和皇帝的关系特别亲近，而魏忠贤又是客氏的"对食"。当初的移宫案就是东林党为了还政于天启皇帝而收拾天启皇帝身边人的一个举动。在东林党看来威胁最大的就是乳母，东林党人害怕她干政。东林党人想让天启皇帝身边没有任何小人可以干政，所以也攻击客氏。

但是东林党人忽略了一个人——魏忠贤。魏忠贤在宫中地位不高，没文化，也没有任何政治经验，人脉也很少。所以任何人都没把他放在眼里，觉得他就是一个太监，但恰恰就是这个缘故，东林党人当时把攻击的重点都放在了乳母的身上，可以说间接地保护了魏忠贤，这也是他稳步上升的一个重要原因。乳母作为一个宫女和太监魏忠贤结成了"对食"，也就是名义上的夫妻关系。魏忠贤有很多的社会经验，很讨女人的欢心，所以他们的关系非常亲近。魏忠贤又是以一个家奴身份从小服侍着天启皇帝长大，他和天启皇帝的关系很不一般。另一方面，魏忠贤这个人有个人的奋斗目标——尽管史书上多半是写他这个人怎样的阴险狡诈等，但是客观来看，他这个人又特别有能力，处事果断，做事干脆。他适合搞政治斗争，就像杨秀清一样，在太平天国里，杨秀清就是一个不世出的将帅。杨秀清也没读过书，但他能够统率五十万的军队还有一帮文臣。所以有时候，人还是需要有天赋。魏忠贤的发迹史，让人联想到最近网上流传的一段话，人要成功需要几个条件：贵人的相助，高人的指点，家人的支持，个人的奋斗，还有反派的监督。魏忠贤有皇帝这个贵人支持，家人支持就是客氏，他自己也有奋斗的野心和能力，而且他还有东林党作为他的对立面。

　　接下来谈的第二个问题就是魏忠贤的名气为什么那么大？这主要有三个原因让他比明朝那些权奸的名气都大。第一个原因是他比其他太监胆子大，他没文化，但是他在文化上下的功夫却非常大，正因为他没有文化，所以什么都敢显摆。魏忠贤原来叫李进忠，他后来改名魏忠贤，就是因为他想当贤人。什么是贤人？他也不知道，只知道贤人就是好。而且他特别爱炫耀，什么都敢干。比如他出门，要穿着藩王的服饰，在历史上很少有太监像他这么嚣张的，排场弄得特别大，在全国各地建立他的生祠，不断地以皇上的名义给自己加封，不断地造神。第二个原因是他掌管有特务机构——东厂和锦衣卫。魏忠贤和别的权奸不一样的地方在于，别的权奸只是掌管特务，但没有运用到高压统治下的文化宣传和管制上。他把特务统治发挥到了极致，将其引导到文化圈了，广泛地收集材料实行文化统治。文化宣传活动做得也比前几任要好，因为前几个权奸和大臣都是对立的。这也就是第三个原因。魏忠贤和前几任权奸不一样，他有意地结交大臣，刚开始他曾有意识地和东林党的几位人物结交。比如，当初魏忠贤对东林党还是颇有好感的，但是经过几件事情之后，他就开始和东林党决裂，决裂之后有一批士大夫投靠了魏忠贤。他是一个宦官，之所以有那么多士大夫愿意投靠他，这和明朝的政治背景有关，明朝有内阁文臣和内廷宦官结合的风气。魏忠贤没有政治经验，但是有很多士大夫为他出谋划策，还有很多文臣武将供他驱使，这背后当然离不开皇帝的支持。

　　魏忠贤在历史上能有这么大的名气主要有三个原因，第一个就是他的文化运动，当然这些都是士大夫帮他做的；第二个就是他的内廷利用特务组织在全国实行高压统治；第三个就是党争中文臣的投靠和皇帝给他的一些政治资源，让他能够把特务和政治黏合到一块做到这种程度，在历史上算得上绝无仅有。我觉得除了周朝的周厉王以外，也只有明朝的魏忠贤能做到。

我要谈的第三个问题就是魏忠贤的名声为什么那么差,为什么人们把明朝的灭亡归罪于他?这牵扯到当时他所处的历史环境。

先说魏忠贤为什么名声这么差,这实际上源于他和东林党斗争的最终失败。当然,他走到东林党对立面有一个很长的过程,刚开始的时候他是想结交东林党,因为他觉得东林党能力太大。万历皇帝当了四十八年的皇帝,他能把张居正撤掉,但是为何不能把他宠爱的郑贵妃的孩子立为皇帝呢?这就是因为东林党一直拼死地坚持和保护天启皇帝的父亲——明光宗。后来东林党人还把天启皇帝的养母李选侍赶走了。尽管后来魏忠贤赶走了客氏,独掌内廷大权,但是他要想把持朝政就必须通过内阁。因为明朝有一个票拟制度,他要掌握权力就必须要和文臣接触、联手,这是一个历史背景。

还有一个历史背景就是,东林党人都看不起魏忠贤,不愿意和他联合。有一个事例就是,当时赵南星升任左都御史时,魏忠贤的外甥去拜贺,结果却吃了闭门羹。尽管这样,魏忠贤也没有公开和东林党撕破脸,他觉得还有一些改善的机会,所以当其他御史攻击他的时候,他还有一定的克制。直到魏忠贤发现东林党内部也有一部分党争,而且之前与东林党不和的人被排挤出朝廷心有不甘,这些人就一步一步地跑到魏忠贤的手下。东林党发现魏忠贤已经有左右朝政的能力后,就感到了危机。东林党的一个核心人物杨涟开始弹劾魏忠贤,给魏忠贤列了二十四罪。东林党的斥责让魏忠贤感到特别意外,而且颇有置他于死地的意味,他决定要反击。这个时候,他有文臣和皇帝的支持,并且其他政治小团体为了报复东林党,也投入了魏忠贤的门下。魏忠贤知道东林党的人要置他于死地,那么他也要置东林党于死地。魏忠贤在皇帝的支持下,把东林党害得特别惨。

然而后来东林党翻身了,他们就开始清算,当然刚开始他们不敢直接攻击魏忠贤是奸党,直到崇祯皇帝上台后为了定性,才把魏忠贤定为奸党。并且东林党把魏忠贤做的文化宣传全都改写了,如魏忠贤当时做的一些文化宣传活动,包括《三朝要典》全部都改写了。当初魏忠贤找一批文人写《三朝要典》,就是为了让他自己站在道德制高点,包括建生祠,也是为了营造他的个人崇拜。崇祯皇帝上台后,皇帝就把魏忠贤做的这一套全给掀过来了,《三朝要典》重写,生祠毁掉,各种丑化魏忠贤。比如魏忠贤改革增加的一些税收。其实魏忠贤收税不是为了自己,而是为了巩固边防。但是东林党知道后就把这些税收措施停掉了,这样做的一个后果就是,把负担放到了农民头上,因为魏忠贤当时收的是富人的税。

根据儒家的修己和修事,中国的历史人物可以分为三等,魏忠贤的修己肯定是不行的。在历史上有几个做得比较好的,比如曾国藩,他是典型的内圣外王型,他修己也修事。还有王阳明,他也是修己也修事。往下面再次一等的,比如说张居正,他是不修己只修事。再往后就是王安石,王安石属于修己但不修事,他的道德水平很高,但做事有点不切合实际。至于魏忠贤,他既不修己也不修事,他所做的所有政治活动都是为了维护自己的统治权力,这也是他的人性在政治上的一个表现。

阅读《庸人治国》,我们可以发现统治者的道德水平往往会影响国家权力的运作方式。从道德上看的话,我们很难对魏忠贤这个人有正面的评价。但是如果对历史人物做全面客观的评价,首先要看这个人的环境,看他在政治上是可选的还是被逼的才走向对立面。要站在人物的当时处境看人物,才能比较全面,这也是我分享这本书最重要的一点。当然也一定要看人物自己的心境,我们只有把这两者综合起来,再站在人物的处境设身处地地想一想,不以人的道德是非来判断政治是非,才能全面客观地认识一个历史人物。

 **主持人访谈**

**主持人:**
张老师的分享非常精彩,也非常客观中肯。您刚才说关于修己和修事,这让我联想到一个词——有文化的流氓,流氓一旦有了文化就会很可怕,比如现在有一些高智商的犯罪分子,这些犯罪分子中也不乏一些名校毕业的大学生和曾经的高考状元。那么针对这个问题,您觉得当代的大学生应如何达到修己和修事的平衡呢?

**张老师:**
我觉得还是要分两个方面来看待这个问题。比如说生产地沟油的人,地沟油确实是从大学实验室和研究所出来的。但是从这些人的心境出发来看，可能和他们从小接触的环境、个人所受的教育有关，还有家庭和老师的影响。心境或者说价值观、人生观、世界观这些东西在大家这个年龄基本上已经定型了。环境的影响也不能忽视，先天的东西难以改变，但是还有后天的补救措施。当然环境是可以改变的，关键看每个人自己是否愿意做出改变。

  大家将来写学位论文或者读研，一定要选好导师。导师对学生的发展特别重要，导师的品质对学生有非常大的影响。我是硕博六年连读，我的性格和我的导师关系非常大，我的做事方式也深深地印刻着我导师的烙印。之前，我学习成绩不太乐观，很马虎，但是自从跟了我的导师，我就慢慢克服了。我现在经常对我的学生讲，能力低还是可以培养的，但是态度差就不行了。所以对于环境的选择是很重要的。

  另外还要选择好人生伴侣。找什么样的对象对人的影响是非常大的，一个人的文化素养需要很多的因素，很多的因素共同造就了一个人，并不是某一个因素就能完全决定的。经常有人问怎么才能成才造福社会？我的回答是首先要虚心实干。读史书给我的一个感悟就是，人在历史长河中实在是太渺小了，不说我们一个普通人，就算是一个皇帝，像万历皇帝，他在历史上的影响能有多大？有一个退休的老教师曾跟我说，人不能太把自己当回事。如果说你把自己看得很重要，一心要干轰轰烈烈的大事，这个想法很好，但是咱们得考量以现在的能力能做到吗？踏踏实实地把自己的事做好，比如说你早上六点起床去上自习，晚上十点才回宿舍。做好一个榜样，带动了一批本来不考研或者打游戏的同学，因为你的带动他们都考研了，这就是你自己的努力造福了整个宿舍，这个班级因为有你而骄傲，这个学院也会因为有你而骄傲。而且今后如果能通过个人的努力让你的家庭也得到发展，如果这个还不够的话，就通过你的事业影响周边的人。我家乡有一个亲戚，一个人在南京生活，他在南京开了一个超市，做得特别成功。他在做超市成功后，回来就把经验介绍给大家，带领全村的人都在南京开超市，我们的村子也慢慢地富了。什么叫造福社会？就是自己把自己的事做好，再慢慢地影响周边的人，这也是对社会的贡献。至少保证我们不拖社会的后腿，也不拖家庭的后腿，我认为这就是造福社会。

**主持人：**

张老师今天分享的书是《庸人治国》，那么"庸人"这两个字本来就带有强烈的倾向性。您是如何评价魏忠贤这个人的？他在历史上扮演的角色又是怎样的呢？

**张老师：**

我们评价一个人还是要看他的心境。第一，这个人我们没法给他翻案，无论网上写再多的文章，也只能是政治上给他翻案，如果说想从道德上给他翻案，我觉得这个翻不了，魏忠贤的人品实在是太差。东林党虽然攻击其他政坛朋党，但是没有置人于死地，充其量就是免职，不会涉及人身安全。但是魏忠贤不一样，他是典型的流氓村痞，人品真不怎么样。第二，从政治上来评价这个人，他还是有一点能力的，在军事上也是有一定作为的。我觉得他对东林党的做法是政治斗争的一种正常现象。在政治斗争上就是你死我活，他对付东林党的一些手段都是从东林党那里学来的。东林党排挤别人的手段就是给别人戴高帽，看谁不顺眼就给谁设圈套戴高帽。魏忠贤也学东林党那一套，而且魏忠贤攻击东林党还有一个手段就是结交文臣，让文臣也攻击东林党，这是政治斗争。政治斗争没有对错，只有成败。

**主持人：**

这本书的作者在自序中提到了魏忠贤的专权与东林党的无力回天是与中国古代政治制度中的一些固有矛盾有关系的。您认为这些固有矛盾是什么？

**张老师：**

东林党在道德上没问题，而且对皇帝特别忠心。东林党人杨涟死得特别惨，但直到死前，他还认为皇帝是个圣君，对皇帝非常忠心。可以说，东林党人所做的一切就是为了忠君，为了保证皇帝的权威。因为魏忠贤剥夺了皇帝的权威，所以东林党要把他的权力夺过来归还给皇帝，保证皇帝君权神授。东林党的悲剧就是好不容易为皇帝争夺来了一点权威，皇帝又把这个权威放弃给了魏忠贤。固有矛盾就是封建社会个人政治下的家天下。

**主持人：**

唐太宗曾说，以史为鉴可以知兴替。那么，您认为在今天读历史有什么现实意义，这对您的专业研究有什么帮助吗？

**张老师：**

读史对我的个人意义就是，看人、物时，不再像当初上学的时候，别人说什么我就信什么，可以有自己的想法和判断。以前别人说魏忠贤挺好，我也觉得他好；别人说他坏，我也觉得他坏。为什么呢？谁的故事讲得精彩，这个人物就属于谁。一个人会讲故事，他把魏忠贤讲得特别坏，那我们觉得魏忠贤就是坏；又有一个人把魏忠贤讲得特别好，说他在政治上特别成功，这时我就会觉得魏忠贤是不是被别人冤枉了。我的思想是有摇摆的。但是在读了史书以后，再加上我个人的阅历和成长，看人就比较全面了。比如看待魏忠贤这个人物，我会从两个方面来看。一个是天启皇帝还没登基前，魏忠贤是个好人，他对皇帝是绝对忠心的。天启皇帝有一次掉水里了，魏忠贤是六十岁的人了，不会游泳，却直接跳下去救人了。另一个是从天启元年（1621年）到天启四年（1624年），这段时间魏忠贤又有个变化，他想像张居正那样，成为事业有成的那种人。到天启四年，由于他个人权力欲望的膨胀，他失去了理智，这就是魏忠贤不可控制的阶段。总的来说，读史让我平时在科研中遇到问题后，会从一个更为宏观的角度去看。

## 书目推荐

给大家推荐三本书，《秘密》《活出生命的意义》《金字塔原理》。

《秘密》这本书解答了我的一个困惑，为什么当一个人心中一直只有一件事，这件事最后一定能被解决。

《活出生命的意义》告诉了我们，在人的心理反应与现实环境中存在一个中间环节，这个环节是实现自我转变的一个关键。

推荐《金字塔原理》，是因为这本书在我当初写论文和申请基金时给予了我不少帮助。它是一本很实用的写作指南，它能帮助你更清晰简明地表达出自己的意图。

# 褚金勇老师分享《娱乐至死》

2017 年 9 月 28 日

## 嘉宾名片

褚金勇,郑州大学新闻与传播学院副教授,传播学博士,硕士生导师。

## 书目介绍

《娱乐至死》是媒介文化研究大师尼尔·波兹曼的经典畅销作品。该书指出通过电视和媒介,娱乐似乎已经成为一切。当娱乐已经占据我们大多数的时间时,人类将会逐渐成为娱乐的附庸,最终沦为娱乐至死的物种。

## 嘉宾分享

我们探讨一个特别微妙的话题:我们为什么可能会毁灭于我们所热爱的东西?

我曾写了一段文字:在自由的媒体娱乐场,我们把酒言欢,我们四处游荡,我们寻找快乐,但我们又心无所向,我们在低级趣味的路上走得太远,而忘了返回心灵的故乡。蓦然回首,我们惊讶地发现,我们没有因为憎恶的专制而毁灭,却可能因热爱的自由、钟情的娱乐而死亡!

它感发于我们最近非常流行的一首歌《消愁》,里面有句歌词"一杯敬故乡,一杯敬远方,一杯敬自由,一杯敬死亡"。这里面有这几个词语,当然同时也是因为《娱乐至死》这本书里波兹曼先生提到的奥维尔和赫胥黎的两个预言。奥威尔预言,世界未来会变成一座文化的监狱,我们的生活,我们的一切阅读、一切行为都在监控之下,我们将因为失去自由、失去思考而慢慢走向毁灭。

赫胥黎先生,他的观点则与奥威尔先生的预言正好相反。赫胥黎说,我们以后充满自由,我们因为没有限制媒体,我们让它自由,反而我们会陷入一片信息的汪洋大海,最终我们因为追求享乐而走向灭亡。这是赫胥黎的一个观点。波兹曼说赫胥黎的这个预言赢了,或者说成为现实了。

我基本上同意这个观点,但是为什么会出现这个问题呢?那就让我们带着这个问题走进《娱乐至死》这本书。

波兹曼有媒介批判三部曲:《娱乐至死》《童年的消逝》《技术垄断:文化向技术投降》。最出名的是《娱乐至死》,这本书为什么会出名?因为它应和了当下的一个时代氛围。现在中国也是全民娱乐化,我们每天刷微信,每天看一些很好的节目。

虽然波兹曼这本书里讲的基本上是电视时代的文化,现在我们已经进入网络时代。但是,我们可以看到现在网络时代的娱乐化和波兹曼讲的电视时代的娱乐相比有过之而无不及,我们关注的娱乐节目就非常多,就连影视剧也都是偏娱乐化的。新闻资讯类其实也偏向娱乐化,新闻资讯类娱乐化最明显的表现就是娱乐化的新闻加重了。有的时候你关心明星,但自己的爸妈在家身体不好,你可能都不知道。这就是娱乐化带给我们的一个后果。

再就是像很多政治化的新闻,其实也是以一种娱乐化的方式来呈现的。这本书有一章专门讲政治的娱乐化,美国的选举就像我们的选秀,相貌要好,要能言善辩。你不一定治国能力强,但是你首先要形象好,现在是刷脸的时代,因为有媒体有电视了,光有思想是不行的,还要刷脸。

我今天刚看了一个新闻:京港澳高速新乡段车祸,12人死亡,但是同时旁边有一个新闻写的是两名娱乐明星首次合拍封面大片,演绎意式浪漫。它们同时出现,这边是特别悲伤的一件事,那边就是特别娱乐化的一件事。平均每个新闻一般是几十秒的时间,这会儿你是在苦难的世界,那么几十秒过去,下一个可能就是特别欢笑的新闻。还有不管是再悲惨的新闻,后面一

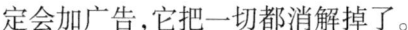

定会加广告,它把一切都消解掉了。

再说教育娱乐化,书中有一章讲教育作为一种娱乐。为什么要娱乐化?因为同学们也希望这样,因为现在大家都看手机了,上课的时候,我经常说我在跟手机争夺同学们的注意力。同学们的注意力往往被手机吸引,但是老师能用欢乐的段子来吸引同学们吗?

为什么会出现全民娱乐化?我这里提到一个媒体算法,算法现在是非常火的一个概念。百度每天给你推送的新闻往往是根据你看的相关内容计算得出的,这里面其实就有数据计算,你爱好哪方面的内容就给你推哪方面的内容。其实媒体呈现内容时,也是通过算法的方式。我们现在经常讲,媒体是社会公器——无冕之王,但是我感觉首先它是市场主体,市场主体是精确计算功利的,考虑投入和产出比。比如说《百家讲坛》现在很火,但它之前差点被淘汰掉,因为它的收视率总是在央视节目中排末尾,关注的人少,大家不太喜欢看。我们全民都在娱乐,而这个节目给大家讲知识,因为有的学者讲得太学术化,所以大部分是精英喜欢看,这个就是前百家讲坛时代。这个例子指出的问题是:我们目前的收视率考核,不管什么节目都是在人人爱看的基础上抽取和计算的。电视追求收视率,报纸追求订阅量、发行量,我们的网络追求点击率,这都是算法。

为什么追求算法?因为不追求这样一个绩效,媒体就没办法生存,因为它是市场化主体,它要能够盈利,能够保本。但是这种媒体算法算的是什么?其实它算的是人性,算的是人心,算的是大众的喜好,算的是人类的弱点,算的是人类的底线,算的是人类的低级趣味,算的是人类在自由支配生命时对娱乐无节制的一种贪婪。

当然,有人会说我是精英,我不太喜欢这种偏娱乐化的节目。但是对不起,你一个人无法决定整个电视台的成败,你也无法支付这个费用,电视台考虑的是概率,因为大家都喜欢这种偏娱乐化的内容。比如说《奔跑吧兄弟》非常火的时候,我因不太知道被大家报以鄙夷的眼神,于是我就开始看,第一季从头到尾全看完了,你说怪不怪?我理性上感觉到这没意思,但是情感上感觉我的内心还是喜欢看的,还是被它诱惑了。这说明我们都没办法阻挡自己的底线,虽然你认为你是理性的,但是往往被感性的娱乐欲望所驱使。

因为自由,我们迷惘,我们走向死亡。为什么自由?说到自由这个词,多么神圣,多么美好。诗人裴多菲曾经说过,"生命诚可贵,爱情价更高,若为自由故,二者皆可抛"。但是我们有了自由,反而有的时候不快乐。比如说高中时,吃饭时间、上课时间、休息时间都非常紧凑。到了大学,有很多的自由时间,但你们更快乐吗?你们有时也很快乐,是吧?但是快乐之余,你们有没有那么一点点的忧伤感——老师为什么不管我们了呀?有的时候,可能学生被这种约束管着,也是一种幸福。到了大学,你们成年了,你们要面对整个社会、整个生活。你们要自由地选择,你们要为自己的选择担当。忽然获得自由,却无所适从时,该怎么办?自由时间用来干什么?打游戏,上网看娱乐片?有的时候,面对这种自由,我们也有一种困惑感。这种泛自由化意味着我们一旦自由了,就容易追求一种感官的享受,我们的思考会随之慢慢减少。

因为自由而死亡,就是我们的娱乐至死。大家不要误会题目,"至"是到达的意思,而不是导致的意思,不是娱乐导致死亡,而是娱乐到死。我们从现在娱乐到死,我们往死里快乐。有首歌是——"死了都要爱,不淋漓尽致不痛快,宇宙毁灭,心还在。"感觉像末日狂欢的这种感觉。这也体现现代人那种歇斯底里的呐喊,我们感觉我们要快乐,往死里快乐。但是呐喊之后呢?照样继续娱乐,继续迷茫。这就导致了傻乐思维,媒体泛娱乐化的一个幸福泡沫,一个自由泡沫。

就是在这种娱乐化的状态下,我们好像都在笑,但笑的时候,我们往往感觉不是那么快乐。我们比任何时候都快乐,但是我们比任何时候都有一种漂浮感。

现在跟同学、朋友谈娱乐,谈最近有什么影视、有什么节目。一谈人生感觉好矫情,谈学术、谈学问感觉也没意思。20世纪80年代悲剧哲学《存在与时间》都能卖十几万册,全民讨论哲学问题,现在不可能了,现在只能全面讨论娱乐问题。

在这种娱乐化状态下还有一个问题:我们获取了好多信息,但这些信息是知识吗?有信息无知识,有知识没有文化。我们看微信看网络,感觉获取了好多信息。但这些是知识吗?都是信息,而且都是琐碎的、芜杂的。我们获取了大量的信息,却得不到一个适当的指引。我们看似学识渊博,但是对一些学术、课程的问题,我们一无所知。

尼尔·波兹曼在书中还讲了话语结构,不同的媒介提供不同的话语结构。因为不同的媒介评价标准就不一样,如果说在口语时代,就是文字没有发明之前,那个时候记忆好多知识,显得学问好高深。当出现了文字之后,大家不用记忆了,我们可以从书中找到,所以评价标准不一样。就像现在我总是担心老师这个职业会消失,因为通过网络,知识都可以搜到。我们老师就是知识的二道贩子,我们倒卖干什么?直接获取第一手知识就行了。那么不同的媒介有不同的评价标准,就像《娱乐至死》里面经常讲印刷时代的一个思维。它讲这是一个阐释时代,强调具有逻辑性的长难句的一种语言,它促进了逻辑思维,它的话语结构也是比较讲究逻辑性的。电视媒体时代是一种情感类的话语结构,它激起你的情感,让你感受到,喜欢上,这都是碎片化的。

印刷媒体是理性话语、逻辑话语,是长时段的话语。所以他说印刷媒体时代是一个阐释时代,而电视机时代是个信息时代。这种话语结构其实跟思维结构是有同构性的。如果说你的思想不清楚,你表达的话语不可能清楚,你表达的话语能体现你的思维,而你的思维也直接以话语的方式呈现。

其实我原先比较过中国的语言和西方的语言。西方的语言讲究概念判断推理,首先把一个概念弄得非常清楚以后,再研究再推理,这是西方的。而中国的哲学是什么?是取象譬类的,书不尽言,言不尽意,立象以尽意。《庄子》里面讲了各种物体,来形容一种哲学观念——立象以尽意。但是这种思维不清晰,这其实跟我们的语言也是相关的。而电视媒体时代,比如说我准备写一篇论文,早上写的时候想查一句话,查的时候忽然看到旁边有个什么信息,就开始看,然后一天过去了。走得太远而忘记了为什么出发,很多时候我们是这样的,我们被那个超链接给带走了。所以现在我们的经历就是这样,这也是很可怕的一件事。

在这种情况下,我们的心灵找不到故乡了。我们虽然很快乐,但人是有心灵的,心灵是有故乡的,我心安处是吾乡。我们很快乐,但我们心安吗?我们看似很快乐,但我们心不安,我们很焦灼,很迷茫。媒体制造的快乐不过是浮土中滋生的一种狂欢而已。

那么我们该怎么办?

乐而不淫,这个词出自孔子的《论语·八佾》。《论语·八佾》里面讲了一句话,"《关雎》乐而不淫,哀而不伤"。"淫"是过分的意思,孔子不反对娱乐化,波兹曼也不反对娱乐化,但他们反对的是全面的娱乐化,因为人生是需要娱乐的。孔子生活在一个礼乐文化环境里,诗歌音乐都是娱乐的工具,但是有一点,发乎情而止乎礼,就是用诗歌、用音乐来发动自己内心的一个自由意志,但同时意志又有节制,要止乎礼仪。礼是用来维护秩序、节制民心的,而乐是用来活跃上下、舒畅民心的。礼乐并举,情通理顺,这是儒家的一个理想王国。"乐",首先它是个乐器,后来发展成音乐,后来又发展成快乐,因为音乐和快乐是相关的。《娱乐至死》里面就是指我们的快乐不要过分。

我真的相信陈平原(北京大学教授)的一句话:"在政治与学术之间注重学术,在官学和私学之间张扬私学,在俗文化与雅文化之间坚持雅文化。"我们既然是知识精英,就应该从自我做起,起到一个引领作用,自我约束。当然道德是用来律己的,不是用来责人的,我也只能从自我做起。

《中庸》有句话说:"君子动而世为天下道,行而世为天下法,言而世为天下则。"这是君子要为天下则,为天下法,他的言行是世人的表率。大学培养君子,要培养智力精英,我们要有自我节制力。为什么现在经常说好多人是土豪?因为他虽然有钱了,但是他没有一种文化贵族的气质。所谓的贵族,所谓的体面并不是自由,而是约束。穿上西服,外表上是绅士,但言行更要符合绅士,虽然有钱,但是礼貌、修养没有达到,那就不是绅士,只能算是土豪。

做君子当然是很难的,但君子不是表演出来的,君子是内外兼修的。君子还有个词叫慎独,一个人的时候也要约束自己。所以道德是用来律己的,不是用来责人的,价值是用来实践的,不是用来宣讲的。孔子讲过克己复礼为仁。克己,控制自己,然后复礼,然后为仁。一日克己复礼,则天下归仁。哲学家苏格拉底说过,只有反思过的生活才是值得过的。波兹曼也说过,当人类心甘情愿成了娱乐的附庸,结果就是我们成了娱乐至死的物种。

对于波兹曼这本书,我们可以不同意他的很多观点,你可以说他偏激,说他是有点片面的深刻。我想说波兹曼虽然是危言耸听,但是也许我们文化拯救的希望就在人类不断地自我反省之中,在于认真聆听波兹曼关于盛世的警世危言之中。

 主持人访谈

**主持人：**

在这本书中，我们注意到多次出现了"注意广度"这一词语。在19世纪，美国的民众肯花七个小时去听当时还是无名之辈的林肯和道格拉斯的辩论，可谓是有超常的注意广度。在信息爆炸的时代，我们的注意力每分每秒都可能会被分散。那么，您对知识碎片化这一现象有什么样的见解？

**褚老师：**

注意广度讲的是同一个人、同一瞬间所注意的内容。波兹曼想讲的是在印刷机时代人们同时能看几个并且能看懂长难句。我们现在是碎片化的一种语言，就比如说我们学习英语，有的人在做阅读理解的时候，是一个单词、一个单词的阅读。但是我们要锻炼一看就是一个短语，或者一看就是一个句子，慢慢地你的阅读能力就提升了。

当时的道格拉斯、林肯演讲都是用的长难句，而我们现在讲话一般都是短语式的。当时美国全民看书，所以他们理解长难句时，同时注意的一个时段是稍微长的。

讲到注意广度，我再补充一下，保持关注七个小时，不单单是注意广度的问题，还有注意稳定性的问题。稳定性就是像现在我们上课，老师上课是在和手机争夺同学们的注意力，因为你们的注意力是不足的，并且很快就被别的东西分散了。能七个小时保持注意稳定性，不单单是注意广度的问题，同时还有深度思考性的问题。而现在是一个碎片化的时代，信息泛滥。我们经常讲知情权，现在我经常想提这个不知情权，有些信息是我不想知道的，但我打开网页，它就推来了。我们每天都在看微信，看很多信息，我们获取了很多碎片的知识和信息。我不能劝阻你看微信，因为微信里面有一些好文章，会对你有所启发。但是这种启发或知识点，是失去串之后的一地散钱。以前的钱是一串一贯，但这是一地散钱，它串不成串。十天前你看了一条微信，你感觉是有价值的，但现在还能列举出来吗？看了也忘了。如果完完整整地看一本书，我想一年以后也忘不了。

碎片化的时代,带来的是信息的无限化。鲍鹏山曾经讲过一句话,知识之可怕不仅仅在于它的无限,还在于知识的无用,而无用的知识往往无聊。因为有很多东西,其实是很无聊的。知识一旦不成体系,那就会变得零零碎碎,只能用作谈资或是炫耀。所以我希望大家摆脱手机的碎片化信息,阅读一些系统化的、有体系性的书籍。

**主持人:**
在这本书中,波兹曼认为娱乐是人类根深蒂固的欲望和贪婪的产物。那么,您认为我们人类到底是会成为娱乐大众文化的奴隶,还是在这个进步和探索当中让娱乐焕发理性的光芒呢?

**褚老师:**
这个问题非常好,这本书也一直在探讨这个问题,虽然波兹曼提出了人会变成娱乐物种,但很多人还是不同意,因为他毕竟是危言耸听的。像波兹曼跟他的老师——麦克卢汉,两人对媒体的态度是截然不同的:麦克卢汉是对媒体持乐观态度的,而波兹曼对媒体则是一种悲观心态。

先讲一下人的问题,人性是复杂的,我们中国古代人性论有性善论与性恶论之分。孟子说过,恻隐之心人皆有之,羞耻之心人皆有之。但同时我想说,其实嫉妒之心人皆有之,贪婪之心人皆有之。人性是复杂的,那么从人性上看,未来会怎么样?进化论,优胜劣汰?但是进化论也是需要质疑的,在晚清的时候,翻译的《天演论》传到中国,进化论已经引进中国。当时学者章太炎先生,他提出了俱分进化论,什么叫俱分?他说在进化论的链条上,好的在进化,坏的也在进化。就比如说,如果在乡村种棉花,棉铃虫会有几代,因为它有抗药性。所以说坏的东西也在进化,而人性的弱点中有的东西是不变的。

屠呦呦获得诺贝尔奖的时候,某娱乐明星的婚礼也炒得非常热,大家却都关注某娱乐明星的婚礼,很少去关注屠呦呦获得诺贝尔奖。这是我们的时代氛围所致,也是职业分殊所致。科学家就是在实验室里慢慢做实验,他选择了一种职业,选择一种孤独,而娱乐明星本身就是曝光的,就是刷脸的。对于获得诺贝尔奖,我们只是感慨,也可能是因为这种事件无法引起公众的话题。所以说这是职业的分殊问题,但同时还是价值导向的问题。

记得我们小的时候被问理想是什么,我们会说做科学家。但现在很多人想当明星,想当网红,因为大家感觉一夜成名很光鲜。当科学家呢,太累,太费脑子,而且需要多少年如一日地做研究,研究出来,也没人看得懂,感觉好苦。两相比较,大家都想当明星。这种价值导向有点拜金主义,这样的时代氛围,我们没有引导使之走向一个正确的导向,这是社会的问题。

现在我们国家已经注意到这个问题了,社会主义核心价值观强调了很多观念。所以这也是社会、专家、政府共同思考的问题:怎么引导整个社会走向一个正确的价值导向,追求正能量?

## 书目推荐

徐方的《大学人文十四讲》。大学生已经18岁成年了,我们应该学着如何做一个公民,做一个理性的、客观的,能够为社会做贡献的人,不要做愤青。

胡适的《读书与治学》。胡适的文章比较浅显通俗、好玩易读。例如我们经常说的"我的朋友胡适之"。而且我跟胡适还有点师承,我读硕士研究生时候的导师是胡适的研究生,所以有一些个人情感在里面。

马克·里拉的《当知识分子遇到政治》。哲学家不仅想做哲学王,还要当世间的王。他想接近政治,想把自己的一种治理观念传授给统治者,然后帮助国家更好地成为一个理想国。但是每当遇到政治的时候,知识分子总是被政治改变,抑或保持一种独立性。

《施剑翘复仇案:民国时期公众同情的兴起与影响》,通过一个案例来探讨公众同情与法理的问题。

米尔斯的《社会学的想象力》。这本书很难读,达到一定的研究水平,再读这本书会好一些。作者探讨一己的生活与整个社会结构联想的想象力和培养个人历史感的问题。

# 刘玉怀老师分享《平凡的世界》

2017年10月12日

## 嘉宾名片

刘玉怀,郑州大学信息工程学院教授,理学博士,硕士生导师,日本名古屋大学客座教授,河南省教育厅学术技术带头人。

## 书目介绍

《平凡的世界》是中国作家路遥创作的一部百万余字的小说。这是一部全景式地表现中国当代城乡社会生活的长篇小说,全书共三部。

## 嘉宾分享

我出生在一个偏僻的农村,历史的痕迹依旧在我的脑海里。大概20世纪80年代的时候,我特别喜欢听中央人民广播电台的节目,一开始是听少儿节目,到了中学时,听小说连播。当时路遥老师的书还没有写完,就被中央人民广播电台发现了,台长发现这本小说写得不错,就决定马上连播。每天连播时,我都会听,可以说是完整地听完了,我一边写作业一边听,当时给我留下的印象是非常深的。从小到大,它可以说是给我灵魂震撼最强烈的一部书。虽然一些故事的情节已经在脑海里逐渐淡忘了,但有些思想已经深深地渗透到我的骨髓里,影响了我的前半生的成长。

有几个想法想和大家分享一下。

抛却政治的一些背景，对人性的刻画和描绘，我觉得是作品中最精彩最重要的地方。同学们从小到大读过很多书，不管是国内的还是国外的，不管是古代的还是现代的，有很多经典。当然关于经典的定义，不同学术流派有不同的说法，我们每个人都有自己的判断方法，你认为这一本是经典，我认为另一本是经典。从小到大读了这么多书，我觉得这部书最能打动我的是人性光辉的放大。芸芸众生，有很多平凡的人在平凡的岗位上过着平凡的生活，日复一日，月复一月，比如环卫工人，这是我最钦佩的，他们的工资很低，但是他们非常辛苦地劳作，在小巷中，在快车道上。当然还有其他各行各业的人，他们都在认认真真地工作，也许他们对于生活的体会没有像作家描绘的那样上升到一定的高度。但是普通人的生活中有一种人性的光辉，这种人性的光辉，是正义、善良、吃苦耐劳的精神以及对社会的奉献精神，在书中被凝练、被升华，在书中主人公身上也凝练了当时社会和历史的一些典型特征，通过他们经历的一些事情来体现，无论是喜是悲。

这部书里的悲剧色彩还是比较浓的，但这些悲剧色彩往往更能折射出主人公对生命的珍惜、对社会的责任感以及对自己理想的追求。特别是其中的一个主人公孙少安，这个人物可以说是20世纪80年代初一批人物的典型代表，为什么这样说呢？当时国家政策非常好，鼓励做对生产力水平有改进的事情。有了改革的春风，有了这样的政策，孙少安通过开砖厂，办乡镇企业带领大家改善生活。正是在这样的历史背景下，以孙少安为代表的一批人立足于农村，带领大家改善生活。他身上散发出的人性光辉就是他曾被很多困难打倒，但是他并没有消沉，在跌倒的地方又爬起来，这一点是最感动人的。还有他妻子对他事业的支持，在作品里都是感人泪下的。

看《平凡的世界》，随着主人公命运的起伏以及对命运的抗争，有很多泪点，非常震撼我，这是第一点。

作品中第二点让我印象深刻的是艺术的技巧。这部书以当时整个时代为背景，立足于陕西农村的风貌人情，用特别的、全景化的艺术手法写出了这样气势磅礴的故事。这部小说对于社会风貌的描写十分生动活泼，十分细致入微，这一点也是非常能够打动人的地方。以作品中主人公为代表的一批人，在整个社会与时代前进过程中遇到的困难以及敢于面对困难的精神非常打动人，在任何时代都能激励我们前进。

第三点，我最受震撼的就是作品中传递的坚定的信念。我自己在成长过程中遇到过各种各样的困难,相信在座的同学将来走上工作岗位也会遇到这样或那样的坎坷。每当走投无路的时候,甚至是想要放弃的时候,我的脑海中就会浮现出这部作品中的某个人物,在我身边轻轻地告诉我"不要放弃,一定要坚持下去"。只要坚持下去,可能第二天事情就会有转机。在这部作品直接或者间接的激励下,我遇到的很多困难最终可以说是"柳暗花明又一村",如果当时选择放弃,可能很多机会就无法把握住。我相信这部作品对很多同学来说,会有一定的激励作用。

第四点,我想谈一谈网络上对于这部作品的评价。我们对网络上的各种声音要有自己的判断。网络上对于《平凡的世界》的评价,其中百分之八九十都是积极和正面的,相信很多同学也都读过一些网络评论。网络是一个非常自由的平台,发表言论的不只有中国人,也有外国人,其中有些评价是正能量的,但是也要注意一批有负能量的评价。面对各种评价,我们要有自己的判断能力。比如,有一个欧洲的文学评论家这样说:"在中国的当代文学中,一批以路遥的作品为代表的小说的确受到了大众的欢迎。"接着,话锋一转说道:"但是它的艺术手法却……"对路遥老师进行贬低。当然,这些欧洲的文学评论家并没有在中国生活的背景,对于很多事情无法理解。但是,有些评论家似乎认为,符合大众审美的评论不能凸显自己的文学评论水准。我们应该擦亮眼睛,明辨这些评价。

我们评价一部作品最重要的是看它对人性中的光辉,比如坚强、善良、坚韧、宽容的描述和放大。这部书对我们的激励作用可以转化到日常生活中,转化到学习中,转化到将来的工作中,帮助我们更好地为社会、为国家做贡献。如果我们每个人都能够尽自己的全力将自己的聪明才智发挥到为社会服务上,那么我相信路遥老师的这部小说就发挥了对我们广大青年的激励作用。

 主持人访谈

**主持人:**

高中毕业的孙少平不甘心在家务农,到矿区做矿工,然后凭借自己的努力成了矿工的组长,却因为矿难而毁容,最后他依然选择矿区的困难生活,拒绝了留在城市的机会。那孙少平的一生究竟在追求些什么呢?

**刘老师:**

我先说我自己,我出生在农村,后来跟着父亲去了安徽淮南的煤矿。我父亲19岁时,因为煤矿缺少工人在招工,就去煤矿工作了。但是直到现在我也没有问过我父亲为什么要到煤矿工作。当时农村的情况是,如果在家务农,那么你的收入一定没有在煤矿的收入高。所以,我父亲去煤矿最直接的原因就是为了家庭能有一个更好的生活。而对于故事的主人公孙少平,我的理解是,他高中毕业后,已经形成了自己的人生观和世界观,他有自己的理想和想法。他可能认为,如果凭借自己所学到的知识仅仅留在乡村务农,并不足以发挥他全部的特长,他认为自己应该有一番抱负来实现自己人生的理想。孙少平是一个有理想有智慧的人,他的选择是在那个环境和年代背景下的考量。以现在的眼光来看,他应该留在农村来做一番事业,他完全可以在家乡有一番作为,但在当时,的确有很多人从农村走向矿区。所以对孙少平来说,他不甘自己一直这样在农村,面朝黄土背朝天,所以他去追求自己的人生和理想。

**主持人:**

书中也有一个人物与孙少平联系十分密切,那就是他的女友田晓霞。田晓霞可以说是一个非常完美的人物,敢爱敢恨,勇敢善良,善解人意,但是她最后奔赴救灾现场却献出了自己宝贵的生命。在那个年代,毫无疑问,田晓霞是一个非常具有浪漫色彩的人物。那么,您觉得应该怎样评价她的一生呢?

**刘老师:**

有很多人评价,在这部作品中,人格最完美的人物就是田晓霞。古代的一些作品中,可以找到非常多田晓霞这样的人物,敢爱敢恨,人格非常健全。但是,为什么路遥老师要给她安排那样一个结局呢?我的理解是,在当时的社会环境下,田晓霞和孙少平的社会阶层差距实在是太大,如果两个人结婚了,那么路遥老师剩下的章节就很难继续写下去。所以在艺术手法和写作技巧中,他就很难处理接下来发生的故事。

有一个说法是，田晓霞死后，路遥老师放声大哭，自己也很难受。其实作为一个写作者，写作是一次对自己灵魂的洗练和拷问，是一个十分痛苦的过程。所以作为一个作家，在处理自己笔下人物的时候，一个是在写作技巧上的考虑，给人物安排一定的命运；另一个是在美学的角度上考量。在美学里，完美的人物突然不在了，在文学上可能更加完美。

**主持人：**

书中还有一些其他人的结果也并不尽如人意，润叶看着心爱的少安娶了别人，孝顺贤惠的秀莲却患癌症去世，金波与藏族姑娘相爱却不能相守，煤矿师傅朴素热情最后却命丧矿下，为什么路遥要给每一个人安排一个不好的结局呢？

**刘老师：**

你的问题勾起了我的回忆，我很小的时候随着父亲去矿区生活，晚上最害怕听见急救车的声音。每当听到急救车的声音，矿区家属楼里，每一户人家的心都是揪着的，因为这表示发生矿难了。早期，煤矿的安全保障措施的确没有到位，我父亲经历过几次危险，比如说塌方、地下水渗漏还有瓦斯爆炸，但幸运的是，他每次都可以死里逃生。我经常缠着父亲带我下矿去，可他从来都是拒绝的。

在写小说时，路遥老师也是亲临煤矿，体验了很长时间，与工人吃住在一起。他的这种写法和安排都是十分现实的，这些人物的悲剧都是整个时代悲剧的一个缩影。另一方面，为什么这些人物都有一个悲惨的结局呢？这反映了当时社会逐渐向改革迈进的时候，人们的痛苦变化，是命运的一个浓缩，这是一种艺术的创造，把众生的苦难浓缩到一部小说里展现给读者，让读者深深地体会到当时时代的背景下人们所经历的苦难。

**主持人：**

有人说，这个时代喜欢轻松和愉快，不喜欢艰深的路遥，他的那个时代对于我们来说已经十分遥远了。那么，您觉得对于现在的青年，阅读路遥的作品有什么意义呢？

**刘老师：**

对于我来说，这部书最大的意义就是励志。它让我们感受到人性的光辉，而这种光辉在每个人心里都是存在的，这部书放大了它，让它更加灿烂，我们要利用这部书给我们精神上的营养还有灵魂上的激励，让我们在未来的道路上走得更远更宽广。苦难是我们最好的老师，各种各样的努力都不是白费的，即使没有任何结果，经历苦难本身就是最大的收获。每个人每一天都在书写各自人生新的一页，如果把人生的每一天每一页都认认真真地书写，那么路遥老师写的这部书和你自己人生的这部书就会完美地合为一体。当代社会并不是没有苦难，在当代社会我们也可以发扬路遥老师书中这些人物光辉灿烂的品格来迎接我们未来将要面对的困难。

举几个例子。一个是我的一位合作者，他同时也是一位诺贝尔奖得主。他本科时代的梦想是作为一名程序设计员去做编程工作，但是到了硕士一年级的时候，他突然对笨重的阴极射线管显示器产生了兴趣。他在硕士期间发表了一篇小论文，这篇小论文来之不易，为了这篇论文他做了1500次实验，然而全部失败了，他很痛苦，很想放弃。在第1500次失败后，他觉得自己还得将这个实验做下去，无论多苦都要做下去，直到第一千五百零几次实验的失败。可那是一次特殊的失败，当时他的一个电子元器件出问题了，本来设定是1000℃，可是温度却只达到500~600℃，后来他自己修复了设备，温度又重新回到1000℃。他这次实验的过程与他平常的实验过程完全不一样，当他把成品拿出来，他发现最后成品——这个半导体材料十分漂亮，经过鉴定，这次失败的实验却导致了最后成功的结果。经过1500多次的失败，最后他成功了，发表了一篇小论文，诺贝尔奖委员会就凭借这篇论文把奖颁给了他，他的指导老师也和他一起获奖了。

另外一个人是做蛋白质精密测定的，后来发现了一种精密测量蛋白质的方法。诺贝尔奖委员会通知他得奖时，他自己也很疑惑，他只是一个普通的小职员，整个化学界的专家们没有一个人认识他。后来采访时，化学界的专家都表示不认识这个人，一个兢兢业业的职员，工作在自己的岗位上，勤勤恳恳地做着自己的工作，最后竟然得到了诺贝尔奖委员会的认可。

还有一个做石墨烯研究的以色列老师，研究所把他的小组解散了，因为他研究了多年还没有结果。可是就算被解散了，他还是坚持把石墨烯做下去。

这些人经受的可以说是苦难,可以说是折磨,但他们都坚持下去了。在座的同学在未来的道路中不一定是一帆风顺的,有时候你会觉得不公平。希望大家一定要把心态调整好,以更好的心态面对苦难的折磨。

**主持人:**

您是一位经历丰富、对生活有很多感悟的人。您从农村来,一步一步走到现在,您能说一些您读书时期的经历以及对我们的建议吗?

**刘老师:**

小时候,我是一个文学青年,写了很多小说,但从来没有发表过。到了高中,我写的都是平时上学放学见到的变迁,有关风景、季节或者人物。我感触最深的就是去参加爷爷的葬礼,我看到他的手指惨白,当时我有一种对死亡的恐惧,那是第一次。后来通过读一些书,慢慢对死亡有了一些理解。初中时代我更加追求对宇宙的探索,我当时一直在思考宇宙到底有多大,读了一些书,包括牛顿的《自然哲学的数学原理》,但没有找到答案。随着时代变迁,科技发展迅速,现在已经可以探索到100多亿光年以外了,科学研究表明,宇宙始终在膨胀,几千年以后,我们或许已经看不到这么密集的星星了。初中看的这些书,对我的科学观、人生观产生了很大的影响。

但是为什么我从文学青年走上了理工男的道路呢?因为对于科学和真理的探索能给我带来很大的满足,尤其是探索未知,解决困难,哪怕是小小的改进,对人类社会都是有贡献的。这不仅仅是今天或明天的贡献,也许是二三十年以后,有可能被写到教科书里的,这是我们得到的最宝贵的财富。

## 书目推荐

《活着》是对我中学时代影响最深的一本书。这本书给人的感触就是对死亡的认知,超乎了人类的常识,作者似乎站在外边的世界来看芸芸众生,讨论生死。另外这本书的艺术手法,对死亡的描述,对人生的眷恋,让人觉得活着就是最好的。

"高尔基三部曲",即《童年》《在人间》《我的大学》。主人公顽强的意志,深深地打动了我,这部书反映的精神和书中的灵魂已经深深地印刻在我的脑海中。

　　海明威的《老人与海》是我最喜欢的作品之一。这本书让人震撼最深的就是主人公历经千辛万苦,后来一无所获,但是他说,没关系,我还可以活下去。最近10年来,我深深体会到了和书中的老人一样的感受,没有疯狂的努力,就体会不到疯狂的绝望。有时候你可能会像农民一样,遭遇自然灾害,颗粒无收,一无所获。这时候怎么办?咬紧牙关,爬起来,再去奋斗。我们学校有一个老师,曾经自己自费搭建实验平台,往来各个城市之间,采集实验数据,奔波劳苦,在最困难的时候,他都坚持了下来。我认识的很多院士都是这样,在困难中不断坚持,从不放弃。我坚信,有四个字是始终有用的,那就是天道酬勤。

　　在中学时代,《傅雷家书》这本书对我影响比较大。作为一个父亲,傅雷对孩子的教育,做得如此细致,让人学到很多教育的方法。给孩子提供一个宽松发展的平台,是现在很多家长应该学习的。书中也体现了傅雷作为父亲慈祥的一面,很有爱。

　　最后是《三体》。我从小是一个科幻小说迷,小时候会看很多科幻电影,有些画面至今都记忆犹新。让我震惊的是,很多之前的科幻设想在现在都变成了现实,现在科幻中的技术,也许会成为将来的现实。《三体》描写的是人类自己生活的星球以及这个星球所存在的宇宙范围。至今为止,人们还没有发现宇宙是否有边界,可能像书中所描写的,会有外部文明的存在,也许将来我们会找到外星球的存在,但是目前为止我们还只能停留在思考阶段。这本书对于人类文明的去向以及现在星球所在宇宙位置的思考,有非常好的探索。这个作品的影响力很大,值得大家去读。

# 梁静老师分享《三体》

2017 年 10 月 16 日

 **嘉宾名片**

梁静，郑州大学电气工程学院教授，博士生导师，《郑州大学学报（工学版）》执行主编，担任多个 SCI 一区期刊副主编，河南省教育厅学术技术带头人。

 **书目介绍**

《三体》是刘慈欣创作的系列长篇科幻小说，作品讲述了地球人类文明和三体文明的信息交流、生死搏杀及两个文明在宇宙中的兴衰历程。其第一部获得了第 73 届雨果奖最佳长篇小说奖。

**嘉宾分享**

康德说："有两种东西，我们越是沉思，越是感到他的崇高和伟大，越是增加虔敬与信仰，这就是我们头顶的星空和心中的道德律。"星空和道德律成为人类产生，直至今日，甚至以后，人类思想的永恒坐标系。人是什么？生从何来，死向何去？生者何以存在？空间时间到底有无界限？这不仅是从古至今的哲学家一直思考的问题，更是人类对人自身归宿的一个追问。而《三体》这部伟大的作品，用惨烈和暴力的底色反思整个人类文明，它不仅是一部科幻小说，更是人类对命运唯一可能的推演和演算。在我看来，

《三体》是一部非常优秀的科幻小说。

《三体》首先构架了一个自洽的世界,然后依托于此去构架什么样的行为是对的,什么样的行为是错的。有些人可能会觉得如果拯救派把坐标发出去,地球就危险了,于是他们就觉得这样过于"圣母"。他们希望更新改革我们的社会,让社会变得更好。但是也有一些人说地球、社会已经没救了,这些人就把三体称为主。因为三体人的交流方式很直接,言行一致,所以三体人就很直接地跟这些人说先把其他人类消灭,再把你们消灭。这种设定以及后面的黑暗森林法则,其实很多是在讨论人性。在面临这种选择时,我们应该如何抉择?

这种问题没有确定的答案,不能说哪方对哪方错,但是我们可以在这样一个虚构的框架里面去思考一些问题。当然,这个构架并不一定就符合我们的理论,也不见得它的系统完全自洽,但是我们就基于此去享受整个世界观的构架以及构建的世界观,这个过程对我来说是比较愉悦的,带入感很强。

如果我们现在面临这样的末日,你会如何抉择?是会选择毫无顾忌只看今朝的享乐,还是会为未来的某种可能性而未雨绸缪?网上也有很多有关于此的讨论,但许多人意见不一,这就是这本书引起的反响。因为如果所有人都意见一致,那就缺少了趣味性。我们每个人都有不同的成长经历和不同的性格,基于此,我们对同一本书则会有不同的看法。我觉得这方面是科幻小说独有的一种魅力。像《三体》中一些特殊的想象,除了世界的构造外,还有开脑洞。《三体》中各种开脑洞,各种新奇的点子,让你眼前一亮。比如这部小说里,刘慈欣提出的"展开""二向箔攻击"以及直接把"世界二维化",都是一些不可思议的概念。我们第一次看到的时候会觉得很新奇。另外,不同维度的,比如高维、低维,以及不同世界之间的关系都是非常具有想象力的。

因为刘慈欣本身是高级工程师,所以他的书里所描写的事物在系统上、理论上大都是合理的。他之前写的其他作品如《乡村教师》,跟《三体》也有一定的联系。对于《三体》中所描写的层次高的生物,人类对他们来说就是虫子。在层次高的宇宙里,他们的互动又是什么样的?黑暗森林是刘慈欣基于他的构想所提出的新的系统。而像科幻世界里,其他一些小说也提出了不同的世界观和各种不同的新奇点子。所以我每次在读科幻小说时,都会有比较强的愉悦感。我觉得《三体》做得比较好的一点就是世界观构造得相对完善,并且其中的冲突构造得也较为合理,整体上会带给观者更多思考。而对于一些细节,大家可以自己去读去发现。在读的过程中,这些细节也会给你一定的冲击。

## 主持人访谈

**主持人:**

您刚才提到的三体人的交流方式让我想到了分析哲学,我觉得如果三体人的交流方式与我们人类相同,那么分析哲学就会起到很大作用。反之,如果我们人类像三体人一样思维透明、没有欺诈,分析哲学就没有存在的必要。所以,我很好奇梁老师是如何看待三体人的这种交流方式的?

**梁老师:**

思维的透明化并不是刘慈欣独自提出的。在很多科幻小说里,它们都有涉及思维可以直接交流,不需要借助声音等器官,完全依靠脑电波进行交流的概念。所以思维透明化这个设定对我来说并不新奇。其实我不是特别喜欢这种思维透明的交流方式,因为我觉得思维的过程对于每个人来说都是隐私,我们的一些想法和心情并不是那么想要透明化。从计谋的角度来讲,三体人的思维透明化,是无法欺骗他人的,每个人在他人面前都是透明体。毋庸置疑,这种思维透明化有它的好处,交流时成本比较低,我们直接就可以知道每个人的想法。比如当我们去谈价钱时,我们能很清楚地知道对方的底价。但是这种思维全透明的社会,如果体现在哲学、工具、方法等方面,你就会发现一切都变了样子。从细节上来看,它会对我们整体的社会构成产生巨大影响,这也是挺有趣的。

**主持人:**

对于思维透明化,每个人都有不同的看法,梁老师的回答也值得我们去深思。其实除了思维透明化,《三体》中提出的思想钢印也让我很好奇。在人们了解到三体人的真实目的和科技水平之后,很多人对人类与三体人的战争不抱有信心,甚至怀有逃亡主义和失败主义,为了改变现状,山衫惠子夫妇提出了思想钢印,把对战争胜利的信念通过技术植入到人的大脑中。请问您是如何看待思想钢印的?

**梁老师:**

首先,思想钢印并不是真的让人们相信必胜,它其实是属于失败主义论,象征必败,并且它强调要隐瞒自己的想法而不被发现。但是这种钢印会给人们带来很大的影响,比如人类要放弃自己的自由。实际上无论是胜还是败,这种思考的自由都是取决于我们自身的意愿。但是打上思想钢印后,我们思考的自由就会被剥夺。虽然人类可以自主选择是否要打上思想钢印,但是我个人觉得一个人的自由是很重要的,我宁愿自由地死掉,也不要不自由地活着。对于人而言,思想如果不自由,那我们何以称为人?换句话说,如果我们可以打这样的钢印,那么也可以打其他的钢印,我们也可以通过钢印来给人们应该做的和不应该做的事进行分工。有了第一步可突破的底线,那么就有可能把思想钢印发展得越来越多,这样下去,我们就又回到了奴隶制的社会。所以就我个人而言,底线是万万不能触碰的,一旦突破道德的底线,我们很有可能会万劫不复。比如很多不好的习惯都是在一点一滴中养成的。如果我们一直被打上钢印,甚至给我们的后代也打上钢印,那人类存在的意义何在? 这是我个人对于思想钢印的看法。

**主持人:**

谈到思想钢印,就不可避免地要提到人性。《三体》中有一句话叫作:人性的解放必然会带来科学和技术的进步。并且书中举了文艺复兴的例子来证明这句话。这让我想到了人类认为三体人是没有人性的,但是三体人的科学技术程度却远远高于人类。请问梁老师是如何看待人性与科学技术之间的联系的?

**梁老师:**

我是认可这句话的,科学技术的发展需要人性的解放。我们可以比较人类的社会和三体人的社会,人类的社会前期发展得很慢,从农耕到工业,发展缓慢,而后期就发展得十分迅速,呈爆炸式发展,三体人的社会则是一直都发展得很快。

但我们人类是自由的,所有的思想都建立在自由的基础上,而三体人虽然拥有非常快的科技发展速度,但由于三体系统不稳定,社会也就不断出现毁灭和重建的情况。因为他们的繁殖方式就是合体之后不断产生个体,父母的记忆可以遗传,所以他们的这种繁殖方式决定了三体人的不自由性。并且很多事情都是在高度管制的情况下才能不断向前发展,但如此高强度的管制也带来了三体人童年的缺失。众所周知,孩子的创新力是最强的。随着我们成长后接受的知识越来越多,思想越来越进步,创新力却慢慢减弱。比方说我现在的思维肯定没有你们年轻人活跃。所以科研创新等都是发生在年轻时期,虽然后期我们可能经验丰富,但创新性却大幅下降。三体人由于环境因素,他们的创新性并不是很高,所以书中就说三体人的社会发展一直是匀速地慢慢积累,但却不能得到快速的发展。

科研和诺贝尔奖大都是在无意中发现的。并不是我致力于一项研究,就能达到目标。包括一些书的创作,有的也是弄错之后反而得到比较好的结果。同时因为诺贝尔奖比较讲究原创性,所以起到推动性作用的基本都是后来人。我们身边的许多创新都是在自由状态下完成的,所以有时候我们的考核可能会压制一些创新,因为这种目标机制使我们的科研工作不得不目标化,而很多创新其实在自由状态下反而更容易产生。当自由地选择自己感兴趣的事情,你可能就会发现一些新的东西,而不是像我要写篇文章或者我要做个专利这种目标非常明确的情况,因为在这种情况下,我们可能只会有小的发现,大的科研发现可能就会被禁锢。

**主持人:**

在《三体》中,宇宙社会学有两个公理,生存是文明的第一需要,文明不断增长和扩张,但宇宙中的物质总量保持不变;还有两个关键词,猜疑链和技术爆炸。请问梁老师,您认为是否存在宇宙社会学?您又是如何评价这种宇宙社会学的?

**梁老师:**

《三体》构造的世界是基于理论的自洽,但并不代表这种理论是扎实的,包括刘慈欣自己在香港的一次书展会上也说,他只是给小说建造一个基础,而不是去验证理论的正确性,小说的后续是建立在这样一个前提下。我们是在这种前提下讨论小说的后续发展,其中的猜疑链和两个前提不是一定真实存在的,所以我觉得直接讨论宇宙社会学的意义不大。它只是把这两个前提摆在了你的面前,而我们也只是基于这两个前提去推出后论。那么在这两个前提下,是不是一定能推到这样的结论,其实也是无法确定的。因为这两个前提相互推理也有其他的推法,可以推出其他的结论。

科幻小说就是这样,先设定一个前提,然后让读者在这个前提下讨论各种可能性。有时候这种设定也是一种逻辑游戏,我们基于它设定的前提去讨论它的逻辑是什么,并由此推断后面的情节究竟如何才能符合我们的逻辑。所以对于它的两个前提还有猜疑链等,就要看每个人的想法,因为也不一定就成立。如果考虑到不同的世界,包括我今天推荐的书《天渊》和《深渊上的火》,它们就提到了三界(三个世界),最低的世界没有智慧,类似于爬虫,而人类则被分成有一些智力的和超过光速的世界。这就是说三个世界有不同物理参数,只有突破了一个世界,才有机会进入下一层次的世界。从三界这个角度去考虑《三体》,我们可以看到《三体》的故事是发生在低等的世界,并且没有超光速。另外,等于光速和超光速后面还有不同的界,而且不同界的规则各有千秋。如果是在爬虫这种低于光速的世界里,可能会产生宇宙社会学这种法则。凡事都有代价,因为接收到的信号受光速限制,所以我们接收到的文明,有可能是好的,也有可能是坏的。但是即使一开始它是好的文明,等你到了它的世界,它就不一定是好的。因为它也受到光速的限制,里面不同的范围和设定又是不同的,所以就取决于它的设定。

## 书目推荐

给大家推荐五部书:《天渊》《深渊上的火》《安德的游戏》《计算中的上帝》和《银河系搭车客指南》系列。

《天渊》和《深渊上的火》属于一个系列,《天渊》是《深渊上的火》的前传,是讲述青河舰队形成的故事。这两部书构造的世界同样是神奇的世界,书中的物种构造以及构造的细节都会让你觉得这个世界是真实存在的。另外,这两本书中整个系统的自洽也处理得非常完善,你会看到一个与我们的世界完全不同的世界,并且会享受到这个世界的神奇之处。

《安德的游戏》描写了热血青年安德的成长史,非常适合大学生阅读,会有一些哲学性的思考。

《计算中的上帝》是罗伯特·索耶的一部书。罗伯特·索耶是科幻界非常重要的作家,他的作品曾多次获得雨果奖。

《银河系搭车客指南》系列书非常有趣,和其他一些科幻小说的风格大不一样。它的语言很幽默,有无厘头的感觉。另外,书里面的很多想法也是脑洞大开,在现实生活中完全无法想象。《银河系搭车客指南》系列是上海译文出版社的,还有另一个比较常见的名字是《银河系漫游指南》,主要叙述了一个经历各种倒霉事的人的故事。

# 刘宏志老师分享《活着》

2017 年 10 月 23 日

### 嘉宾名片

刘宏志,郑州大学文学院副教授,文学博士,硕士生导师,河南作家协会理事。

### 书目介绍

《活着》是作家余华的代表作之一。该书讲述一个人一生的故事,这是一个历尽世间沧桑和磨难的老人的人生感言,是一幕演绎人生苦难经历的戏剧。

### 嘉宾分享

《活着》是一部非常优秀的作品,今天我们就从《活着》谈活着。我个人认为,余华的创作到《活着》《许三观卖血记》时达到了他创作的顶峰。余华成为一位享誉世界的作家,很大程度上是《活着》带来的巨大的影响力。

《活着》之所以优秀,甚至伟大,首先和这部小说的叙事语言有关。对于一个作家来讲,在某种程度上,他还承担着这样一个功能:给我们生存的这个世界提供语言。伟大的作家都有很多伟大的描述,我们今天使用的很多词都从作家而来的。比如"劣根性"这个词,就是鲁迅创造的。我们翻开中国现代词典,有很多鲁迅创造的词汇,鲁迅很早就用了一个词儿,叫"妒羡",嫉妒的妒,羡慕的羡。那时,鲁迅应该就发现了,人是很复杂的,对一个人不仅仅有羡慕,其实还有嫉妒,所以他创造了一个词儿叫作"妒羡"。

《活着》这本书中也有类似之处。比如:有庆死了,福贵背着有庆的尸体,这时天黑了,月亮升起来了。书中这样描写:天黑了,地上仿佛撒了一层盐。这个比喻就很新奇,我们从小写作文写过很多次月亮,但从来没有把月光比喻成一层盐,最多就是"月光如水",这就是一般人和作家的区别。语言的俗套其实是表达思想的一种僵化,余华创造出这样一个比喻就很有趣,可以想象,地上撒了一层盐是什么感觉。这样的比喻也很贴合当时的境况,福贵背着儿子的尸体,看到的是生命无边无际的苦难。毫无疑问,这本书贡献了很多有趣的比喻。在今天拥有基本文学写作功力的人比比皆是的情况之下,文学艺术最根本的地方就在于创造力、独创性。语言用的时间太长了,就会失去它的生命力,很死板僵化。创造性能让汉语言重新焕发活力,让原本僵化的语言重新生动起来。

小说的优秀或者伟大,还与小说的主题有关,与过去相比,现今的环境对小说的要求苛刻了很多。过去,小说可能只要把故事讲好,就可以满足各方面的需求。但是今天,我们还缺故事吗?现在的问题是娱乐过剩,故事过剩,各种新闻媒介不断给我们推送各种千奇百怪的故事。我们今天可以说是"手机在手,娱乐不愁"。这个时候,读小说甚至成为一种负担,那么你凭什么让读者读小说?小说的意义何在?所以,对于小说家来讲,今天这个时代写小说已经变得非常困难,必须发现别人不能发现的东西,能够给读者提供独特感受的东西,才可能吸引读者。传统的文学爱好者往往是有些小感触、小想法,便写出来,也许50年前能文通字顺地写出来,就可以成为作家。因为那时能写字的人少,能文通字顺地写篇故事的人更少。但是,今天需要写出不仅指向自身,指向大众的感触,而且是大家能感受到却没有能力说出来的东西。

余华的《活着》这部小说,很有趣很有价值的地方,就是他发现了这个伟大的主题——活着。众多小说中,有几部作品直指生命本身这个问题?它可能写阶级斗争,写爱情,写商战,写人在世界上的活动,但有几部小说直接写生命本身呢?余华很伟大的地方就在于他发现了这样一个伟大的主题,并且写了出来。这部小说也可以提供给我们很多关于生命的思考。小说中的主人公,从浪荡公子到一夜豪赌,倾尽家产,后来他变成了好丈夫、好儿子、好父亲，之后亲人又一个个离他而去，从此以后，他茕茕孑立，独自一人带着一头牛生活。余华把生命的状态写到了一种极端。当福贵遭遇生命的大变，在不断面对亲人死亡的生命过程时，他表现出了超出我们想象的坚强，他一直活下来，而且活得很乐观，这在我们现实生活中是无法想象的。比如说，如果很重要的亲人去世了，你可能会想象到自己的痛不欲生。但是，福贵所有重要亲人都去世了，他还活得很好。

余华的《活着》有一个深刻的、和每个人都有关系的主题，他引领我们去思考活着本身。这就给予我们一种启示：我们究竟是为了什么而活着？我们的生命其实被赋予了很多外在的附加的东西，你很多努力可能不再指向生命本身。但是余华把所有的语言织体，把所有生命外部的覆盖都拿掉了，福贵就是个纯粹的生命者，他就是为了活着而活着。这个时候，你突然会发现一个人生命的欲望是如此强烈，一个人可以不为了任何目的，只为生命本身而活着。

《活着》中福贵的命运，也能让我们思考生命"轻"与"重"的问题。在福贵一夜豪赌后有一个神奇的转折，他原本是一个浪荡公子，一夜豪赌家产散尽，之后他立刻变了，变成了好丈夫、好父亲、好儿子，并且去承担责任，前后形象差距很大，我们很难把两人联系起来。这个人物的转折很容易让我们联想到生命中"轻"与"重"的问题，什么是生命的"轻"与"重"？

两千多年前，古希腊的苏格拉底给他的学生色诺芬讲过一个故事：古希腊神话中的赫拉克勒斯坐在十字路口，不知道人生应该怎样走，这时来了两个女神。一个肌肤丰盈，涂涂抹抹，很性感；另外一个也很漂亮，但是只穿着一身白袍，用我们今天的话说，就是很纯洁的美。前一个女神说，你跟我走吧，这样你可以享用任何你喜爱的美食，你可以玩任何你想玩的东西，你身体的官能可以得到完全的满足。后一个女神说，你如果跟她走的话你的心灵将会脆弱不堪，你跟我走，你的身体可能承受重负，但是，你会获得心灵的美好。这就是古希腊神话中著名的"十字路口的赫拉克勒斯"。两个女神背后其实隐藏着生命指向的问题。前一个女神显然指向的是轻逸的生命伦理，即我的存在以我的身体官能的需求为导向。后一个女神代表着一种群体伦理——重，那就是生命的存在要以获得的意义为指向。

我们人类，普通大众，其实都在"轻"与"重"之间摇摆。从人的本能来说，我们的身体天然的是向往轻逸的，《活着》中的福贵，他富裕时的生命状态就是一种轻逸的状态,他在这个时候完全放弃了所有的"重",放弃了所有的社会伦理束缚,只听从于自己身体的需要。但是,福贵豪赌把家产输光以后,这个人怎么转变这么激烈?原因在于,个体关于生命的"轻"与"重"的选择受到物质条件的限制。物资匮乏的时候,个体缺少自主选择的能力,个体将被迫选择"重"。选择"轻"意味着放弃责任和意义,会陷入生命中不可承受之"轻"。像米兰·昆德拉的《不能承受的生命之轻》,小说开始,主人公托马斯医生是一个极端追求轻逸的人,托马斯在遇到特丽莎之前,有很多女朋友,但是他从来没有和任何一个女性在一张床上完整地度过一夜。因为时间长了,就会有感情,有感情就要有责任。他不想有责任,他只需要陪伴,不需要相爱。后来他遇到特丽莎,特丽莎改变了他。特丽莎是一个极端强调"重"的人。她"重"到什么程度?原本捷克沦陷时托马斯已经带着特丽莎逃到了中立国瑞士,他们生活得很幸福。但是特丽莎说不行,我得回去,我的祖国的人民在受难,我怎么能自己在这里呢?特丽莎改变了托马斯。在这本小说里,托马斯不断问自己一句话:"非如此不可吗?"答案是:非如此不可。这是托马斯在"轻"与"重"之间的挣扎。特丽莎走了,为免除托马斯良心上的负疚,她不辞而别,自己悄悄地走了。但是,托马斯一直认为自己对妻子特丽莎是负有责任的,他发现妻子特丽莎悄悄走了,托马斯问自己是不是应该回去,回去意味着将进入残酷的生存状态,非如此不可吗?答案是:非如此不可。

　　福贵接下来还有一种生命状态值得反思,就是福贵活到最后,只剩他一个人了,没有亲人,风烛残年,一个人活着。为什么要活呢?在小说中你会注意到,福贵把那头牛一会儿叫家珍,一会儿叫有庆,一会儿叫凤霞,这头牛是他所有亲人的一种幻化。也就是说,他们此时的存在不是真实的存在,而是幻想中的存在。福贵给自己一种幻觉,依然在亲人的怀抱当中,依然和亲人在一起。我们不需要嘲笑福贵,在现实生活中,我们很多人都生活在虚幻当中。比如沉迷于网络游戏的人,他也许在现实生活中不怎样,学习不好,家长责骂,老师鄙夷,同学看不起,但是进入游戏世界,他就找到了自我。在那里,虽然是虚幻的世界,但在玩游戏的时候,那些游戏战友们对他的赞赏是真实的,他真实地感受到了自我满足。同样,当福贵把他的老牛叫作家珍、有庆这些名字的时候,他是在想象中和自己的家人生活在一起,凭借精神上的自我欺骗,获得精神的依靠和意义。又或许福贵从来没有真正遭遇

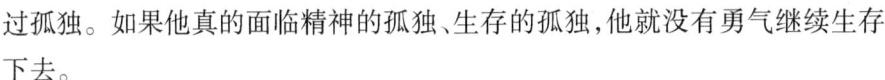

过孤独。如果他真的面临精神的孤独、生存的孤独,他就没有勇气继续生存下去。

 主持人访谈

**主持人:**

非常感谢刘老师给我们带来这些引人思考的读书分享,相信在座的同学也和我一样对生存的意义和价值有了不一样的理解。我也有几个问题想跟刘老师探讨。书中的主人公福贵一直深陷生存的斗争和泥潭,留下了不可磨灭的形象,您认为福贵是一个怎样的形象?

**刘老师:**

福贵这个人,是一个特别有趣,或者说非常有生命力的人物形象。大家会发现一个非常有趣的地方,作家虚构的一个人物可能获得无限的生命力,然后代代传承下去,比如说林黛玉、福贵等。但是真实存在的人物,很少能够被铭记。福贵这个人物形象之所以有特点,是因为余华把他的生存状态写到了极端,一种生命的极端状态,在死亡不断威胁的极端困境之下的生命状态。在某种程度上,福贵是余华塑造出来的关于我们生命本体在这个世界上存在的一个样本,让我们看到一个生命个体在这种极端状态之下的可能性。当然,我们可以说福贵的生命在严格意义上就是一种生存,而不是一种生活。

**主持人:**

有人对生活做了一个解读,生活是生下来就要好好地活下去。而《活着》这本书也引发了我们对活着的意义的思考。您认为从这本书来看,活着的意义是什么?活着与生活的差异和联系有哪些?

**刘老师:**

如果从这本书来看的话,你会发现活着的意义就是活着。人是一种语言动物,我们会给自己的行为,给这个世界套上一层层的言语织体,以至于我们今天达到这样一种程度,当我们触摸事物时,我们触摸到的不是事物本身,而是一层一层的言语织体。打个比方,如果你从来没有见到过大海,你见到大海以后,会立刻脱下鞋子,赤脚奔向大海,电影里都是这样演的。如果你找对象,男生找个女生,情人节一定要送朵玫瑰,求婚的时候一定要单膝跪地,虽然你之前没这么干过,但是现在你本能地这样去做,因为你见过这样的东西太多了。其实这个时候,如果让你用一个词形容大海或者高山,你会说大海辽阔,高山巍峨。我们周围的事物在接触之前就先存在于言语当中了,所以我们都是通过言语来了解世界的。

生存本身也一样,人是一种思想动物,也给自己的存在套上了各种各样的言语织体。这个时候,存在的意义可能是多样的,比如佛教徒,他们说一切如梦幻泡影,如梦亦如电,应作如是观。生命中的一切都不过是因缘聚合而已。所以,不要对任何东西执着。如果你是一个坚定的共产主义信仰者,就要为了实现共产主义而奋斗,这就成为你的一种意义。每一个人都可以根据不同的东西给自己的生命套上不同的言语织体,然后给自己的生命规定一个目标。余华这部小说的价值在于,它提供了一种赤裸的人本能存在的状态。福贵的存在不是为了任何一种高尚的东西,没有任何一种理想做支撑,他就是为了活着而活着。当然,我们都是有理想有知识有文化的人,我们一定有自己的理想和社会生活,未来生活如何界定,我们要靠自己去界定自我的生活。康德说过,唯有头上璀璨的星空和我内心崇高的道德良知让我感到敬畏。我觉得只要始终保持内心崇高的道德良知,那么你就可以根据自己的定义去界定自己的生活,去寻找自己生活的独特方向。

**主持人:**

其实作者余华真的很残忍,总是在事情刚刚出现一点好的苗头时,笔锋一转,比如说有庆,比如说凤霞,把这些美好的东西毁灭给我们看。作者的叙述并没有很煽情,但却蕴藏着偌大的力量。您是怎样看待这种看似平凡的叙述方式带给读者的心灵冲击?

**刘老师:**

这涉及小说叙述手法的问题。所有伟大的作品,看上去很平淡,但是你很难想象作家、艺术家在这个平淡背后其实做了无数难以想象的工作,才让它很平淡地呈现出来。比如说我们看古典的绘画,看起来不就是画一个人吗?一会儿工夫不就画了吗?但是看草稿你会发现,画家一稿一稿地改了很多稿。即便画面上是一个人,画家也要强调一个构图,这需要一点点地探索。所以,表面上看起来浑朴自然的东西,其实背后含有作家、艺术家辛勤的劳动。

余华的《活着》运用第一人称叙事,第一人称叙事实际上也是余华有意选择的结果。大家可以设想一下,假如你是一个作家,你想讲这么一个残酷的故事,你会让谁来讲?从叙事角度来讲,大抵不过全知叙述者、限制叙述者。全知叙事者,中国古典小说大多是这样的,比如《水浒传》《三国演义》,都是以上帝视角在讲述。现代小说多采用一种限制视角,余华也是选择之后决定用第一人称限制视角,"我"来讲"我"自己的故事。那么这个讲述方法有什么好处呢?大家可以试想一下,要讲一个悲伤的、悲痛的故事,怎么样能让它显得更悲伤、悲痛?在《活着》的叙述中,福贵是以平静的姿态来叙述自己生命中所有的重大伤悲。越是以平静的姿态来叙述所有的痛苦、伤悲,其实越有打动人的力量。我记得我念书的时候学过一篇文章,就是归有光的《项脊轩志》,这篇文章就是通篇用平淡的语气叙述自己的生命历程,最后一句是"庭有枇杷树,吾妻死之年所手植也,今已亭亭如盖矣"。如果真的是带着感情去读,你会突然感觉很难受。这种第一人称很平静地叙述,平静地讲述自己的痛苦和伤悲,更能带给人感情的渲染力,所以这也是余华有意选择的一个结果。

**主持人:**

有人说余华是中国的查尔斯·狄更斯,说他以批判题材而出名。那么,您认为《活着》这本书的批判性是怎样体现的?

**刘老师:**

我不知道说余华是中国的狄更斯这种说法是从哪里来的,是不是因为他写了《第七天》才这样说,不过一般来讲,大作家都是具有批判性的。中国古代禁止小说,给小说下一个断语,叫诲淫诲盗。诲淫诲盗,也就是说小说是为当局所不允许的,都是反叛性的,这个断语我觉得符合小说的实际情况。小说是一种不被授权的文体,所谓不被授权是什么意思呢?在今天的社会中有各种话语,科学话语,新闻话语,法律话语,等等,你会发现它们都是权力话语。科学话语说,我这个话语是科学,你不可怀疑,当然随着媒介的发展,科学话语在我们生活中比比皆是,搞得我们都晕了。今天我们看电视,科学话语说,那个东西不能吃啊,明天又说,那个东西是可以吃的,所以我们现在越来越困惑了。新闻话语说我是真的,法律话语说我是规则,只有小说话语是不被授权的,小说的话语是没有权力的。小说写出来了,你说怎么样?人家说你是假的,那么,作为一个假的东西,你存在的价值在什么地方?很大一个意义可能就是要提供给读者一种其他话语所不能替代的东西。那么在今天,什么是其他话语不能提供给读者的?关于存在,所有的权力话语都指向社会既定的运行秩序本身,而没有指向人的存在。小说很大的一个意义可能就在这个地方。

一般优秀的小说都或多或少的具有一定批判性。具体到余华的《活着》这部小说,它带给我们更多的是生命的感慨,我觉得这部小说最大的价值不在于批判,而在于它提供给我们关于生命本身的思考,这是它提供的一种独特的东西。

## 书目推荐

一本是费孝通的《乡土中国》。这本书是一个经典,因为我们国家就是一个乡土国家。当然我们现在正处于伟大的城市化转型过程中,文化中的价值理念也在发生着变化,乡村正在失去,剩下的只是农村。乡土传统中那些伦理性的东西都在失去,越来越向城市靠拢。阅读这本书可以让你更好地了解中国。

还有一本书是托克维尔的《旧制度与大革命》,这本书特别适合对政治思想感兴趣的同学。大家读后可能会对社会转型有自己的理解和想法。

《娱乐至死》这本书是非常值得推荐给同学们的。如果《乡土中国》让我们了解中国,那么这本书就让我们了解这个时代,"娱乐至死"已经在深刻地影响我们这个时代,影响我们的生活。

还有法国社会学家勒庞写的《乌合之众》。读完这本书,至少可以让你不去做盲目的粉丝,你应该做一个对生活有独立判断的清晰的生活者。人都有一种从众的心理,《乌合之众》对群体心理做了研究,帮助我们揣摩从众心理。

再推荐一本《民主的细节》。我们今天谈民主、谈自由,很多时候容易陷入夸夸其谈、高谈阔论之中。刘瑜作为一个在美国留学、生活的学者,她切实感受到民主存在于每一个生活细节当中,通过这些细节我们可以发现民主的真正涵养存在于什么地方。民主是社会主义核心价值观的重要组成部分。社会整体的进步,社会的民主,需要我们每一个人都具有民主的意识。所以,这本书其实是对民主真实意义的解读和普及。

# 翟小波老师分享《西方哲学史》

2018 年 4 月 3 日

### 嘉宾名片

翟小波,澳门大学法学院副教授。曾在郑州大学任教。

### 书目介绍

《西方哲学史》的作者是英国数学家、哲学家、诺贝尔文学奖获得者罗素,他考察了哲学在西方从古希腊到 20 世纪中叶的历史。

### 嘉宾分享

我是一个业余的哲学爱好者。我最初的专业是宪法与行政法学,大概十年前,才转到法哲学或哲学。我不知道在郑大校园里,大家是怎样看待学哲学的同学的,学哲学的同学又是怎样看待自己的。

在我看来,哲学就是以有限的、常人都有的经验为基础,通过持续的、符合逻辑的思考来认识世界。这种认识是抽象的、深刻的,它可以通过现象看到本质。这种认识是正确和有效地改造世界的实践活动的前提。

更重要的是,哲学是一种好玩、很刺激的智力游戏。人生就是一场游戏,要好好活、活得好(to live a good life well),就要认真地玩这个游戏,要玩好玩的游戏。研读伟大的哲学著作,会给我强烈和持久的智力上的乐趣。

我给大家推荐罗素的《西方哲学史》。如果你是哲学专业的,你的老师大概不会给你推荐它,因为从专业角度看,它存在有许多错误或不严谨之处。罗素不是不会写严格的专业著作,他是数学家和逻辑学家,他当然会写很专业的哲学,但在这里,他牺牲了专业的精确性,说一些夸张的俏皮话,与某些大哲学家开玩笑,把哲学用很有趣的形式呈现出来。大家读完后,会对哲学感兴趣,从而产生研读哲学的意愿。

另外,我很喜欢他的语言风格。在英语作家中,我最爱乔治·奥威尔。但就语言风格来说,我也很欣赏罗素。关于罗素的风格,很多的学者(如余光中、徐志摩、张申府和梁实秋等)都有讨论。有些人说他的风格很"凌冽"。我更愿意用"简朴"这个词:表达真理的语言应该是简朴的。一切动听、悦耳和华丽的语言,追求真理的人都要提防。只有当无法用最简朴的话表达你的思想、让读者接受它们时,你才会诉诸华丽的修辞。这种华丽的修辞,就像魔术,经常是用来骗人的。

  主持人访谈

**主持人:**

能够读懂哲学是一种心智上的幸福。因为大多数情况下,哲学是艰涩难懂和枯燥的,就像我们做学术一样。但这本书字里行间透露出的诙谐幽默,却让我分明看到了罗素在研究哲学时的快乐和幸福。您可否就这本书和大家谈一下,怎样做学术研究,在学术研究中我们应该抱有一种怎样的心态,才能让我们的学术理论研究不枯燥,并坚持下去?

**翟老师:**

我把我认为的写文章时应该追求的美德与大家分享一下。首先,为什么要做研究、写文章?为了追求真理,说一些正确的、有意思的话。论文是要研究问题,给出一个答案,或理解或解释一个现象。做研究的首要心态就是求真,不是有用和无用。当然,伟大的哲学是有大用处的。但做研究时,不要先考虑研究有什么用,而要考虑你的话对不对,要时刻都小心、时刻都追问自己,我这句话对不对,靠谱不靠谱,而不是下笔千言、信口开河。信口开河的人,不在意自己的话正确与否。这样写出来的文章,说得严重点,就是 bullshit(废话)。

英国哲学家 G. A. Cohen 写过一篇文章,叫"Complete Bullshit"。他把 bullshit 定义为"unclarifiable unclarities"。他的意思是说,文章一定写得清楚、明白。如果文章不清楚、不明白,那就是 bullshit。他还给我们推荐了一个技术:如果看到一段不清楚、不明白的话,那就在其中的某个动词或系动词前加上或者去掉一个"not",然后看这句话的意思有无变化;如果你不觉得有什么变化,这句话就是典型的 bullshit。

知道如何去避免 bullshit,就等于是知道什么不是好文章了。之后呢?首先,你得发现问题,你得确保你的问题是真的、与人世间的苦乐相关的;很多所谓的问题是语词问题,是换一个说法就可被轻易解决的问题。另外,你还得找个小问题,小题大做。写文章得创新。怎么才能创新? 很多话题,已被最聪明的头脑研究几千年了,你怎么能创新?直接去写"正义论""人类该向何处去",一看标题就知道你在胡扯:没有漫长的学术积累,你怎么会有这个本事?所以,要选择一个小的切入点。当然,这样的选择也是很难的,因为这个小题得有大做的可能性,否则,你的研究就很难逐步地拓展开来,并成长为有重大意义的研究。我说的是小题大做,不是单纯地让你去选个小题,要选一个有大做的潜力或可能性的小题。

问题选好后,接下来就是寻找答案。这个过程主要就是推理和论证,也就是小时候语文老师们讲的摆事实、讲道理。

当然,这些都要求多读好书。只有这样,你才知道前人做过了什么,自己该做什么。不能花费了几年工夫,写了论文,到答辩时才发现,这些话人家早就说过了。熟悉前人做过的研究,不是说论文里一定要有一个文献综述。这是纯粹的形式主义。了解不了解前人的研究,一读你的文章,大家就明白了。相反,也许你写了一百页的文献综述,但却依然毫不了解前人做了什么研究。

最后但却不可或缺的一点是想象力。勤奋是做学问的基本品质,但 99%靠勤奋,还有 1%要靠灵感、靠悟性、靠想象力。1%的灵感是怎么来的呢?这就属于不可言说的领域了。

同学们经常问写论文的方法,我通常的回答是:在你感兴趣的领域,找二十篇最优秀的论文,每篇读十遍。我敢打赌,读完之后,你再也不会问任何人该怎么做学问了。

**主持人：**

其实，在这本《西方哲学史》当中，罗素一边在讲历史，一边打趣着历史上一些有名的哲学家。在您看来，历史上哪些哲学家令您印象深刻？

**翟老师：**

我喜欢英国的经验主义传统中的哲学家，比如休谟。我喜欢休谟，尽管休谟老是说这不行，那不行，他也不说什么行。不过，他说这不行那不行，还都让他说对了。很多同学也许不是研究法学的，但我也建议你们去读一读法哲学的著作。有些著作，我也是读了好多遍，比如说哈特（Hart）的《法的概念》，它是法哲学也是英语文学的典范。

**主持人：**

翟老师，您能否以自己学习法哲学的过程以及其中的插曲和一些经历，给我们学习哲学提一些建议呢？

**翟老师：**

我经常与我的学生这样讲：你一定要明白学问是干什么的，学问不必然给你带来物质的实惠。做学问时，千万不要有黄金屋或颜如玉之类的想法：原来也许还有，现在哪里有啊？做学问的动机是对知识的好奇心。不然的话，你会失望的。做哲学，还要交流，别一直死读。既要读书，还要跟朋友一起聊天。最本真的哲学就是对话。对话的朋友不必是哲学家，因为哲学难题，只要你讲清楚讲明白，谁都可以听得懂，都可以判断你讲得有没有道理。

**主持人：**

翟老师研究的是边沁，据我了解边沁是功利主义之父。伦理学有两大理论对实践影响比较深，一个是功利主义，一个是义务论。法学中也有一组争论和这个比较贴近。比如说刑法方面，一个是规范影响说，和义务论比较接近，另一个是法益侵害说，和功利主义比较接近。那么，在司法层面，您觉得是更应该以义务论为导向去采纳规范影响说，还是以功利主义为导向去采纳法益侵害说？

**翟老师：**

功利主义认为，规范只是用来帮忙的，只有参考价值，一切最后都服从于功利计算。法律不会因为它是法律就有正当性，就可以给我们设定义务。法官判案时有开展功利计算的道德义务。有些人说，法官必须适用既定的法律，哪怕天塌地陷。边沁反对这种说法。有些法律，法官确信是恶的，怎么办？边沁不主张法官可以违反法律来裁判，但他认为，在这种情况下，法官应该向立法机关提出这个问题，表明自己的态度，然后听由立法者裁断。

**主持人：**

据我了解，现在中国哲学在整个哲学范畴里面好像处于一个边缘化的领域，为什么灿烂辉煌的中国古代哲学如今到了这样一个比较边缘化的位置？如果中国哲学在某些价值上稍微弱一点的话，它究竟是在哪里有欠缺？您也是在中国文化环境和西方文化环境都浸润过的人，您可以讲一下这两种文化环境所诞生的哲学有什么显著的差异吗？

**翟老师：**

这些问题都是大问题，我没能力回答。我只说一点，什么是中国哲学？如果一个人是中国人，他的哲学就是中国哲学吗？我认同王国维的一个观点，哲学无东西，无古今，无有用无用。中国哲学这个概念不利于哲学探讨，它预设了似乎存在一套区别于西方哲学的中国哲学。这种预设是错误的。我们遇到一个哲学问题，要探究该怎样回答这个问题。这个问题没有东西之分，答案也没有东西之分。我们应该考虑的不是它是东还是西，而是这个答案好不好、相关概念清晰不清晰、相关论证符合不符合逻辑。不仅如此，中国哲学这个概念还可能把民族主义情绪带入哲学。

## 书目推荐

书目推荐是一个很个人化的事情，所以我只是告诉大家我喜欢的几本书是什么。

第一本，《社会契约论》，何兆武先生的译本。《社会契约论》很好地阐述了理想的民主政治的原则,它开篇第一段话写道:"人是生而自由的,但却无往不在枷锁之中。自以为是其他一切的主人的人,反而比其他一切更是奴隶。"这种变化是怎样形成的?我不清楚。是什么才能使这种变化成为合法的?我自信能够解答这个问题。《社会契约论》在试图回答这个问题,即如何让我们服从但自由,我们无法摆脱公民社会的束缚,但是我们可以既受束缚又自由。如何实现这个目的?什么是正当政治的基本原则呢?要把这种束缚变成我们自己施加的束缚,让法律变成人民公共意志的体现,也就是说,人民要拥有并行使主权。

第二本,《联邦党人文集》,现在有两个译本。它很好地阐明了美国宪法的原则。有一种观点认为,美国的自由与富强都是宪法给的。了解美国宪法,仅看条文是不够的;美国宪法的原理,包括那些条文的真意,主要在《联邦党人文集》里面。这本书里的很多话是要背会的,比如说:"因为人不是天使,所以我们需要一个政府,因为政府不是由天使构成的,所以我们需要对政府的各种制约。""一切有权力的人都会滥用权力,为了防止权力的滥用,我们必须要以权力来制约权力。我们不仅要有制约权力的一个制度架构,我们还需要给掌权者相互制约的动机。"不要认为只有物理学和数学等自然科学里才有真理,法学等人文社科领域同样也有颠扑不破的真理。上面这些论断不都是真理吗?

最后,《1984》,董乐山的译本。英文版的《1984》封皮上有这样一句话:"这个世界上多一个人读奥威尔,自由就多了一份保障"。

# 庞振超老师分享《爱弥儿》

2018年4月18日

### 嘉宾名片

庞振超,郑州大学教育学院副教授,教育学博士,硕士生导师,河南省骨干教师。

### 书目介绍

《爱弥儿》是一部哲理小说,也是西方教育史上最有影响的教育著作之一,全方面地体现了法国杰出的启蒙思想家卢梭关于教育的观点。

### 嘉宾分享

我今天与大家分享的是法国杰出启蒙思想家卢梭的作品《爱弥儿》。我从1991年开始读教育学本科,本科毕业后接着读了教育学的硕士和博士,可以说,二十多年来我没有离开过这个专业,读过很多这方面的书。我自己有两个孩子,他们一个十岁半,一个一岁半。在培养孩子的过程中,我也读过三十多本偏向于实践的教育学书籍,我比较了之后发现,当你准备做爸爸妈妈时,或者当你反省自己成长的历程时,真正意义上的自我教育才开始。

在教育方面,我认为有两个人的著作特别重要。一个是蒙台梭利,她是全世界最有名的学前教育专家,或者说是幼儿教育专家,她的《童年的秘密》《有吸收力的心灵》,是了解孩子初级的、入门的书。另一个是卢梭,他的《爱

弥儿》,相对而言要高端些,因为这个著作是一个很完整的体系建构。

卢梭是18世纪的思想家、教育家,他处在一个从古典教育到现代教育的转折时期,他开创了现代教育的理念体系。卢梭的思想可以称为自然主义的教育。不过有趣的是,蒙台梭利和卢梭有着不同的学历背景。蒙台梭利生活的时代,就像蔡元培那些民国时期的知识分子生活的时代,她是第一个在意大利拿到医学博士学位的人,所以她研究的起点比较高。卢梭是一个没有受过一天正规教育的人,他完全靠自学。他们的作品有着与各自学历背景相反的特点:蒙台梭利的作品非常入门,高中毕业、大学毕业者一看就懂;但是卢梭的《爱弥儿》博大精深,将近60万字。要想读懂卢梭,建议从卢梭的自传——《忏悔录》开始,先了解这个人,再去看他的教育思想就比较容易。

人们关于《爱弥儿》这本书的认识有两个方面:一方面,人们说它是小说;另一方面,人们称它是教育论著。有的人说它是卢梭教育哲学的集大成,他的教育哲学思想主要体现在这本书中。这本书有五卷,卢梭是西方第一个把对孩子的教育进行分期、分阶段来谈的人,这之前涉及教育的有柏拉图的《理想国》和洛克的《教育漫话》,但是他们没有把生命成长分期,所以人们说卢梭是第一个教育心理学家,因为他比较完整地阐述了生命成长分期。

这本书的第一卷是零到两岁,卢梭称这是我们理解的婴儿期。为什么把两岁作为一个阶段?因为孩子一岁左右会走路,两岁左右会说话,而且牙齿也长齐了,可以正常地吃各种各样的食物,卢梭觉得这是生命中一个极大的转折时期。在这一阶段,他的主要观点是,孩子是生来自由的。卢梭的教育思想用一个标签来表示就是自然。人的生命本身有一个发展的内在的节律,他到什么时候就该做什么事,不能提前,如果提前,会起到相反的作用,所以零到两岁就是一个顺其自然,给予孩子充分自由的时期。卢梭当时提的很多理念在现在都普及了。比如说不要用包裹把孩子包得太紧;孩子一出生,妈妈应该哺乳,不应该交给保姆;在自然的家庭里面,在照顾孩子的生活方面,妈妈做是比任何人都要好的。

卢梭讲的第二个生命阶段,是两到十二岁,可以称为童年期。童年期是理性的睡眠期,感性的活跃期。卢梭认为,在这一阶段,小孩子任何书都不要读,如果要读的话,有一本《鲁滨逊漂流记》比较适合,因为这本书讲了自我生存的能力。卢梭认为此时教育孩子就是要教会他自我生存的能力,让孩子学会怎么生活。这个阶段是不能给孩子讲道理的。为什么不教给孩子理性？他说，如果孩子十二岁已经是理性的，那我们就不需要教育了。理性是所有能力中最综合的一种，而感觉是更早一点。十二岁之前，主要培养孩子的视觉、听觉。比如说，让孩子在比较黑的地方做游戏，培养他的空间感觉、触觉，这是书本无法取代的。这个阶段也是特别危险的，危险在哪里？我们通常会讲很多道德的、习俗的东西，甚至用格言来约束孩子，或者孩子不一定能懂得那些东西，因为孩子的理性并没有得到发展。另一方面，我们平常所说的格言，有很多其实并不是真理，而是片面的，是偏见。如果孩子学了这些东西，可能他们再朝正确的方向走，还需要消除这些片面的东西，就更加费事。

卢梭理想中十二岁之前的孩子，不关心别人的事情，也不会对别人进行道德评价，他只需要关心自己，当然他对别人既不善又不恶，也不会有过多的欲望。卢梭有一个教育法则就是要控制孩子欲望与能力的平衡。怎么控制这一点呢？在孩子十二岁之前，作为一个教育者、一个家长，需要判断孩子的要求。如果是基本需要，就要立即满足；如果是超过这些基本的需要，坚决不要满足。因为如果一旦满足超出基本需要的要求，他的欲望就会不断地增长，总有一天你满足不了。之前你的满足可能给他一种无所不能的感觉，但是当他的欲望不断膨胀，有一天你无法满足他时，他可能就会变得很自卑，这实际上特别伤害孩子。所以卢梭强调，作为家长就要学会判断基本的需要和过多的奢望，因为人的幸福就在于欲望与能力的平衡。

第三个阶段，就是人生特别美好的阶段，十二到十五岁，是人生的黄金时期。这个时期的孩子和成人相比还很虚弱，但是和儿童相比已经很强壮了。这个阶段的孩子，还没有情欲的萌生，还是阳光少年，天真无邪的，但是他的能力和体力又要远远高于十二岁之前，他的能力是超越了他的欲望的，所以这个阶段就是人生非常愉快的一段时间。

这个阶段一过去，就到了十五六岁的青春期，孩子的情欲开始萌发。当然卢梭认为情是很自然的一个东西，不能去压抑它、破坏它。情也是人的天性，如果破坏天性就违背自然了，关键是要适当引导，尽量控制他的虚荣心等各个方面，这个阶段的教育也就是第四卷的道德教育。他认为人最初的第一个感情不是爱情而是友情。

在爱情教育方面，我觉得卢梭有一个观点特别值得表达，他说我们对爱的追寻实际上是对美德的追寻。到了我这个年纪，四十多岁，我就特别感同身受。我们曾经和朋友探讨过，二十岁时，我们选择爱人的标准可能是一种，到三十岁、四十岁时，可能又是另一种。在不同阶段，我们会看到不同的东西，可能是我们的需要不一样了。所以卢梭赞同爱弥儿这个主角在他寻找爱的对象的时候，让他保持克制，不要急于满足他的愿望。当然卢梭强调，我们认为爱那么美好，肯定有想象的成分。其实我们精神的愉悦很多时候一方面来自真实的被满足，另一方面来自我们的想象力，有想象力，我们才会感受到更大的愉悦。

在第五卷里，他主要是介绍了女孩子的教育，这也是卢梭首创的。之前的教育家谈教育时不分男孩女孩，卢梭把女孩子的教育单列出来，他认为女孩子的美德和男孩子不一样。当然这也成为很多女权主义者批评他的一个理由，认为他强调了不平等。不过这里面也有一些东西是合理的。

最后，结合西湖大学的施一公校长做一个总结。施一公在任西湖大学校长演讲时有一段话说得特别好，他说："人生为一件大事而来，西湖大学就是我生命中的这件大事。我已经做好准备，毫无保留地付出我的全部心力，以不忘初心、无问西东的务实态度，带着全社会、国家、政府和全体师生员工的重托，使西湖大学成为国家和民族的骄傲。"听了这段话，我特别感动。他今年五十岁，我觉得五十岁对他这样一个管理人才来讲真的是风华正茂。蔡元培在1916年出任北大校长，那个时候，他也是将近五十岁。在2500年前，孔子五十多岁开始周游列国，历经14年回到他的家乡鲁国，开始编撰书籍。孔子留下来的书籍，都是他晚年做出来的。可以说，孔子如果没有周游列国，可能也不会成就孔子。

所以，我觉得社会科学的人文学者的思想成熟相对来说真的比较晚。孔子说："后生可畏，焉知来者之不如今也？四十、五十而无闻焉，斯亦不足畏也已。"后生是可畏的，如果一个人到四十岁、五十岁还默默无闻的话，那么这个人就没什么可以敬畏的了，所以抓住你美好的时间用心读书，去追求你的梦想，等你到了三十岁、四十岁也可以说你找到了人生的大事。

**主持人访谈**

**主持人:**

卢梭在书中说,自然人和社会人是无法调和的。那么,您认为自然人和社会人究竟能不能调和?或者说怎样来平衡人的社会属性和自然属性?

**庞老师:**

卢梭的思想至少从表面上看有很多矛盾。他在书中一开头就说,在培养自然人和公民两方面不能同时进行,所以,在早期人的培养主要就是自然人的培养,没有善和恶,这个方面是不用去评价的,是完全自我的。可是我认为,他并不是说在一生中都无法同时进行,只是说在某一个阶段要以某一个问题为主。其实在《爱弥儿》第四、第五卷中,卢梭在讲公民教育、信仰教育、家庭教育,在让爱弥儿去游历、去学习那些政治实践的时候,他就是在培养一个公民。他最终的目的还是去培养一个对社会有用的人,这和古典时代的公民还是有所不同的。

**主持人:**

作者提出了一个非常大胆的教育法则,认为不需要节约时间,而是去浪费时间。您刚才也提到卢梭非常重视自然的成长过程。你认为这对我们现在的教育理念有什么启示呢?

**庞老师:**

卢梭所说的浪费时间,实际上指的是消极教育。他是指在第二个阶段也就是两岁到十二岁,孩子不应该去学习许多书本知识。因为他们的脑袋就像镜子一样光滑,即便学了很多东西,他们也并没有去理解那些观念,只是掌握一种符号。在我们来看,卢梭的思想只是提供了某一种标准,设定了某种理想。如果要是直接把它当作一个现实的东西去执行,那肯定是不行的,比如十二岁之前孩子不读书,这也是不太现实的。但是,卢梭讲孩子十五岁之前不要学历史,这还是有一定道理的,因为历史是一个充满价值理念的东西。我们对历史人物的评价，在不同的价值标准体系下是不一样的。他感觉这个时候教给孩子这些东西太混乱了，他们可以学习一些和理科有关的知识，比如天文、物理等，也可以学习一些自保的知识。这个时期，卢梭强调要在实践中学，强调锻炼孩子的毅力。他认为有的时候孩子摔倒了、流血了，之所以那么害怕，是因为我们的表情吓到了孩子。其实在自然情况下，孩子是不会感觉那么痛苦的，应该让孩子学会忍受痛苦，让他去经历。如果过度地保护孩子，将来他遇到苦难就会觉得更加痛苦。

**主持人：**

每个人家里可能都会有那么一个熊孩子，一会儿看不住，就会把家里弄得一团糟。那您认为该如何在尊重孩子天性的前提下，去教育好这些小孩子呢？

**庞老师：**

首先，有一个教育学家曾说，你不喜欢孩子打碎东西，你放高就好了。在孩子六岁以前，你不要想他有任何的自制力。我有一个朋友，他的孩子在四岁的时候，总是趁他不注意把茶壶塞满了茶叶，再倒上水。如果这样的事情你不想让它发生，唯一的办法就是把茶壶放得高高的。其次，如果孩子有一些家长不满意的行为，我认为父母首先应该看看自己有没有可以改进的地方，因为孩子都是我们的作品。最后，就是要放宽心，我个人觉得孩子的行为还没有那么坏，当然这个也要根据具体情况来分析。

**主持人：**

我们一生中都在接受教育，比如人的教育、自然的教育、物的教育等。那么，您认为教育的最终目标是什么？您所理解的教育是怎么样的？

**庞老师：**

在卢梭看来，自然的教育是贯穿始终的。孩子两岁以前完全被自然的教育所支配，包括他们的情感什么时候发生等，是不能加以干涉、违背自然的。这个自然并不仅仅是生理的，还包括心理的，人的天性是很自然、很复杂的一个东西，并不是我们所能去决定的。但是，事物的教育主要是两岁到十二岁这个阶段,比如说通过观察太阳的东升西落等天文学的知识,就是自然事物在进行教育。人的教育比较典型的就像历史学,比如我们要通过给孩子讲孔子、曹植的故事教会他做人的道理。卢梭所说的这三种教育有一个适应不同时间段的安排,是要共同起作用的。

## 书目推荐

首先是经济学家汪丁丁的《青年对话录:人与知识》。就我自己来说,博士毕业之后,受汪丁丁教授的影响比较大。他写的书、他的博客、他的微信公众号,我基本上都看,而且受益匪浅。他有九本《青年对话录》都是写给年轻人的,大家有兴趣的可以读一读。

第二本是《荣格自传:回忆·梦·思考》。弗洛伊德心理学是科学主义的、西方的、分析式的,荣格的心理学才真正是东方式的。荣格的作品特别多,可以先读一读他的自传。荣格将人分为上午和下午:三十五岁以前我们应该去追求社会,当然在这之前,我们要有一定的社会地位;三十五岁到四十五岁之间人生会发生一个转型,我们会去追求精神的存在。如果没有这种转型,后面的人生会陷入困境。我觉得荣格的书特别有力量。

德鲁克是20世纪最伟大的管理学家,他有一本书叫《卓有成效的管理者》。德鲁克有一个重要的思想:一个人能够获得成功,很大程度取决于自我管理。这本书主要讲了我们怎样从一个平凡的人成为一个卓越者,我觉得这里面有一些东西是通用的,对于我们所有人做好从自我管理到更高层次的管理都非常有用。

另一本是马斯洛写的《动机与人格》。自我实现是自我发展的一个终极的理想,用中国教育来说就是止于至善,从心理学的角度就是自我实现。马斯洛做了一些调查,总结了自我实现的爱情是什么样的状态,其他的各个方面是个什么状态,对我们有什么样的启发。一个人能够感染到周围的其他人,他的事业才有可能成功。做管理者的成功,一定和这个人的人格魅力有关系。

最后一本是马克斯·韦伯的《学术与政治》。这本书主要是两个演讲,一个是以学术为志业的,另一个是以政治为志业的。他告诉年轻人,如果你将来想做学问,应该有什么样的心理准备、思想准备和精神准备;如果你将来想从政,应该有哪些准备。

# 孔喜梅老师分享《解忧杂货店》

2018 年 5 月 18 日

## 嘉宾名片

孔喜梅,郑州大学商学院副教授,经济学博士,硕士生导师。

## 书目介绍

《解忧杂货店》是日本作家东野圭吾写作的长篇小说,该书讲述了在僻静街道旁的一家杂货店,只要写下烦恼投进店前门卷帘门的投信口,第二天就会在店后的牛奶箱里得到回答。该书获得第七届中央公论文艺奖。

## 嘉宾分享

《解忧杂货店》是一本畅销书。我喜欢这个名字,看名字就知道一定是有故事的。文字我也很喜欢,简单、平实,有的地方还很幽默,很可爱,还有点玄幻。

这本书的开始,讲了三个小偷——敦也、翔太、幸平,大半夜偷了别人的钱,逃跑的过程中汽车坏掉了,找到这个废弃的"浪矢杂货店"躲起来,想等天亮逃走,没想到收到了一封月兔小姐的信。原来,这个杂货店很久以前是一个"解忧杂货店",三个小偷闲着无事,就给月兔小姐回了信,没想到立即就收到了回信。这是神奇之处,原来杂货店的一扇门可以连接过去和现在,关上门,杂货店里的时间就不会流逝,而他们收到的月兔小姐的信,是来自几十年前的。随后,就如电影中一个个独立的镜头,讲述不同求助者不同的故事,鱼店音乐人、和久浩介、迷途的小狗等的来信。原来浪矢杂货店的店主浪矢老爷爷在去世的时候留下遗嘱,说33年后,从凌晨到六点这一段时间内,杂货店会再次开业。若曾经给浪矢杂货店写过信咨询,请回复是否从回信中受到了帮助,而这三个小偷就在这个时候闯了进来。同时又好像"杂货店一日,人间几十年",两个世界同时运转,通过杂货店联系起来,最后归结到杂货店。

第一个求助者月兔小姐(北泽静子)的难题是什么呢?她是一名射击运动员,备战奥运会的时候她的男友(也是她的教练)得了绝症,她的男友鼓励她奋战奥运会,但她不知道是应该陪伴男友度过最后的日子,还是该全力奋战奥运会,于是写信给浪矢爷爷求助。收到信的三个小偷生活在现代,知道那一年因奥运会在莫斯科举行,日本抵制了这届奥运会,因此劝她放弃奥运会,全力陪伴男友。实际上,奋战奥运会是月兔小姐内心的梦想,只是她没有信心,想放弃却不甘心,不想放弃又不能尽全力去拼搏,也不是那么有把握。而这时候男友生病给了她放弃训练的借口,犹豫不决中她才写信咨询。书来信往的过程中她渐渐看到了自己的心,后来虽然全力拼搏也没能入选,不过因为她为此全力拼搏了,因此她并不遗憾。

第二个求助的是鱼店音乐人。这个叫克朗的男孩是家里的独子,父母希望他能继承家里的鱼店,可他喜爱音乐,坚持读大学。可是大学没毕业他就退学了,专心做音乐,却一直没有机会,只是给孤儿院的孩子们演出。他的奶奶病逝了,他的父母身体不好,但他并不愿意回家,"近乡情更怯",古今中外向来都是一样的。在敦也三人的建议下,克朗决定继承鱼店,善解人意的父亲了解他的心思后,要求他最后再去东京全力打拼一次。我们可以站在克朗的角度想一想,一方面是父亲身体不好、家庭需要他维持,另一方面是音乐事业毫无起色、前途渺茫,他是该继续追求梦想,还是该接受现实。其实,很多大学生刚毕业的时候是有过这种挣扎,所以这部分写得很深入人心。克朗父亲的话也深深地打动了我,克朗父亲虽然患有心脏病,但是仍然鼓励儿子:你只管去拼搏,哪怕失败了,至少在城市留下了自己的足迹。

第三个求助者是浩介。浩介原本家境殷实、生活幸福,他本人是披头士的忠实粉丝。后来,父亲公司负债,全家被迫逃亡,而披头士也解散了。浩介遭受了物质生活和精神生活的重大变故。在这个变故过程中,我觉得作者的有些分析写得很好,比如浩介去看了他喜爱的音乐人披头士解散的电影。在随同父亲逃跑的过程中,浩介注意到,他的父亲去洗手间回来连手都没有洗,他已经从一个原来热情开明、彬彬有礼的父亲完全变成了一个猥琐严厉、斤斤计较的陌生人。那一刻,浩介绝望了,他偷偷上了一辆货车,决绝地离开了父母。他想:心已经散了,即使生活在一起,也没有意义。浩介在买火车票的时候过于慌张,被警察误认为是离家出走的孩子,想送他回家,但是他没有家可以回了。后来,他换了名字,在丸光园孤儿院长大,因怕泄露秘密,将雕刻当成了爱好,他雕刻许多小东西送给孤儿院的孩子。后来他成了一个雕刻工,过上了精神安宁、经济稳定的生活。这一部分,关于浩介的父母面对困难的选择其实写得非常好。南怀瑾先生有一句"得意不忘形,失意不忘形"的解释,非常深刻,其实只有在身处逆境的时候,所作所为才能看出一个人。这部分浩介在逃跑前夜看披头士解散的电影《顺其自然》写得也非常好,心已经散了,都不努力去挽回,消极的态度,对人的伤害很大。33年后浩介回到解忧杂货店所在的小镇重看这部分,他发现其实披头士还是很有激情,只是他当时看电影的时候心情很低落,所以看什么都是灰色的。

第四个求助者是一个自称"迷途的小狗"的十九岁女孩,她叫晴美。她从小父母双亡,在丸光园孤儿院长到小学毕业,被姨婆收留读到高中。后来,姨婆家业凋零,她高中毕业就开始工作,为了报答姨婆一家去做了陪酒女,打算将来开自己的店。她写信给浪矢杂货店,求助该怎么说服别人支持她去做陪酒女。信件往复的过程中,三个小偷知道了"迷途的小狗"的难处,因为他们生活在现代社会,知道日本经济发展的过程,告诉她应该投资房地产、股票,一定会赚钱的。晴美听从了建议,并不断学习,她一步步成为一家大公司的社长,终于可以掌控自己的人生。

其中还有一封求助过浪矢老爷爷反馈回来的信件。有个小女孩,她的妈妈患有不孕症,她却怀了有妇之夫的孩子,不知是不幸还是万幸。在解忧爷爷的建议下她生下了孩子,却没有机会养大她。这个小女孩在丸光园孤儿院长大,她对母亲充满怨恨。33年后给重开的浪矢杂货店回信的时候,她慢慢了解,原来妈妈去世的时候只有33千克,而当时她们租住的房子里只有奶粉,她被养得很好。妈妈在临终的时候又给了她生的机会。这个女孩后来成了同一个孤儿院被鱼店音乐人救赎的歌手广原的经纪人。33年后,这个小女孩终于可以坦率地感谢自己一直怨恨的母亲。

其实,这些故事看似独立,但故事中的每个人物都跟解忧杂货店和丸光园紧紧联系着。解忧爷爷和丸光园创始人晓子小姐是一对苦命鸳鸯,解忧爷爷和晓子小姐按照自己的心意去生活,忘记自己的不快,全心全意帮助别人,不计得失,所以才有这么神奇而美好的故事。冥冥之中,爱来爱返,绵绵不息。

不知道同学们读这本书的心情是如何的,生活中的烦忧来自何处,有了烦恼以后又是怎么解决的?人生不如意十有八九,为爱情和事业难以取舍的月兔小姐,为家庭和梦想踌躇难决的鱼店音乐人,突遇人生变故与亲人产生隔阂的浩介,在成长的路上迷途的"小狗",还有与父母心存芥蒂忧愁难解的小女孩,甚至多个烦恼集于一身。有时候,觉得自己像一座孤岛,被所有的人抛弃忘却,觉得生无可恋;有时候,觉得自己一无是处,对人生充满怀疑。我们向哪儿诉说心中的烦忧呢?如果真有一家这样的杂货店,我们会将烦恼倾诉吗?浪矢杂货店的故事其实告诉我们,我们之所以迷茫痛苦,是因为没有看到自己的心,没能按照自己的心意去生活。其实痛苦是一件好事,因为我们还活着,只有活着才能感受到痛苦。而最终,只有自己才能解开自己的忧愁,与人交流得到了帮助是因为在与人的交流中让自己逐渐看到自己的心。解忧杂货店只不过给黑暗封闭的心灵打开了一个透光的口,只有自己努力才有好的结果。

解忧爷爷带给了我特别多的感动。有一个人恶作剧似的连续写了32封奇怪的信,当时解忧爷爷的儿子说:那个人是捣乱的,父亲大可不必理他。但是,解忧爷爷的回答特别感人,他说:这个人的心里是有破洞的,有洞怎能不补上呢?怎么能不认真地听别人的心声呢?其实我刚开始看到前面的恶作剧,还没有看到解忧爷爷给他儿子的回答,我就想过,如果是我的话,我好心好意办这个杂货店,你们来捣乱,我会义正词严地去批评你们。但是,解忧爷爷并不是这样处理事情的。所以这样一个故事,是很温暖,又能够让自己反思的。

读完这本书,我想要认真地去过每一天的生活,做好自己的工作,真心爱自己身边的人。不慌不忙,是一件多么幸福多么有意义的事情。何况我们的工作,和孩子们在一起,如果足够用心,足够真诚,我们是可以相互交流,相互排忧解难,做一个"解忧杂货店"的。

##  主持人访谈

**主持人：**

我们知道东野圭吾的推理书是特别出名的，但是这一本，仿佛跟他之前的题材特别不一样。那您觉得作者写这本书主要想表达一些什么？

**孔老师：**

说实话，东野圭吾的书我读得不多。《解忧杂货店》是第一本，我读的第二本是《白夜行》。

《白夜行》这本书带给我的感觉可以用两个英文词和一个中文词来表达。第一个单词就是 darkness，我读这本书时感觉书中描写的生活特别黑暗，男女主角虽然生活在白天，但是他们的心是生活在黑夜里的。第二个单词是 heaviness，这本书给人的感觉特别沉重。我对男女主角都很同情，他们很有理由去恨这个社会，去恨这些人。因为这个社会对他们太不公平了，包括他们的妈妈，男主角的父亲。小时候的不幸遭遇，对孩子们造成的伤害是毁灭性的，也是终身性的。第三个词是压抑，读这本书时，我感觉心情特别压抑，总感觉喘不过气来，就像被关在了一个黑匣子里。我很感谢书中那个侦探，他终于弄清了事情的真相。但是，对于书中男女主角的所作所为，我是不能理解的，并且我对他们的做法无法原谅。

东野圭吾的其他书我还没有读过，但是我觉得从这两本书来看，它们确实是不同的风格。《解忧杂货店》是特别温暖的一本书，好像有个慈祥的老爷爷在看着你，他的目光多么温暖，他用爱包容着你，让你觉得你不会去捣乱，你会变得安心。他会用他无声的慈爱的目光让你停留下来，用心去生活。

**主持人：**

这本书里有这样一处：我咨询多年终于了解到一件事，通常咨询者心中已有了答案，找人咨询的目的只是为了确认这个答案是正确的，所以有的咨询者在看了我的回信后，会再写信给我，可能是我的回答和他们原本想的不

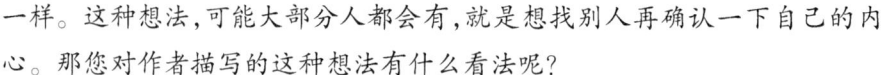

一样。这种想法,可能大部分人都会有,就是想找别人再确认一下自己的内心。那您对作者描写的这种想法有什么看法呢?

**孔老师:**

这一点,我有同感,我在写读后感的时候把这句话也做了重点收藏。犹豫不决中写信咨询,当别人的意见与自己内心的初衷不同时会反复辩解,直到知道了自己内心真正的想法。

这里面还有一层意思,就是自己的问题只有自己能够解决,"解铃还须系铃人",除非自己走出去,别人很难帮到你。遇到困难的时候,出去走走,大自然是具有治愈能力的。每个人都有困难的时候,自己不是最不幸的那一个,敞开心扉,多交流。不要让消极的情绪困扰自己。适度的忧郁其实是很好的,促进自己思考。

《解忧杂货店》的故事其实告诉我们,我们之所以迷茫、痛苦,是因为没有看到自己的心,没能按照自己的心意去生活。其实痛苦是一件好事,因为我们还活着,只有活着才能感受到痛苦。而最终,只有自己才能解开自己的忧愁,与人交流得到了帮助是因为在与人的交流中让自己逐渐看到自己的心。解忧杂货店只不过给黑暗封闭的心灵打开了一个透光的口,只有自己努力才有好的结果。我想借助这一点告诉同学们,当你有困惑的时候,你不如和自己身边亲近的人或者信任的人多聊一聊,在聊的过程中,你就能看清自己的心,然后也能慢慢地知道自己真正想做的是什么。

**主持人:**

我们知道小说中有一个小偷三人组,他们也是给人印象特别深刻的人物。他们来自社会的底层,却并没有对这个社会怀有很大的恶意,还用自己的一己之力帮助别人挽回悲剧的人生。您对他们三个人的看法是怎样的?

**孔老师:**

三个小偷的本质并不坏。我们来分析一下,三个小偷去偷晴美的家,其实是有点带正义感的报复。这三个小偷是在丸光园长大的,他们听说丸光园落在了晴美这个商人手里,还道听途说她要把它建成情人酒店,所以就想报复一下她。那天是33年后从零点到天亮的时间段,晴美得知杂货店会重新开张,所以想过去写感谢信。翔太尾随着她到了那个地方,才知道了这个杂货店的存在。晴美回家的时候,正好碰见了他们在偷东西,于是,小偷把晴美绑架了。那一段的描写带一点幽默感。他说:不好意思啊,你忍耐一下好吗?你要去厕所吗?这哪像一个坏小偷。晴美也感觉这三个人不像是坏人,他们这样做可能也是没有办法了,她的处理也是很妥当的,她并没有去激怒他们,而是主动告诉他们哪儿还有东西让他们去拿。小偷们拿晴美的车钥匙的时候,从晴美的包里看到了她写给爷爷的感谢信。

其实我们都知道,因为这有个时光穿梭的过程,晴美获得的意见正是当时三个小偷给的,时间差导致小偷们反过来又看到自己写的东西。这三个小偷发现他们竟真切地帮助别人取得了成功,他们感觉到自己从来没有做过这么美好的事情。原来的自己一直处于社会的底层,不被人尊重,但是因为这样一个偶然的事件,他们帮助别人找回了人生,也得到了别人的感谢,这令他们感觉到了一种前所未有的幸福感。后来,翔太往牛奶箱里寄过一封空白的信纸,毫无意外地从解忧爷爷那里收到了回信,信上写着:为什么你寄这样的一封信呢,今天的你是一张白纸,但是未来的你将是与众不同的。其实有时候仔细想一想,如果从今天开始,你的明天以后也是一张白纸,我们都可以任意地去描画。

**主持人:**
这本书其实还存在一些争议。比如说有人喜欢它,就会说它是一本治愈系的心灵碰撞之书;不喜欢它,就会说它就是鸡汤文。有人说其中有一些不合理的地方,比如说时间,一个已经废弃了的杂货店,竟然可以收到来自三十年前的信件,进入这个房间的现代人回复的信件竟然也可以被几十年前的人看到,这有些勉强了。您是怎样看待的?您觉得它是那种鸡汤文吗?

**孔老师:**
鸡汤也好,治愈系也好,心灵碰撞也好,我一般不评价。平时我读书的时候,每本书都会有一些内容打动我,有的是句子写得好,有的是描写得准确,有的是写出了自己想的而很难精确表达的想法,有的是有深深的共鸣,这些都让阅读变得有意义。其他人的看法不重要,自己的看法才最重要。这个不需要标准答案。此外分享一点点我读书的方法,一本好书,比如这本书，我会写读后感，有一些书，不知道怎么写，就会把书中的优美或者有共鸣的句子抄写下来，没事的时候看看。诸如此类，让人觉得阅读是很美好的一件事，是一种成长，其实也是我们修补内心的漏洞，或者是去掉自己眼中梁木的过程。所以我一般不做它到底是怎样一种书的评价，而是关心这本书对我有没有帮助，让我从中学到了什么。这个是最重要的。

### 书目推荐

第一个是《席慕蓉诗选》。现在应该不是一个读诗的时代了。席慕蓉的诗，我是特别喜欢的，我高中时候就抄了很多遍她的诗。大学的时候更是一发不可收拾，甚至还专门在图书馆做过一个席慕蓉诗会。

第二本是稻盛和夫的《活法》，这本书大概是我八年前读过的。稻盛和夫是日本的经营四圣之一，他特别喜欢中国文化，现年已经九十多岁了。他经营过四家上市公司，其中一家是很著名的京瓷集团。他大学刚毕业就去了京瓷集团，当时这个企业就快破产了，他在那里看不到自己的前程，但是他别无选择。在那段黑暗的日子里，他坚持做好自己的工作，晚上很郁闷的时候就去外面散步，去唱歌。他一直没有放弃，一直在努力，最终走向了成功。他有一句话很励志，他说：你努力到眼睛出血的程度，上天就会眷顾你，成功就离你不远了。我觉得，在比较消沉的时候，你可以读一读这本书。

第三本是《论语别裁》，南怀瑾老师的书。《解忧杂货店》里有写到，浩介的爸爸在春风得意的时候，看起来是非常好的，又潇洒又体贴又理解孩子，但是他失意的时候，他就完全变了。这令我联想到《论语别裁》里的一句话，我们都知道得意不能忘形，还有一个叫失意不忘形。我觉得这一句话对我的教育意义很大，读了这么多年，这本书我就记住了这一句。所以让我推荐书的时候我就想到了这本书。我们说"半部《论语》治天下"，有用的东西肯定很多，只是那一句话对我的影响比较大。

第四本是经济学的专业书，张维迎老师的《市场的逻辑》。前一段时间张维迎老师和林毅夫老师就"中国该不该有产业政策"这个话题的辩论引起了很大关注。张维迎老师认为，实现创新的唯一途径是经济试验的自由，政府不应该给任何企业、任何行业任何特殊的政策。但是林毅夫老师认为，经济发展需要产业政策才能成功。读《市场的逻辑》的时候，我就会觉得张维迎老师是有慈悲心的。读这本书可以让大家更好地理解市场。

第五本书是柏杨写的《中国人史纲》。这本书语言特别好,当时我读这本书可以用"不眠不休"来形容,我一口气读完才放下,所以我推荐它。

最后一本是李子勋老师的《你在为谁而活》。这本书有个很好的点就是,它跟我们今天的话题特别契合。因为每个人成长的过程中都会遇到心灵的问题,李子勋老师有个非常重要的观点就是:你所有的忧虑,你所有心里的担忧都是正常的,每个人都会有烦恼。当你怀疑自己的时候,觉得自己一无是处的时候,觉得被周围所有的人抛弃的时候,觉得生无可恋、前程渺茫、事业也做得不好、特别灰心丧气的时候,这本书会告诉你:所有的这一切都是正常的,每个人都会遇到这种情况。

# 潘中伟老师分享《理想国》

2018 年 10 月 30 日

 **嘉宾名片**

潘中伟,郑州大学公共管理学院教授,哲学博士,博士生导师,河南省青年社科理论"百优人才",河南省青年骨干教师。

 **书目介绍**

《理想国》是古希腊哲学家柏拉图的集大成之作。这本书以正义问题为主线,内容几乎涵盖后世哲学探讨的所有问题,历来是西方哲学、政治学研究的必读之书,也是了解西方文化的一个重要窗口。

**嘉宾分享**

西方文明,可以称为两希文明,一个是希腊文化,另一个是希伯来文化。虽然哲学史是从希腊的哲学家泰勒斯开始,但是截至现在我们看到的希腊哲学家的著作,大部分都是以残篇的方式出现的。残篇是怎么回事呢?就是在这个作品存在的时候,后来者在写文章时做了引用。比如泰勒斯曾经说过什么,就有人将某一条摘出来汇集到一起。德国学者第尔斯做了一个汇总,有了残篇。希腊文化里,除了柏拉图的著作,其他的作品基本上都是残篇,也就是说都没有完整地流传下来。亚里士多德的作品,除了他的逻辑学,在很长一段时间内也失传了,从这一点,可以看出柏拉图的哲学多么重要。那么多哲学家的原著都能丢失,但是柏拉图的著作就能够完整地流传下来,说明大家对他的思想非常重视,所以流传也很广泛。他的著作不仅完整流传下来了,甚至里面还多出来了一些,就是所谓的伪作。

除了希腊文化的直接传承之外,在希腊文明和希伯来文明的融合过程中,柏拉图的哲学也发挥了非常关键的作用。西方文明,在中世纪很长一段时间内都是基督教文明,但是基督教文明中的神学思想其实是新柏拉图主义。从费洛开始,特别是在奥古斯丁时期,哲学主要是以新柏拉图主义为底色的,因此柏拉图对中古世界的影响是毋庸置疑的。近代以来,柏拉图思想也影响深远。比如法国大革命时,人们都说罗伯斯庇尔实际上就是卢梭的一个胳膊,也就是说法国大革命实行的是卢梭提出来的一些思想。但是我们仔细看卢梭的那些东西,尤其是他的《社会契约论》,里面反映的正是柏拉图思想。他对柏拉图的思想太熟悉了,写的时候不自觉地就把它融进自己的作品里。也就是说,柏拉图的思想对卢梭的思想,对法国大革命的思想,对近代西方的政治思想,影响都是十分深远的。所以说两千多年的西方哲学都是柏拉图哲学的一个不断的注脚,在很大的程度上,我觉得这句话还是有它的道理的。

但柏拉图的思想、柏拉图的哲学有很复杂的方面。第一,它的表现形式是对话式。希腊最典型的一种艺术形式就是戏剧,特别是他们的悲剧,以对话的方式呈现,所以它的思想不是很容易把握。我们现在习惯用抽象的概念演绎这种方式,但柏拉图那里基本上不出现这个问题。第二,柏拉图思想涉及面非常广。有关于灵魂不朽的《斐多篇》、关于美学思想的《菲德罗篇》、关于认识论思想的《美诺篇》、关于法学思想的《法律篇》,等等。那么怎样才能走进柏拉图的思想,并系统地把握呢?《理想国》这本书恰恰就能起到这样的作用。《理想国》的主题虽然是从正义开始探讨问题,但是在探讨的过程中,柏拉图的认识论思想、宇宙论思想、法学思想、政治和哲学的思想等,都贯穿其中。

通过读《理想国》这本书,我们对其相关思想之间的关联有更深入的了解。特别是对于今天的教育,现在的学科细化,物理学只研究物理,化学只研究化学,尽管也有交叉学科,但是这些思想之间和我们整体的人的生活有什么样的关联呢?也就是它们自身在生活中是如何关联到一起的,有时候很难把握。柏拉图的《理想国》通过对正义问题的探讨,将认识论、宇宙论、政治学、政治哲学包括哲学的本体论等方面的研究系统地展示出来。为什么我们在生活中需要进行这方面的研究？它和我们关注的问题究竟有什么样的关联？从这个意义上来讲，柏拉图不仅是了解古希腊文明，乃至是整个西方文明的一个钥匙。《理想国》也可以说是了解柏拉图整体思想的一个钥匙，一个很方便、很容易把握的概要性的思想。

 主持人访谈

**主持人：**

正义可以说是贯穿《理想国》的一条主线。有哲学家认为人们之所以行正义，并都不是心甘情愿的，而是为了名和利，是不得已而为之的。您认为，我们行正义是因为正义本身，还是因为正义的报酬和人们对不义的谴责呢？

**潘老师：**

正义这个概念在古希腊属于德行，德行在古希腊一开始没有伦理学的意思，就是笼统地表示一种事物的特长，从苏格拉底开始才把德行变成伦理学问题。人的德行，就是人的特长，就是人之为人的根本。正义是一个总体，包括勇敢，包括节制等，是一个整体。正义问题的探讨，其实就是讲怎样做一个好人。

在柏拉图的《理想国》里，确实有人提出这个问题，人要想做个好人，可能并不是为了做好人而做好人。有两种情况：一是做好人能有好处，俗话说好人有好报；二是害怕做坏人，害怕做坏事的惩罚。我个人认为对大多数人来讲，做一个好人，可能的确是从这两个角度来考虑的。做好人可能将来有个好结果，可以名利双收，或者说之所以不想做坏人，是因为做不了坏人，或者说做坏人，害怕将来受到惩罚。柏拉图讲，为正义而正义的人是极少数的，这也正是学习哲学的一个原因。因为只有通过学习哲学，我们才知道正义本身才是值得追求的，而不是说因为它所带来的后果，也不是因为我们害怕惩罚才愿意做。所以说，在我看来，为正义而正义的人是极少数的，这更加显示出道德高尚的人的可贵之处。

潘中伟老师分享《理想国》

**主持人：**

我们中国俗语中还有一句"好人不长命，祸害遗千年"。书中有一个问题在于，正义的生活究竟是幸福的，还是不幸的。我们可能在生活中也看到有些人行不义之事也能享福作乐。那在您看来，正义生活能否带给我们更多的幸福？

**潘老师：**

这要看你对幸福的理解，是怎么界定幸福的？柏拉图讲的幸福是因德行而幸福，有道德就是幸福。但是从亚里士多德的角度来讲，他不会否认有其他的幸福，比如说荣誉、地位、财富，但是这些都没有德行带来的幸福感大。柏拉图则更为严格一些，他讲的幸福是一种心灵的健康和谐，就是在智慧的统辖下具备节制、勇敢等德行。从柏拉图的角度来说，正义一定是能够带来幸福的，因为一个和谐的灵魂，一个有理性的灵魂，在处理事情处理问题的时候，就会深思熟虑，而且还肯定会设定并达到一个最好的目标。不义的人看起来是作威作福，拥有金山银山，在柏拉图看来这样的人未必幸福。这可以从以下两个角度来理解。

一方面，这些人内心肯定是欲望占主导，因为欲壑难填。追求欲望的过程中，如果不能得到满足，内心始终在煎熬。就像叔本华讲的，人生在满足和无聊之间来回摆动。欲望实现不了会受煎熬，欲望实现了之后又会觉得很无聊。柏拉图认为，如果内心始终是在欲望煎熬中度过的，智慧不占主导，欲望占主导，激情占主导，你的心灵肯定不和谐，那么你很难心灵健康。

另一方面，一个不健康的灵魂，他最终也一定不会有什么好报。因为利令智昏，他在处理问题看待问题的时候，容易走火入魔，容易出现偏差。对于一个城邦来说，如果每个人都为自己的利益打算，大概也不可能做到真正的团结，那这个城邦肯定是一盘散沙，也不可能是真正有力量的。所以柏拉图说，正义一定能够带来幸福，不正义一定带来不幸福。后来其他思想家提出了不同的意见，比如康德认为一个有德行、有道德的人，肯定不是以追求个人的幸福为目标。比如做好事为了有好报的，不能说是有德行没德行。举个例子，比如说开店童叟无欺，谁来都公平买卖，这样的人不见得是一个道德高尚的人，因为他是为自己的利益考虑，他是想用这种方式让自己的生意越做越大。如果我们把幸福界定为一种追求利益的满足、一种愉快的话，其实做一个有德行的人，要做出很大的牺牲，可能要牺牲自己的利益，牺牲自己的快乐，牺牲很多的东西，可能给自身带来的未必就是幸福。但是在另外一个意义上来讲，一个正义的人也未必就是不幸的，只不过不能以给肉体带来愉快、给自己带来好处衡量道德这种概念，同时也不意味着一个有道德的人就必须要孤苦伶仃，这也不符合康德、柏拉图的看法。所以好人、正义的人，是不以幸福作为衡量标准的，但是他也不排斥幸福这种东西。

**主持人：**

《理想国》是柏拉图创作的哲学著作。书中写道，哲学家由城邦倾注心血培养，培养成功之后，哲学家在道义上应该回馈国家，就是说哲学家要走下神坛、屈尊现世，为政治服务。无论是从哲学家的培养，还是培养成之后的被委以统治国家的重任，可能哲学本身并不是最终目的。那我们可否认为，哲学其实并不是《理想国》探讨的核心内容，而是实现理想国的手段和途径呢？

**潘老师：**

我不这样认为。尽管很多人可能会认为柏拉图就是为政治服务的，有很多教科书讲柏拉图是站在反动的奴隶主立场上的。但是，我认为城邦培养哲学家，这是柏拉图在理想城邦里所设想的情况。也就是说，不是哲学家需要城邦来培养他，而是城邦认为哲学非常重要，哲学家是以认识真理为目标的。柏拉图在理想国里就有一个洞穴喻，人被束缚在一个洞穴的深处，根本看不到太阳，看不到阳光，看不到真正的现实事物是什么。当走出洞穴的时候，他发现这样的一个朗朗的晴空，看到真实事物，就不愿意再回到那个阴暗的看不到真实事物的洞穴里去了。哲学家也是这样。哲学家是以探讨真理为目标，因此，让哲学家搞政治，其实就是说对于走出洞穴的人你再把他拉进去。对于城邦来讲，哲学又是非常重要的，这就需要哲学家成为政治家，也就是所谓的哲学王。所以他们设计了圈套，我来培养你，然后邀请你回来当这样一个哲学王，从而来管理这个城邦，你又不能不回来，因为哲学家，是认识真理的人，又是一个正义的人，借人家东西不能够不还，因为你是受我们培养的，所以你现在就得回来反馈我。从这个角度来说，不是哲学需要政治,而是政治需要哲学。所以我不认为哲学是要有目的的,是需要为政治服务的。

另外,从柏拉图的这个意义上来讲,此生此世的现世生活实际上意义不是很大,他关注的是永恒的理念,关注的是永恒的时间。所以说他在《美诺篇》《斐多篇》里讲我们这样一个有肉体的人,一个现实的人,活着在很大程度上就是个负担。为什么就是负担呢?因为我们在这个世界上活着,我们就有很多的需求,因为有需求,大家都想要一个东西,就会有争斗,有战争等。包括你也会受身体的限制,这些问题影响了你认识真理。对于柏拉图来讲,认识真理是最重要的,现实的世俗生活,并不是非常重要的。哲学是他探讨的主线,哲学才是他的主题,所谓的理想国、理想城邦,只不过是在哲学的论证过程中发现什么是正义的一个途径。

**主持人:**
潘老师能否给大家讲一下,《理想国》中的一些理论对于我们的现实意义?

**潘老师:**
从我阅读《理想国》的感受来讲,我想给大家分享两点。

第一点,我认为我们每一个人都应该学一些哲学。因为《理想国》讲的道理,展开的情境,其实是在说我们在日常生活中,我们始终处于一个选择状态:这样的事我该不该做?这样的生活我值不值得过?但是我们如何去抉择,就需要有一个标准,如果这个标准不明确的话,我们很难保证自己能够选择一个正确的道路、一个好的生活方式,使自己成为一个好人,使自己的生活成为好生活。举一个例子,很多的观念,我们日常生活中接触到的时候觉得没有问题,但是实际上它的理论很有问题。比如从小家长、老师就告诉我们不要说谎,但是后来发现我们不得不说谎。成语"望梅止渴"中,曹操也要说谎话,不说谎话鼓舞不了士气,那么他说谎话对不对呢?这时我们感到很困惑,我觉得这个时候就需要有哲学的辨析,所以,从个人的角度来说,学点哲学对我们是有帮助的。

第二点,我想谈政治和哲学的关系,就是不要对哲学寄期望太高。柏拉图的《理想国》一直因乌托邦闻名于世,有人就觉得柏拉图讲得可能根本就实现不了,比如讲共产共妻,难道柏拉图就这么愚蠢吗?罗素曾经说过,从来就只有愚蠢的哲学,从来就没有愚蠢的哲学家,更何况像柏拉图这种人。其实他非常清楚这个问题,他在《理想国》中也谈到,说现在讲的正义或者不正义,并没有想能够把它完完全全地实现,只是提出一个样板。因此,我们在看待哲学和政治问题的时候,不要认为哲学理论提出的问题必须去原原本本地在现实世界实现。可是,从另外一个角度讲,政治也离不开哲学,因为政治的核心就是如何实现正义,如何实现一个正义的国家的善治。如果没有目标,一个国家也无法评定好不好,好到了哪种程度,以及它哪些地方需要怎么改进。如果一个政治家心里没有这样一个目标,那他不可能成为政治家,充其量是个唯利是图的政客。一个政治家和一个政客的区别就是他是有标准的,这是有无哲学的区别。

## 书目推荐

康德的《历史理性批判文集》,集中反映了康德的历史哲学、政治哲学思想,比较容易理解,而且文笔非常优美。这本书非常重要地体现出哲学的重要性。实践需要一定的理念来指引,但是也不能认为理念就一定会有期望的结果,需要我们积极地努力创造条件,尽量发挥能动性,使这个世界变得更好,而这个应该说是康德政治哲学思想和历史哲学思想的一个典型的问题。

第二本是卢梭的《社会契约论》。传统的中国社会都讲家国天下、君臣父子,这里其实有一种比喻,就是讲君臣关系。卢梭在这本书中认为,二者其实根本就是不可比的,这根本就不是一码事,一个国家的权力基础不应该是建立在像家庭这样情感基础之上的,它另有来源。所以我特别想推荐同学们读一读《社会契约论》,让大家知道公共权力究竟应该建立在什么样的基础之上,什么样的公共权力才是值得我们认可的,才是一个稳固的、可靠的、有益的公共权力。

第三本是卢梭的《论人类不平等的起源和基础》。该书最核心的问题是在讲,人之所以为人最根本的是什么,可以启发人们去思考何谓人的本性,思考人类的不平等问题。人和动物的不同就在于人有自由意志,因此自由意志就是衡量一切平等和不平等的标准。作者不否认我们由于自然的原因造成的不平等,但是从自由意志这方面讲,大家都是一样的。也正因为如此,社会应当建立在自由意志的基础之上,而不是建立在人与人不平等的基础之上。

第四本是《乌合之众:大众心理学研究》,是大众心理学的开山之作。这本书研究了一种现象,一个人平时好像非常有理智、有理性,做事情非常周到、规范,但是在一个群体事件里面,他的智商就下降为零,做了很多疯狂的事情。为什么会发生这种情况,这就是勒庞所要研究的问题。这本书也许能帮我们理解这个社会到底是怎么回事,启发我们思考群体性事件中非理性现象的原因。

最后一本是《古文观止》,吴楚才、吴调侯选编的版本。《古文观止》选的是一些文笔、思想性都非常好的文章,汇集了古文的精华。我相信对《古文观止》的反复阅读,有利于提升我们对中国传统文化的理解,提升我们的美感,提高我们的语言表达能力、文字写作能力和审美能力。

# 元成方老师分享《行者无疆》

2018 年 11 月 9 日

 **嘉宾名片**

元成方,郑州大学土木工程学院副教授,工程博士,博士后,高级工程师,硕士生导师。

 **书目介绍**

《行者无疆》记录了中国著名当代文化学者余秋雨先生在欧洲 26 个国家、96 个城市旅程中的全部感受,是一部考察西方文明的随笔集。

**嘉宾分享**

今天想要跟大家分享的这本书,是余秋雨的《行者无疆》。余秋雨是非常有名的文学家、散文家。《行者无疆》是十多年前,余秋雨亲赴欧洲,花了大概 6 个月的时间,游历了 26 个国家、96 座城市,从意大利开始由南向北,到北欧,至冰岛结束的一个贯穿欧洲大陆的旅行记录。它记录了作者在路上的一些感悟,对文化对宗教等的思考。很多人都说去欧洲旅行的时候,除了护照之外必须带这本书。我认为"行者无疆"这个题目非常好。咱们中国有句老话,"读万卷书,不如行万里路",但是我觉得这个话,放到今天可以稍微修改一下,叫"读万卷书,亦行万里路,行者无疆"。

余秋雨写这本书,是他亲自到欧洲,用脚步丈量每一寸土地,然后记录下他的所见所闻。这也正是我特别喜欢余秋雨的一个原因。我觉得他和其他作家不太一样的地方,就是他实地去考察了。有一个作家在其书的序言中写道,说他想逃离象牙塔,因为多年的写作经验让他觉得自己已经脱离了现实,所以他主张文人就是要逃离象牙塔,到历史中去,到现实当中去,去感受历史和正在经历的变化。

余秋雨以散文这种形式有效地传播了他的所见所闻,这是我很佩服的一点。余秋雨除了《行者无疆》外,还有一本《千年一叹》。《千年一叹》考察了波斯、埃及还有阿拉伯等这些地方的文明,这些地方实际上处在较为动荡的地带,在这些地方,远没有在欧洲香榭丽舍大街上喝一杯咖啡惬意。所以说我们要从象牙塔里面走出来,像余秋雨一样,像一个行者一样,去认识一些真实的、有别于我们传统认识的东西,以获得不一样的感受。

关于亲身体验和道听途说的区别,我举个例子。在《行者无疆》这本书里面,有一个章节我很喜欢,叫"马赛鱼汤"。马赛鱼汤是非常有名的一道地方菜,但是他真正品尝以后才发现,马赛鱼汤根本是又咸又苦,跟色、香、味完全不沾边。这就需要亲身去体验,才能获得直观真实的体验,而非道听途说。

《行者无疆》这本书是余秋雨对自己的欧洲之行的记录与思考。为了让大家更好地理解欧洲,我想结合我自己在欧洲旅行的经历讲一讲,并谈一谈我在旅途中的一些见闻和思考。

2017 年暑假,我用一个月的时间,到中欧的一些国家去走了走、看了看,收获颇多。说几个比较有代表性的地方。我第一站去的是波兰。说到波兰就不得不提华沙,到华沙之后,我首先去了老城。华沙的老城,在第二次世界大战中已经被完全毁灭,现在所看到的华沙老城是第二次世界大战之后,完全按照旧的设计图纸复原起来的。非常有名的居里夫人故居就在这里。

我去的第一个地方就是居里夫人故居,这里和余秋雨所描述的伯尔尼的爱因斯坦故居,带给我的感触是非常相似的,就是特别朴素,特别不起眼,没有很明显的标识。走进去之后,我非常激动,因为这样一个科学巨匠改变了世界的格局,可以说没有她的重大研究突破,就没有后来核武器的产生。我走在居里夫人故居里,就在想,说不定当年居里夫人就曾经在这个阳台上,欣赏这个街道上的风光。这里一共三层,一层、二层是展览,三层没有对游人开放,还有一些居里夫人曾经用过的实验器材,这些器材在我们今天来看是非常简陋的,但是它们不妨碍居里夫人有这样历史性重大的突破。还有一些居里夫人参加国际学术会议时的照片,有一张照片非常有名,合影上的这些人可以说是占据了世界物理学的半壁江山,甚至这些人的名字都已经是一些物理学的单位了,我看到以后非常激动。

我想这就是一个名人故居,她的生平、她的研究经历、她的生活经历,所带给我的一种震撼、一种敬畏。

第二站就是克拉克夫。我想这个名字在座的老师和同学可能会陌生一点,但是我再说一个电影,大家就会恍然大悟了,就是《辛德勒的名单》,获得第66届奥斯卡金像奖最佳影片。克拉克夫在波兰就相当于西安在中国的地位,城中有一个高耸的建筑,是克拉克夫老城广场的一个教堂,非常有名。电影的拍摄场地就在波兰的母亲河——维斯瓦尔河的对岸。我还见到了纪念电影《辛德勒的名单》的纪念碑,它通过展板等形式,把第二次世界大战时期克拉克夫的历史,包括犹太人的历史,以时间为线索串联了起来。其实那天不仅圆了我一个电影梦,也让我对第二次世界大战,对犹太人的历史和他们的遭遇有了一个更加深刻的认识。克拉克夫在我的旅行中,是有针对性地游览的,给我的感受不仅在电影层面,更包括对历史印象的加深,给我带来很强烈的心理上的冲击。

接下来我去了捷克。提到捷克,我相信大家一定会想到布拉格广场。布拉格的查理大桥非常有名,建造于14世纪,是历代捷克国王加冕的必经之路。当从桥面上经过的时候,你可以想象当年的捷克国王和波西米亚王国国王从这个桥上经过是一种何等的气势。这个桥可以说是一个露天的巴洛克艺术的展览馆,有三十名尊者的雕像,每一个尊者背后都有一个美丽的故事,据说触摸它会带来好运。从查理大桥穿过,它的尽头就是非常有名的圣维特大教堂。圣维特大教堂是捷克的皇家教堂,我不懂宗教,所以说很少进教堂里面,但是那天我仅仅看它的外观就被这座教堂折服了。这是一座美丽的建筑,是典型的哥特式建筑,美得令人震撼。这一站给我带来了一种很不一样的感受,令人难忘的地方就是历史、建筑。

之后我去了奥地利的维也纳。哈布斯堡王朝将军欧根亲王的宫殿,实际上是维也纳最有名的两座宫殿之一,现在变成了博物馆。进门的地方有非常多的雕塑,欧洲的雕塑和中国的雕塑风格不太一样,非常写实。在博物馆里,我印象很深的是奥地利著名画家克里姆特的一个作品,叫 KISS,非常有名。这个博物馆卖得最多的就是以这幅画为背景创作的周边产品。我还见到了两幅莫奈的画,当时我看到莫奈的作品时特别激动,因为我家电视背景墙就有这两幅画,当我终于看到真品时,那种激动之情真是难以言表。维也纳给我的最大的冲击或者最大的感受,就是艺术和建筑,反而不是音乐。

接下来我去了瑞士的苏黎世和卢塞恩。苏黎世大家肯定非常熟悉,卢塞恩可能相对来说陌生一点。去卢塞恩必须要看的一座雕像,就是狮子像,也是被美国著名作家马克·吐温评价为最感伤最感人的狮子。这个狮子到底象征着什么呢?这里有一段历史,其实这段历史在《行者无疆》当中也提到了,就是关于瑞士雇佣兵的故事。我们都知道今天的瑞士是一个中立国家,但是在历史上,瑞士是欧洲派出雇佣军最多的国家,在 16 世纪法国人革命的时候,欧洲 700 多名雇佣军,为了保护法国国王路易十六全部战死,这个狮子就是为了纪念这 700 多名军官而雕刻的。它是反对战争、宣扬和平的一个信号。瑞士在经历了这些苦难之后,才逐渐形成了今天这样一个中立国家。在卢塞恩,这座狮子像带给我的是一种关于历史的体验。

大名鼎鼎的苏黎世大学,是爱因斯坦的母校,就在一条马路旁边,连一个标识都没有,可以随意进出,也没有因为它是爱因斯坦的母校而大肆宣扬爱因斯坦,我甚至连爱因斯坦的雕像和简介都没有看到。其实我们常说"腹有诗书气自华",就是这个道理。学校的底蕴往往不需要大肆宣扬,不需要浓妆艳抹来粉饰,它承载了这么多的辉煌历史,我们走近之后自然地就会被震撼。我想这就是教育所带给我的思考和体会。

最后一站,我来到了德国斯图加特。这个城市在德国不是很有名,它最出名的就是梅赛德斯-奔驰的总部,因为我对汽车工业比较感兴趣,所以特意参观了梅赛德斯-奔驰博物馆。这个博物馆绝对不单单介绍汽车技术,更多的是介绍汽车发展的历史,它的工业底蕴带给我的震撼很强烈。我觉得德国汽车工业能站在汽车工业的巅峰,是有它的道理的。他们经过了技术上的沉淀和创新,才逐步树立了这样一个全球认可的品牌,这是工业发展的一个非常生动的案例。

再回到之前的话题,不管是余秋雨的《行者无疆》,还是我自己的欧洲之行,都启发我们要走出象牙塔,到实地里去考察,亲身经历才能获得不一样的感受。很多国家元首来中国,都要体验的是什么?高铁。这不是作秀,欧洲大部分国家还是以大巴和火车为主,他们的交通,尤其是高速铁路远远不如我们发达。我们不能妄自尊大,但是也不能妄自菲薄。很多东西不是通过其他的媒介和渠道所能感受得到的,必须亲自经历过,才会有一个非常直观的了解。我觉得作为一个作家也是一样的,他不去亲身感受,怎么能创作出打动人心的作品,怎么去进行有效的传播呢?

我们通过读书,比如《行者无疆》,我们在书中跟随着余秋雨走过了26个国家,通过他的眼睛去见识如此奇妙的风光与西方文化。我也建议大家从繁重的生活或者学习当中走出去,到别的地方去旅行,换一个环境去游览壮丽山河,欣赏城市风景,让自己的身心放松下来。希望大家也可以做一个"行者",用眼睛去观察世界,用脚步去丈量四方。

 **主持人访谈**

**主持人:**

这些年流行的说法是"世界那么大,我想去看看""生活不只有眼前的苟且,还有诗和远方"。但其实也有人会说,你眼前的苟且都还没有苟且成功,你凭什么去看远方?对于这两种生活方式,元老师更赞同哪一种呢?

**元老师:**

其实这个答案就在这句话里面,大家再把这句话回味一下,"生活不只有眼前的苟且,还有诗和远方"。它并没有否认眼前的苟且,它强调的是诗和远方。我本身是从事水泥混凝土研究,搞建筑材料的。2016年的时候,我去阿联酋旅游,发了一张风景照配的就是类似的一句话:生活不只有水泥和混凝土,还有诗和远方。其实这两者是不能分离的,是相辅相成、缺一不可的。因为眼前的苟且,其实是我们的谋生技能,是我们的物质基础、经济基础,这需要我们现在在校园里通过读万卷书来实现。那么诗和远方,实际上是我们的情怀、兴趣、眼界,它却要行万里路来实现。所以说这二者是缺一不可的。

**主持人：**

我在读《行者无疆》这本书的时候，有一句话一直不是特别理解，余秋雨先生在书中写道："拼命抢救无用的东西是人类最大的悲哀"。您可以解释一下这句话吗？

**元老师：**

我通过另外一个事来回答这个问题。《千年一叹》阐述了很多文明，包括两河文明、古埃及文明、波斯文明等。最后得出一个结论，只有中华文明是从来不曾中断过的，这个可能从侧面来回答这个问题。"有朋自远方来，不亦乐乎"，2000多年前的意思，放到今天我们也懂，这就是中华文化最美的地方，从来不曾断层。余秋雨作品的一大贡献，就是提醒各个国家的政府，警示大家，要保护和拯救文化。

### 书目推荐

第一本是《鲁迅杂文集》。鲁迅的文章对于现实、对于今天的我们和我们的社会还是很有价值的。其实鲁迅的作品被当成教科书学习的时候，大家往往忽视了作品中的信息和一些文学技巧。我认为鲁迅的书，年龄越大，越能读出其中的味道。

第二本是《平凡的世界》，茅盾文学奖的获奖作品。它是一幅反映中国农村巨大社会变革的历史画卷，不管是普通读者还是文化学者，对它的评价都非常高。我认认真真地读过《平凡的世界》两遍，因为我本身在陕西待过十年时间，是半个陕西人，所以我对《平凡的世界》理解得更深。

还有就是我刚才反复提到的《千年一叹》，大家可以把它作为《行者无疆》的姊妹篇结合着去看。

另外是一本比较小众的书，马未都的《醉文明》。我最早知道马未都，是通过《百家讲坛》节目了解的。这本书主要讲的是文物收藏，文物中所隐藏的文明。我们只有了解文物所承载的历史和文化价值，才能更好地传承文明。在有了一定的背景知识之后，我们对历史和传统文化的敬畏感会油然而生。什么叫爱国？我觉得爱咱们的历史，爱咱们的传统文化，就是爱国。

最后是一本是《恰同学少年》,这本书特别适合同学们读,是非常激扬青春的一本书。它讲了毛泽东、萧子升、蔡和森等这些青年才俊的奋斗史,其实对老师也很有意义,它不光阐述了学生应该怎么学,其实还告诉我们老师应当怎么去教。

# 刘宏志老师分享《天龙八部》

2018 年 11 月 14 日

### 嘉宾名片

刘宏志，郑州大学文学院副教授，文学博士，硕士生导师，河南省作家协会理事。

### 书目介绍

《天龙八部》是中国现代作家金庸创作的长篇武侠小说。全书主旨为"无人不冤，有情皆孽"，作品风格宏伟悲壮，是一部写尽人性、悲剧色彩浓厚的史诗巨著。

### 嘉宾分享

首先，我想简单地介绍一下金庸的江湖地位，然后再来谈《天龙八部》这本书。金庸先生的去世，对你们这一代人与对我们这一代人，所带来的感觉和冲击估计是不大一样的。

有一句话说得特别好，"正在成长的时代遇到了正在成长的我们"。我们正在成长的时候，国家正好改革开放，然后遇到了这样一些书。金庸就是其中的佼佼者，在以前那个没有电视和网络的时代，金庸笔下的边塞、江南、大漠、中原，这些丰富的想象构建起一个武侠世界，给我们带来很大的影响。

金庸的小说，严格来说属于类型文学，而类型文学一般就是通俗小说。

像网络小说、玄幻小说、穿越小说、言情小说,都是分类型的。一般情况下一旦分类型就是通俗文学,而通常意义上我们又认定严肃文学的地位高于通俗文学。通俗小说即便在当时有很大的影响力、很畅销,但是严肃文学作家,也可以很骄傲地对通俗文学作家说"我看不起你"。然后通俗作家只能认真思考一下,说"我也看不起我自己"。这是文学史的认定问题。

《天龙八部》里面硬伤其实也有很多。作者写作的时候考虑得并没那么周全,所以一般来说通俗文学难登大雅之堂,类型小说也很难成为经典。但是,我觉得金庸有可能成为例外。

如何评价金庸呢?我个人的观点是,就文本来论文本。论文本,不能因人而异。不能说这个作家人品没达到哪个高度,我们就不把他的作品经典化。这有点儿像当年莫言获得诺贝尔文学奖,国内也有很多人批评莫言,说莫言凭什么获得诺贝尔文学奖,诺贝尔文学奖应该给那种有批判立场的人。但是我觉得,我们都是要生活的,包括金庸,我们终究都是俗人,关键要看作品。

金庸的作品有两个很大的特点。一是专武侠,想象力非常丰富,能做到平中见奇。金庸是刚开始写得很平淡,越讲越精彩,平中见奇才是最好的想象力。二是金庸的作品还有很严肃的主张和表达,就像我们今天要谈的《天龙八部》,不是单纯写打打杀杀,讲个故事就完了,而是有目的的。所以金庸的这些作品在未来有很大的可能会被经典化。这是关于金庸作品的一个认定。

我个人认为在金庸的小说里,位列前三名作品的分别是《天龙八部》《鹿鼎记》和《笑傲江湖》。

我认为《天龙八部》故事的内核就是"求不得""努力"和"悲剧"。陈世骧先生评价这个小说叫"无人不冤,有情皆孽",这里所有的"冤"和"孽"其实都是和欲望有关系的。人生在世,大家都免不了有欲望,而在这个小说里,欲望就成了社会的冤孽。书中每个人都不是清白的,每一个人都是有问题的。段正淳,情圣,"人在花丛过,片叶不沾身",身边一群女人想拥有他,都没有成功。鸠摩智,武痴,只想练武,最后一身内功被段誉吸走。慕容复、慕容博想复国,没成。慕容复想做西夏驸马,没成。段延庆想复王位,没成。游坦之喜欢阿紫,阿紫不喜欢他,他不成。阿紫喜欢乔峰,乔峰不喜欢她,她不成。乔峰喜欢阿朱,阿朱被他误杀了,他也不成。阿朱想有父母,最终也没跟父母相见，不成。叶二娘，有儿子，却丢失，找不到，想团聚，不成。叶二娘有一个喜欢的人，叫玄慈，不敢认，也不成。王语嫣想要嫁给慕容复，不成。天山童姥、李秋水都爱无崖子，无崖子爱的是那个石像，后来发现石像是按照李秋水妹妹的样子弄出来的。这其中大家谁也得不到自己想要的，甚至在这里面的小人物，谭公、谭婆、赵钱孙，这三人也在纠缠，你会发现这里面没有干净的人，而且很多求不得。

在这本书里，每一个人都是有欲望的，而且都为了自己的欲望，有追求、有努力地去做一些事情，最后的结果是把自己的欲望推到极致，造成社会的冤孽。小说中的四大恶人，便是四种恶的极致。"恶贯满盈"段延庆，这个人身上有两种恶：一种是对权势的欲望，因为他原来是延庆太子；一种是复仇的欲望，因为他被人害了。所以他有双重欲望，双重欲望在他身上推到极致，构成了"恶贯满盈"。"无恶不作"叶二娘，她身上的欲望也是双重的：一个是情欲得不到满足，喜欢玄慈，但是玄慈不可能娶她；还有一个是复仇的欲望，就是自己的孩子丢失了，找了几十年，依然找不到。这两点使她达到了恶的极致。"凶神恶煞"岳老三，他是对名声的欲望，岳老三老想撬一下叶二娘的位置，想当老二。"穷凶极恶"云中鹤，那是色情的欲望，情欲的欲望。他们把欲望推到了极致，就构成了"恶"。所以你会发现在这部小说里，几乎每一个人都有他自己强烈的欲望，而且都在为了这个欲望去努力，努力的结果就是害了人。所以每一个人都是受害者，每一个人都是加害者，而你害人的时候就是被欲望所驱使。

从这里可以看出这个小说呈现的主题：这个世界就是一张绝望的大网，每个人都在这个绝望的大网里面挣扎。哪怕你是王室贵胄，哪怕你天赋惊人、毅力惊人，但是在命运面前，你只能是被玩弄的对象。没有人能够超脱出来。这个小说的主题呈现出一个关于人生挣扎的命题。

那命运是如此残酷，人在这个世界上应该怎么做？金庸在这个小说里给出了一些答案。我们可以先比较小说里的两组人物，虚竹和段誉是一组，慕容复和乔峰是一组。

虚竹和段誉这两人运气确实非常好。虚竹只是想做个和尚而已，结果最后当了灵鹫宫的宫主，西夏国的驸马，阴差阳错还获得了无崖子一身几十年的功力，然后把逍遥派的手艺学了个遍。虚竹身上有两点，一个是"求而不得"，另一个是"不求而得"。他求而不得的是想做和尚，他不求而得的是功名富贵、权力。段誉也没有太大的人生理想,就想追一个漂亮的女孩子,找到了王语嫣,段誉的人生基本上可以定义为"求而得"。

再看慕容复和乔峰。慕容复是比较悲剧的,慕容复用一个词来形容就是"求不得",他求什么都得不到。他想当西夏国的驸马,想要复大燕国,想要干什么都不成,他是全方位的"求不得",最后疯掉了。乔峰可以说是"求有得也求不得",乔峰很聪明、能干,然后又干得很漂亮,是义薄云天的大英雄。说他"求有得",是他以死来换取辽宋几十年的和平;"求不得",是他误杀了心爱的阿朱姑娘,永远不可能再有了。从这两人的能力上来讲,"南慕容北乔峰"是虚竹和段誉完全没法相提并论的,虚竹、段誉这两人处事方式非常愚钝,但是这二人命运都较为圆满。

这两组人物的命运很有趣,凭什么这两个有能力的人反而落得这样的下场,而两个蠢笨的人反而得到命运的眷顾?在这部小说里面,欲望和冤孽是紧密关联的,那么四大恶人就是追求欲望追求到极致而导致的。段誉、虚竹就是有欲望也追求,但是他们不执着。不执着,保证了他们心性的完善,让他们回头,有能力或者有机会去获得自己想要的东西,获得世界的奖赏。

比如段誉,他最大的理想就是追姑娘,段誉追姑娘的时候,实打实地用心在追,但是他不强求。他追王语嫣时,被天下人传为笑闻。慕容复带王语嫣行走江湖,他像电灯泡一样在后面跟着,他的爱是很纯粹、很无私,甚至喜爱的人让他帮情敌他也帮。段誉最后之所以能够得到这个奖赏,和他的觉悟是有关系的,他之前追了那么多女孩儿,却都是他妹妹,他并没有因此灰心丧气,他被王语嫣无视那么久也一直坚持表达很纯粹的感情,一直坚持到最后,他不是非得要死要活地得到,不执着。

虚竹,要说起来他就想当个和尚。他起初是非常坚定的,在清醒的状态之下,天山童姥打他骂他,喂他吃肉,肉即使再香,他也不吃,很有决心的,结果稀里糊涂地破了色戒。正常情况下,如果说我人生最大的理想就是当和尚,你要不让我当和尚我就死去,我就自杀去。可是虚竹不是,虚竹说:"这梦姑也不错啊",然后虚竹就当了西夏国的驸马,顺水推舟,很被动地走上了人生的巅峰。他不追求,不执着,顺其自然地生活。

再来看一下慕容复和乔峰。慕容复这个人,他太执着,他人生唯一的理想就是光复大燕。慕容复其实是个极其可怜的孩子,他一出生就被赋予了一项使命,"你要光复大燕",这是一项多么艰巨的任务。慕容复人生的宽度就被限制住了,只有这样一种可能,不会有其他可能。

  人其实是很软弱的,人存在在这个世界上,总是要靠两种移情来保证自己内心的平静,一种是顺应性移情,一种是否定性移情。顺应性移情,就是我的人生要获取这些东西,用这些东西来支撑起我人生的意义。否定性移情就是我不是主动地干什么,而是通过反对某一种东西获得自己成长的意义和价值。无论顺应性移情还是否定性移情,走向极致的话,都会让人陷于一种精神不完善、一种癫狂的状态。慕容复的家人已经把他存在的唯一价值规定为光复大燕,这个孩子就这样一步步长大,处处优秀,但他的心理是不健康的,他的精神是残缺的。所以,我们就可以理解,为什么虽然王语嫣对慕容复一往情深,而慕容复却随时可以牺牲王语嫣。因为在他心里面光复大燕是始终不可取代的,为了光复大燕,他什么都可以失去,甚至是性命。他悲剧的根源就在于他太过于执着。

  乔峰很大的一个悲剧是他犯了嗔戒。他的养父养母被他亲爹杀死了,他的师傅被他亲爹杀死了,他要找这个大恶人。他根据他得到的消息推断这个大恶人应该是段正淳。这时候阿朱知道自己的父亲是段正淳,她不想让自己的爱人杀了自己的爹,然后她自己乔装成了段正淳,被乔峰误杀。乔峰打死了阿朱姑娘,是嗔,过于强烈的嗔怒破坏了他内心的平静,导致他一步步地犯下大错。其实他去找师傅的时候,他应该是找一个和尚的,那个和尚告诉他应该放下这些,但是他听不下去。当时乔峰如果能放下这些,和阿朱姑娘纵马塞外,那也是幸福的人生。但是他放不下,太执着,结果酿成悲剧。

  从这两组人物的对比中可以看到,对欲望的过于执着是悲剧的根源,冤孽来源于过于强烈的执念。在这部小说里,如果想有一个好下场的话,一个很重要的人物特质,不是需要你多么聪明,多么能干,而是不要太执着。《天龙八部》说"无人不冤,有情皆孽",到最后,其实是"云淡风轻,冤孽散去"。但这靠的是什么?靠的是无执。执着的人要么死了,比如说乔峰;要么疯了,比如说慕容复。段誉、虚竹本来就不执着,所以段誉、虚竹在这个世界上是无害的。之所以最后"云淡风轻",靠的就是大家放下执念。无执可以实现人生的平静,不会再造出冤孽。

  这种"无执"在金庸的很多小说里都有体现。

《射雕英雄传》中，郭靖是蠢笨的，但是郭靖最后练成了降龙十八掌，是武林中的绝顶高手。郭靖知进退，他去练武，愿意学，执着地去练，但又不偏执。郭靖和黄蓉遇到了洪七公，黄蓉变着法给洪七公做饭吃，让洪七公教郭靖降龙十八掌，洪七公原计划教他三掌，最后十八掌全教了。后来又正好碰到欧阳克赶了一堆毒蛇过来，洪七公就弄了一套的暗器手法来破毒蛇。洪七公跟郭靖、黄蓉说我教你们吧。黄蓉很高兴地说："好啊！"郭靖却说不学了。郭靖觉得再学有取巧的嫌疑，占人家便宜，这一套掌法，够他学了。从这可以看出，郭靖知进退，不偏执。

另一个典型的人物是《倚天屠龙记》里的张无忌。张无忌发现前明教教主留下的乾坤大挪移，人家一辈子练到第六层，张无忌一天一夜的时间练到第七层。他练到第七层，结果最后十九句，练不成。咱们一般人会怎么办呢？"科学有险阻，苦战能过关。"有这么好的机会能练好这个功夫，把剩下的一点一起突破了，出去纵横天下多好。张无忌说："不练了，我已经很幸运了，练到第七层，很满足了。"书中后来交代，最后十九句是前任教主设想出来的。所以这十九句应该是他想错了，根本就不正确。如果张无忌坚持练下去的话，他肯定要走火入魔而死。张无忌在懵懂无知之中，在生死边缘走了一遭，安然度过还练了一身绝世功夫。他如果稍有那么一点贪和痴，那他就出不来了，就死那儿了。

《笑傲江湖》里的令狐冲也不是一个偏执的人。这个人喜欢喝喝酒、赌赌钱，虽然喜欢岳灵珊，但是小师妹移情别恋，搞得他失魂落魄，但他也没有寻死觅活。任盈盈来个美人计，他来个将计就计，两人就在一起了。他如果对岳灵珊执着难忘的话，他哪里还有那么多的人生奇遇？

这个世界上有很多东西是一个概率的问题，你努力之后获得成功的概率会大一点，但是如果命运真的要造化弄人的话，你再努力都跑不掉的。那在这种情况之下，我们该怎么办？我们无法控制世界，但我们可以控制自己，让自己心境平和。

《天龙八部》里面的虚竹和段誉，之所以做到了世俗意义上的成功，就是因为他们做到了"无执"。但需要强调的是，所谓的"无执"不是"无为"，不是不做事情。不要把"无执"理解为就是佛系地躺在家里什么都不干，玩玩手机吃吃饭，人生就过得很圆满。"无执"是做而不执着，是不要太过执着于结果。一句话，真正的"无执"是拿得起、放得下，做事情要像段誉追女孩子一样努力地去追,像段誉对待恋爱的结果一样懂得放手。

 主持人访谈

**主持人:**

"侠之大者,为国为民。"您是怎么看待金庸的"侠"的精神的?

**刘老师:**

"侠"这个概念,我并没有做过专门的探索和研究,也没有专门从词源学和考古学的角度对"侠"这个概念进行一个历史的梳理。但是看历史书,我们至少知道"侠"在过去可能也不是一个特别好的词。像《史记·游侠列传》里面郭解那些人,一方面做了一些为人民服务的好事,另一方面做的事情也是为了个人私利。现代武侠小说中,梁羽生开了先河,"侠"一定要在武之前,强调侠义精神。金庸在《神雕侠侣》里面,借郭靖之口提出了"侠之大者,为国为民"。但是金庸笔下的那些人也只有郭靖一个人算"侠之大者,为国为民",乔峰其实多多少少还有这种精神,但是像段誉、杨过、张无忌等,他们身上都没有这种"侠之大者"的精神。我没有做过专门的词源学考察,但是我想,金庸提出"侠之大者,为国为民",很有积极意义,至少给我们提出一种正面的东西,告诉我们真正有价值的"侠"不是飞檐走壁,打打杀杀,而是一种更大的人生意义,这才是真正有价值的事情。

**主持人:**

《天龙八部》和《水浒传》都可称得上侠义小说的典型代表作品,两部作品都同时塑造了众多英雄人物形象。《水浒传》中的一百单八将,《天龙八部》中也有近一百位的英雄好汉。想请问刘老师,金庸先生笔下的《天龙八部》在塑造人物方面上,与传统的武侠小说有什么异同?

**刘老师:**

两部作品的共同点,不论是古代的武侠还是今天的武侠,一个重要的地方就是快意恩仇,笑傲江湖。现实生活中,我们面对一些人和事,可能难免遭受委屈,心中不快却又难以反击。但是,武侠讲究快意恩仇、江湖道义,为人们虚构了一个美好而畅意的世界。这个可能就是这种小说很吸引读者的地方。

但是金庸笔下的"侠"和《水浒传》里面的人物不同。《水浒传》里的人物从作家的角度来看,还是一种封建传统的观念。所以仔细来看《水浒传》中的这些人,其实都不是好人。武松血溅鸳鸯楼杀了多少人?蒋门神、西门庆和武松有仇,那他家的丫鬟妇女和武松有什么关系呢?李逵更是杀人如麻。这和那个时代的价值观念是有关联的,它没有我们今天人人平等的观念。但是金庸在其作品中介入了现代的价值观,像令狐冲、张无忌、杨过这些人,他们不乱杀人,不杀好人,不杀普通人。

金庸笔下的侠都是"现代的侠",比如说,在古代一个人是可以娶很多个老婆的,但是金庸笔下的侠,张无忌一直在赵敏和周芷若之间犹豫徘徊,也就是只能和一个人相爱。其实金庸武侠小说的精神中,体现了尊重人,尊重女性,强调人人平等,尊重普通民众,这是金庸先生的武侠小说与古代侠义文学作品的最大不同。

 **书目推荐**

考虑到同学们的不同兴趣,推荐五本不同类型的书。

第一本书是《通往奴役之路》。它是自由主义思想家哈耶克的著作,作者曾获得诺贝尔经济学奖,对思想研究感兴趣的同学可以看看这本书。

第二本书是金观涛、刘青峰夫妇的《兴盛与危机:论中国社会的超稳定结构》。金观涛和刘青峰夫妇提出了关于中国历史的一些很重要的观点,喜欢历史的同学可以看一下,也许能解开同学们关于中国历史的疑惑或者提升认知。

第三本书是《爱默生随笔》,这是很著名的一本书。《爱默生随笔》是谈论一些人生的话题,像平等、爱情等,特别适合同学们。正处在形成人生观的时候,读一下爱默生关于人生的思考,有一天你会突然发现你可能对之前困惑的问题恍然大悟了。

第四本书是《不能承受的生命之轻》。这本书里有很多昆德拉对生活的思考和理解,我觉得很好。其实前几年这本书也是"网红书",很出名。我们会这样说"某人遭遇了生命中不能承受之轻"。其实很多书的名字已经被用到我们的日常语言中,再比如刘震云的《一地鸡毛》,有时我们会说现在青年教师的生活是一地鸡毛。

  最后一本是《格调》。这本书是我上研究生时期读过的一本书,已经很多年了,但是我印象一直很深刻。它谈论的是社会的等级和生活贫困,从你的外表、形象到分析你是什么样的人,所以这是本很有趣、很好玩的书。

# 黄霞老师分享《黄河青山》

2018 年 12 月 7 日

### 嘉宾名片

黄霞,郑州大学材料科学与工程学院副教授,工学博士。曾游学北美数载,喜读书,并以文字会友。主业:格物致知,以研究生物医用材料为生,并讲授物性课程以抛砖引玉,匍匐而为后生之前途。

### 书目介绍

《黄河青山》是《万历十五年》作者黄仁宇先生的回忆录,自述生平经历与学术研究经验,并具有小说叙述技巧。该书是一部眼光非凡的"大历史",传递了作者脱胎于悠久文化的壮阔史观。

### 嘉宾分享

打开《黄河青山》,你只看到一次接着一次的失败。

全书一开始,就是黄仁宇的恋爱失败经历。然后,他开始讲自己选择人生道路的失败。1937 年,他是南开大学电机系的二年级学生,听到日军入侵,不顾父亲的反对,毅然决定投笔从戎。

20 世纪 30 年代,大学生当兵是一件极其稀有的事情。这种爱国热情当然值得肯定,可是从历史角度来看,他放弃工程师生涯,选择加入军队,等于选择了失败的人生。

加入国民党军以后,他也没有上战场,而是被送到成都中央军校,大部分时间都在练习踢正步,三年后出来时,抗日战争已经接近尾声。他作为军官被派到云南前线,可是日军临时放弃进攻云南,导致他连续几个月驻守在大山里,无所事事。这时,他开始体会到理想与现实的巨大差距。

战争的最后阶段,黄仁宇的部队开赴缅甸,终于与日军正面作战了。可是,他在书中一笔带过那些"光辉经历",比如,被日军狙击手击中大腿,差点丧命,或者给全国第一大报——《大公报》当战地记者,后来出了一本《缅北之战》。

日军投降后,内战开始,他始终不受重用,最后还被怀疑可能叛变。调查表明他是清白的,但他最终还是被强制退役。既然成了平民,大陆和台湾都回不了,黄仁宇只好来到美国,以 34 岁的"高龄"重新进入大学读本科。他有过各种各样的打工经历。博士毕业后,依靠老师余英时的帮忙,他才在纽约州一所师范类大学找到了一个教职。可是,一所美国地方大学,会有多少学生对中国古代史的课程感兴趣呢? 更糟糕的是,1979 年,校方通知黄仁宇,他被解聘了。那时,他已经 61 岁了。解聘以后,他找不到工作。于是生活品质急剧下降。

直到《万历十五年》出版,在中国引起轰动,黄仁宇的经济状况才开始逐步改善。自传也就写到这个地方。

我们不禁要问,为什么黄仁宇只强调自己的人生失败,他想说明什么? 大多数自传都在自我美化,你何时见过,有人执意要把自己塑造为"失败者(Loser)",还写成 500 页的传记,一定要让后人记住这一点?

我联想到了《万历十五年》,里面一共写了六个人物——万历皇帝、申时行、张居正、海瑞、戚继光、李贽,他们也全部失败了。事实上,《万历十五年》的主题就是,中国作为一个整体的失败。它的结尾是这样的:当一个人口众多的国家,个人行动全凭儒家简单粗浅而又无法固定的原则所限制,而法律又缺乏创造性,则其社会发展的程度,必然受到限制。即便是宗旨善良,也不能补助技术之不及。1587 年,是为万历十五年,丁亥次岁,表面上似乎是四海升平,无事可记,实际上我们的大明帝国却已经走到了它的尽头。在这个时候,皇帝的励精图治或者宴安耽乐,首辅的独裁或者调和,高级将领的富于创造或者习于苟安,文官的廉洁奉公或者贪污舞弊,思想家的极端进步或者绝对保守,最后的结果,都是无分善恶,统统不能在事业上取得有意的发展,有的身败,有的名裂,还有的人则身败而兼名裂。因此我们的故事只好在这里作悲剧性的结束。万历丁亥年的年鉴,是为历史上一部失败的总记录。

仔细阅读这段话,"最后的结果,都是无分善恶,统统不能在事业上取得有意义的发展",这就是说,失败是不可避免的。《万历十五年》的主题是,中国的失败不可避免,那么《黄河青山》的意思是不是说,黄仁宇个人的失败不可避免?两者之间有什么联系吗?

"我写回忆录不是为了自己,而是为了说明我的背景,为了特定的历史史观。"

显然,黄仁宇在用自传解释他的历史观。《黄河青山》与《万历十五年》实现了多个尺度的平行。黄仁宇从来不吝啬于展现自己的失败和狼狈,为了博取同情吗?他显然不是这样的人,我觉得黄仁宇甚至是一个在人品和人格上都让人非常崇敬的人。史学家的使命,不能太仁慈和善或者具有同情心,史学家的主要任务,是将他对历史的见解与现代读者分享。但历史是有盲点的,史学家是有情感和个性的,现在我们应该明白黄仁宇先生是在用自己的自传注解自己的学术观点,也厘清了大历史的学术脉络,用自己的失败解释历史的失败,用历史的失败指点自己不带情绪负担的前行。

《万历十五年》或许可以帮助我们得出这样的本质:这些失败不足以摧毁人生,而团体、国家的失败,也不足以摧毁一个民族。恰恰相反,这样失败的尝试,唤醒了一个古老的民族去调整机制,并加速了前进的步伐。没有人成功,不表示时代会退缩,文明会退化。自古兴亡多少事,不尽长江滚滚流,时光流逝了,失败翻页了,但是历史的车轮依然滚滚向前,并以一种调整过的步伐和姿态向前。中华民族,就是在这样的一次次失败中,获得新生的血液,完成了许多的不可能,一步步走到今天。而《黄河青山》中写道:"身为历史学家,我有许多人没有的优势,我可以意识到命运的干涉,生命中许多事件的真实意义,由于我们涉入的太深,因此无法自行评估!"黄仁宇一生中无尽的霉运似乎正是一个个体在大时代背景下必经的调试之路,中国的问题大于上述人士努力的总和,上述不同阶段的失败必须被视为阶段的调试,以达成一致的终点。

鲁迅的小说沉痛而哀伤地刻画着社会矛盾与文化差距。是的,生在大历史中,有社会正义,我们必须思索该怎么办。起初作者或许认为拿破仑可以解决中国的问题,后来发现不是,他对战争瞬间热情消退,这时他恰好得到了一个软梯,体面撤退,作者对这一撤退,一直不安,使得他非常执着地把自己的命运放置在大历史中思考,让自己释怀,这是一个中国知识分子的文化良知与责任感使然。作者觉得他的人生是失败的合集,而我却觉得他成功地整合了时代的许多失败的尝试,他的人生已经不足以用成败评价。

经历了种种失败,获得了失败的总和。在老去时回首曾经的失败,平静地说我懂了,各种失败大于努力的总和,失败不是无功的,也不是止步不前,而是积累和努力没有达到临界值,没有克服最大静摩擦力。黄先生说他的一生积累了可观的失败,这些失败何尝不是财富!

黄仁宇说他开始创作这本书,的确是在反复抱怨生命中的许多不公平,但渐渐地,他平静下来,不再使用此书诉说平生不如意,而是用自己失败的人生和思考实现了人生轨迹与学术脉络的无缝对接,以一个普通人的血肉与热情完成了一个史学家的使命,这也许就是《黄河青山》的写作目的。

无论如何,黄仁宇把自己活成一个现象,或者说是一个传奇,他的一生有很多巧合和趣事,这种巧合甚至贯穿生死。人生就是这么吊诡:他想当一名工程师,却走向战场成了一名军人;即将成为一名将军时,却又走进书斋,成为一名学者;当他学术思想趋近成熟,不厌其烦地甄别筛选,将历史的复杂纵切面整理成经验公式,找到治学的技术力量,并经历数次阵痛,产下学术结晶,该获得丰收时,却被雇佣方以业绩平平而遣散;遣散后陷入生活、学术、精神的几重重压与折磨中,陷入无比的困境时,他的作品相继出版,而后竟然一夜成名,名扬天下,《万历十五年》一经问世就洛阳纸贵。从此以后,他的每一本书都成了畅销读物,有人崇拜他,还筹办了"黄学研究会",并申请创办《黄学研究》学术丛刊。

黄仁宇是一个史学家,一个有使命感又浪漫的人,他强调数字与技术处理,认为大明公司的歇业是因为技术的落后。描述自己的家庭生活,寥寥数语,道尽贫贱夫妻的心曲。他说,我就是在那里认识了格尔,我相信许多事情是命中注定,而相对于丈夫的生产力而言,妻子的牺牲与付出值得赞赏,"我创作时使得格尔几个星期都无法使用餐桌,而最拮据时,我们不得不动用格尔的存款,在为哈佛的斗米折腰时,格尔为了不影响我,带着杰夫出去玩。她说:每个人都要写书!"

黄仁宇,没有获得那个叫"安"的女孩的爱情,却有了相濡以沫的美国妻子。以黄仁宇的写实手法而言,他不必美化格尔,他书中呈现的所有人物都有非常立体的表述,优点何在,缺点何在,从毛泽东、蒋介石,到费正清、莱特,还有纽普兹大学的几任校长。然而,在黄仁宇最艰难的挣扎期,格尔不停地抱怨,这不公平,并强烈建议,使用法律手段讨回公道!一个年迈而失败的丈夫,失去了赖以生存的薪水,却没被指责叱骂,枕边人就是知己,黄仁宇何其幸哉!这是黄先生生命中最为重要的一个巧合。

黄仁宇是遗世独立的奇侠,是梁羽生笔下的金世遗,是金庸笔下的杨过。他们在俗世中长衣飘飘地走过,只留下一个侠客的传奇!他们都不完美,他们对所谓的完美也不屑一顾,他们都非主流,如杨过对主流不屑一顾,玩弄于股掌之间。黄仁宇与主流对抗,明争暗斗。在形式上,黄先生从来没有赢过,但在大历史的视野中,他没有输过,主流对他的羞辱,他无法以同样的方式还击,但是他评价一个学者时说,他是哈佛人,但是他居然有自己的观点。简单的一句话,道尽黄先生与主流抗争的辛酸!他们的成败已经脱离了传统的评价最大量程,但是他们的人生都跌宕起伏,滋味无穷,尽管这种滋味的主角是孤独!

我们解读《黄河青山》的第一个关键词毫无疑问就是失败。失败几乎是一个技术问题,不是宿命的,那么失败中的非技术环节就是另一个宿命的关键词——巧合。而巧合中技术到非技术层面的转换点,就是一种奇怪的光学效应——衍射。在夫琅禾费衍射中,我们看到了不可思议的结果,而这个结果与原始的主流结论却是一脉相承的。A、B两点发出的波的波程差为波长的整数倍时相干加强,我们应该在人生的末端看到亮区,而两股电磁波波程差不多满足整数倍要求时,看到暗区。可实验结果是,当A、B恰好位于人生的两极时,只有这两点是亮区,A、B两点这段漫长的人生都小于波长的整数倍,都是暗区,这就是失败的衍射效应。

亮区看到暗环,暗区看到亮环,黄仁宇的离奇人生中有无数次巧合,几乎都是种豆得瓜、种瓜得豆,这是各种因素相互作用的总和,让我们看到了奇妙的失败的衍射。而那些明暗相间的夫琅禾费衍射环中,有黄先生的人生理想与奋斗。

黄仁宇是一个学者,是一个有家国情怀、文化良知的知识分子。他热爱自己的民族,也欣赏代表先进技术的西方文明。他是拥抱失败的斗士,他给了我们大历史的视野,我们用这一宽广的视野来洞察人类,有多少个黄仁宇在战斗,他们要战斗多少年?

黄仁宇在学界的孤单,所面对的学术偏见,让我想起了《杀死一只知更鸟》中的阿迪克斯。他说:"真正的勇敢是,在行动之前就知道要失败,但还是要行动,不管怎样,要进行到底。你往往失败,但有时候你也能取得胜利。失败不能成为不去行动的原因,失败也并不意味着我们所做的努力都没有意义。"黄仁宇用面对失败的态度诠释了勇敢,这是一种中庸、克制、理性的人格,当整个世界都说你是错的时,你仍然有自己的标准,知道什么是对,什么是错。阿迪克斯是律师界的黄仁宇!

我不得不说黄仁宇先生的一生满是巧合,前提是他积累了足够多的失败,才能衍射出如此多的巧合。他因为海明威的作品否定了自己的小说梦,却在不经意间,成了海明威笔下的一个经典人物——圣地亚哥。圣地亚哥和黄仁宇都是华发将军,他们都有一片望不到边际的大海,收纳着他们的梦想、战斗、失败与人生。黄仁宇把自己活成了老人与海的加长版,他是史学界的圣地亚哥,而圣地亚哥就是一个捕鱼的黄仁宇。圣地亚哥说:人不是为失败而生。黄仁宇说:当我们的失败大于努力的总和时,失败是无法避免的,但这种无法避免却不是命定的悲剧。

圣地亚哥说:搏斗,直到战死,每样东西都会杀死别的东西。黄仁宇说:如果你经历了种种失败,年老时才能平静地接受命运,体会其中的必然,然后静静地等待隧道尽头开始展现一丝曙光,证明那些企图逆转命运的举动并非徒劳无功的,一切自有内在的因果。圣地亚哥的目光横扫海面时,明白自己此刻是多么孤独,可是他其实知道,在海上,谁都不会孤独!圣地亚哥说,我想得到希望。他杀死一条鱼是为了自尊心。而黄仁宇几乎被自尊心杀死。一个人能做出多大努力,能坚持多久,海明威把这个问题抛给了圣地亚哥,而黄仁宇用《黄河青山》给出了这个问题的答案,能活多久,能失败多少次,能在多大的范围内接纳失败,你能允许自己的失败到何种程度。

黄仁宇在他的作品中给了我们一个答案,我们每个人都走在重写和修正自己不完整的自传的过程中。过去必须重新投射于现在崭新的前景中,而现在却时不时地在变换中,既然如此,一个民族和国家悠久的历史怎么可能始终不修正呢?据此来看,我的人生和在座各位的人生也是一个动态过程,我们需要不断地改写和修正自己,提升自我。你们的"黄河青山"开始写了吗?你们积累了多少素材?

主持人访谈

**主持人：**

文中讲到黄仁宇青少年时的梦想是成为拿破仑，我很好奇老师您年少时有什么梦想呢？

**黄老师：**

我的梦想也是一个失败的例子。我们这代人，小的时候因为大环境的植入，梦想都是当科学家、当医生，我的梦想也是当科学家。因为我妈妈是一个理工女，在她的高压政策之下，我就觉得我有必要修正一下我的梦想，但是这个修正的范围也没有办法脱离我认识的局限性，所以我就给我的这个科学家的梦想附加了一个否定选项，就是就算当不了科学家，也绝对不当老师。现在我是一个科研工作者，而且我还是一个老师，但是我惊奇地发现，当我站在讲台上之后，我觉得我喜欢当老师，我喜欢面对学生，站在讲台上的时候，我会感觉到我的使命感。

**主持人：**

黄仁宇先生在60多岁时完成了这本自传，但是据我们所知，黄仁宇先生之后20多年在历史研究方面非常成功，完成了包括《万历十五年》这本著作。为什么黄仁宇先生没有把自己很成功的这20多年写成一本自传，而是这么早地写完了人生，而且发表得非常晚？

**黄老师：**

我觉得黄仁宇无论怎么解读失败，怎么平静地接纳自己失败，怎么来用失败的总和解读人生，他对自己的学术研究始终怀有坚定的信心和信念，只是他已经疲于自证了。事实上他在书中也说：有几种人要来写自传，一是文人、政客、演员，还有一种是像我这样的平民，我在写自传的时候，我需要向我的妻子申请，牺牲我们生活中的一些隐私。我想为一个平民辩护，不是为了我自己，是为了我的史学观。他实在太疲惫了，他甚至判定他在有生之年不可能跟那些权威在辩论中取得胜利。这本书写成之后就搁置起来了,一直没有出版,而且他还删掉了大部分的内容,我们看到的只是一部分的内容。我觉得黄仁宇的遗憾和艰辛,是他心中的一个阴影。他实在是太疲倦了,他不想再争辩,他相信学术沉淀,也相信历史,也相信后来之人。

金庸的信念就是"他强任他强,清风拂山岗;他横任他横,明月照大江。"你们可以封杀我,你们可以不接受我,但是你们能打败清风明月吗?我就是清风明月,不屑于再跟你们争斗。

**主持人:**

您为什么选择分享《黄河青山》,而不是《万历十五年》呢?

**黄老师:**

我觉得《万历十五年》这部书虽然很精彩,但它创造的不是一种史学的观点。黄仁宇的写作手法、注释方法,使距离我们很多年的历史,有了肌理和纹路,有了温度和生命力,而这也正是其他史学家质疑的一点。那些质疑让人非常愤怒,黄仁宇会根据历史背景揣测当时这个人的心情神态、仪态,然后一些史学家就说,你看见了吗?如果要这样治学的话,历史就没有办法推动了。我觉得对于黄仁宇这种生动的笔法,受益良多的人是当年明月。《明朝那些事儿》一下火了,大家对它没有严格的要求,因为它是小说。《明朝那些事儿》中,当年明月都是揣测一个历史人物,他阐述了多少人,我们都没有意见,我觉得这绝对不是不严谨,而是因为历史是一个骨架,我们要把它丰富起来。

打个比方说,《万历十五年》这个鸡蛋如此好吃,我们都想去认识这个作者,这个作者的自画像可能就是《黄河青山》,但这样的解读又太肤浅了。我觉得《黄河青山》本来就不是一本普通的自传,黄仁宇在书中提自己提得非常少。《黄河青山》几乎就是《万历十五年》的一个注解,二者是平行的,互相渗透的。所以如果你读过《万历十五年》,就请读一读《黄河青山》;如果你还没有读过《万历十五年》,也可以先读一读《黄河青山》。

**书目推荐**

第一本是《杀死一只知更鸟》。这本书内容非常积极健康,是我非常喜欢的一本书。

第二本书是《质数的孤独》。它是80后理工男写的一本书,出版之后立刻畅销。阅读的时候,瞬间就会把你带离阅读的舒适区,非常难受。一个孤独的人,从小就痛苦,从小就孤独,一个至死孤独的人,他可能是一个天才的数学家,但他却非常自虐,虐到别人无法想象的地步,他甚至有自闭症,而这个自闭症并不是因为他生下来就不健康,而是因为他小的时候无法释怀的一件事情。一个人的孤独是不是一种孤独?这本书对孤独有一种最痛苦、最淋漓尽致的表述,值得一看!

第三本书是鲁迅的《伤逝》。

第四本是木心的《文学回忆录》,非常值得读,而且你值得拥有,为什么呢?因为这是木心留给世界的"礼物",很长很长的书,上、下册两本。

第五本是《时间与黑洞的弯曲》,可以帮助我们了解一下科幻的知识,如虫洞、引力波等。因为我们需要技术整合自己的人生,得有一点技术储备。

# 赵艳花老师分享《简·爱》

2019 年 10 月 11 日

## 嘉宾名片

赵艳花,郑州大学文学院副教授,文学博士,硕士生导师,郑州大学青年骨干教师,河南省教学标兵。2017—2019 年,被国家汉语国际推广领导小组办公室选派到美国南伊利诺伊大学卡本代尔分校担任中文教师。

## 书目介绍

《简·爱》是英国女作家夏洛蒂·勃朗特创作的长篇小说,是一部具有自传色彩的作品。小说成功地塑造了一位敢爱敢恨、敢于反抗,追求人格平等的知识女性形象,已被公认为女性文学的代表作品。

## 嘉宾分享

我完整地阅读这本书是在大学期间。哥特式的环境,充满悬念的情节,主人公之间曲折动人的爱情,让我读得废寝忘食。简·爱的反抗精神和坚强勇敢给我留下了深刻印象。

童年时期,她反抗舅母及其子女们的歧视和虐待;在洛伍德慈善学校,她反抗虚伪冷酷的学监。虽然生活条件很艰苦,在海伦的陪伴和谭波尔小姐的引导下,她勤奋学习,成绩优异,后来还担任了教师的职位;在桑菲尔德府,她爱上了自己的主人罗切斯特,尝到了爱情的滋味,却在结婚当天得知罗切斯特还有一个合法妻子,就是阁楼里囚禁着的那个疯女人。罗切斯特恳求她做自己的情人,她反抗这种没有婚姻的爱情,断然拒绝。离开了桑菲尔德府,她流浪甚至乞讨,差点死掉,侥幸被后来证实是自己表兄妹的好心人搭救收留。之后,她继承了叔叔的两万英镑遗产,和三个表兄妹平分,拒绝了表兄约翰的求婚,因为她反抗没有爱情的婚姻。最后,简·爱内心感受到罗切斯特的呼唤,回到桑菲尔德府,发现罗切斯特的疯妻子伯莎一把火将桑菲尔德府烧成废墟,自己也死在火灾中。罗切斯特右手残疾,双目失明,但简·爱坚持和罗切斯特结婚,最终获得幸福。

　　读完这部小说,简·爱的形象很长时间盘绕在我的脑海中。也正是由于对《简·爱》这样的外国作品的喜爱,我在读研读博时选择了比较文学与世界文学这个专业。实际上,这部小说我后来又读过很多遍,因为个人阅历的逐渐丰富,我对简·爱这一形象有了更为深入的理解。

　　第一,简·爱经济上和精神上的独立。有读者将简·爱比作丑小鸭,简·爱是不是丑小鸭呢?简·爱和丑小鸭一样都长相普通,但丑小鸭出身高贵,它什么都不用做,只要长大就能自然成为白天鹅的一员。而简·爱出身并不高贵,父母双亡,她如何从一个无依无靠的孤女,变成一个独立自主的女性?即使没有那五千英镑的遗产,即使最后她不是罗切斯特夫人,她仍然有可能依靠做教师这一职业来谋生。她如何做到这一点?答案是读书。她在里德府就很喜欢读书,到洛伍德学校更是勤奋学习。在19世纪的英国,女性求学和就业的机会还是很有限的,但简·爱自强不息,通过读书,通过获得知识改变了自己的命运。简·爱拥有的人生资本绝对比我们少,她经历的人生苦难肯定比我们多,她能成为一个在经济上独立自主的女性,付出了比我们多得多的努力。这很让我钦佩。

　　也有读者将《简·爱》这部小说解读为一个灰姑娘的故事。那么简·爱是灰姑娘吗?简·爱和灰姑娘开始都生活凄苦,最后与比自己社会等级高很多的男性结为夫妻。但灰姑娘拥有让王子惊为天人的美丽容貌,只要能穿上水晶鞋就能获得爱情与幸福。简·爱长相普通,瘦小苍白,她靠什么获得罗切斯特的青睐?靠的是内在的精神力量。我们一再强调罗切斯特和简·爱的差距,但忘了一点,他们的差距主要在财富、地位等外在层面,他们之所以能够相爱,是因为精神上的相互吸引。他们性情相投,心意契合,都很有精力、决心和意志,很直爽,不喜欢被规则束缚,厌恶庸俗的人和事。比如他们对阿黛尔的态度、对英格拉姆小姐的态度基本一致,讨厌她们的虚荣浅薄、喜欢卖弄等。还有,灰姑娘是被动的,英雄救美的童话故事里,公主们都是被动等待王子的解救,比如白雪公主、睡美人都是这样。在灰姑娘的故事中,如果没有王子,灰姑娘永远是灰姑娘。而简·爱不像公主们那样等待被解救,对于罗切斯特来说,她是解救者。她是身体上的解救者,从着火的床上救了罗切斯特一命;她更是精神上的解救者,在遇到她之前,罗切斯特过着充满痛苦和毫无希望的生活,是简·爱的清新健康、毫无尘埃和污点,让他改邪归正,催他新生。小说结尾,桑菲尔德庄园被烧,罗切斯特双眼失明,右手残疾,一蹶不振,又是简·爱回到他身边,成为他的眼睛和依靠,让他复活,获得幸福。

在现代社会,女性获得经济独立比较容易,但经济上独立了,能不能保证女性精神上的独立呢?不一定。在社会上,有很多女性还有灰姑娘心态,她们幻想着某一天有个王子骑着白马,或者有个霸道总裁开着宝马来到她们身边。如果问她们,你们凭什么能吸引来骑白马的王子、开宝马的霸道总裁呢?她们说,凭我们长得漂亮。实际上,一个花瓶再好看,摆在那儿久了也会因为审美疲劳而被视若无睹的。像前几年流行的电视剧《微微一笑很倾城》和前段时间流行的电视剧《亲爱的,热爱的》,女观众们都羡慕贝微微和佟年的幸运,但都忘了一点,她们不是花瓶,是学霸,自己本身就是独立、积极、有力量的。罗切斯特为什么不选择富有而美丽的英格拉姆小姐,而选择了贫穷且长相一般的简·爱呢?不是因为简·爱需要他,而是他需要简·爱。罗切斯特不需要英格拉姆小姐的财富和美貌,他需要的是独立高尚的简·爱能将他从堕落无望的生活中解救出来。

所以,女性想获得真正的爱情,不要总想着"我如何需要他",所以他必须爱我,而是"我如何让他需要我",从而让他爱上我。也就是我们首先得有被爱的资本,才会获得被爱的可能。

第二,简·爱在爱情和婚姻上能够坚持自己的原则。人面对爱情和婚姻时,特别是女性,很难做到客观理性,不妥协,不委曲求全。但简·爱做到了。首先,简·爱拒绝了没有婚姻的爱情。当简·爱知道罗切斯特有合法妻子时,没有任何犹豫,当机立断决定离开。这时候罗切斯特给出一个解决方案:他可以给简·爱真挚的爱情,当然也能给她坚实的物质保障,但简·爱只能做他的情人。虽然简·爱内心很挣扎,难以割舍对罗切斯特的爱情,但她还是拒绝了。我对小说中的一个细节印象非常深刻。当时罗切斯特说,他们在一起不会损害到任何人,因为简·爱无亲又无友。简·爱却说:"我自己在乎我自己。越孤单,越无亲无友,越无人依靠,我越是要尊重自己。"坚守道德和法律原则,不是为了别人,而是为了自己的内心。

后来,简·爱离开桑菲尔德府,恍惚中把行李落在马车上,流落到一个小镇,找不到合适的工作,没有钱买吃的,不得不挨家挨户乞讨,在冷风苦雨、饥寒交迫的时候昏倒在地。这时会让读者对她的选择产生质疑:回去,除了名分什么都有;离开,什么都没有。为了所谓的原则,简·爱又是何苦呢?但简·爱没有回头,她那么落魄,甚至险些丧命,但从不后悔自己的选择,这种自尊自爱的品格非常难得。

另外,她也拒绝了没有爱情的婚姻。约翰向简·爱求婚,你们想一下,他是自己的救命恩人,长相英俊,你认同他从事的事业,你钦佩他为了完成自己事业表现出来的决心和意志。他说他希望你和他一起从事这项事业,他要你做他的妻子。但有一点,你知道他并不爱你,他之所以需要你,只是因为你非常合适做他的助手。你会怎么选择呢?简·爱再一次选择了拒绝。她同意陪约翰一起去印度传教,但不愿意成为他的妻子,因为她不爱约翰。

这是简·爱的两次反抗。在面对爱情和婚姻的时候,她非常理性,婚姻没有爱情不行,爱情没有婚姻也不行。她想要的是爱情和婚姻合二为一,虽然做出选择很艰难,但她最后达到了自己想达到的状态。

第三,随着年龄的增长我对小说的理解有了新的层面。年轻的时候,我很喜欢简·爱的敢爱敢恨,她的反抗读起来很过瘾。随着年龄增长,我越来越重视小说的另一个层面——和解。

首先是简·爱和舅母的和解。对舅母,当年的那个简·爱满心都是恨,而后来的简·爱逐渐化解了恨,宽恕了舅母对自己所做的一切。作者有意通过简·爱这种以德报怨的行为来表现她的善良宽容。实际上这一点也突出了小说的隐性主题——和解。这部小说采用的是回忆叙事,是已经和罗切斯特结婚十年后的简·爱对自己之前生活经历的回忆。通过简·爱的叙述,我们既能知道当年简·爱的所作所为、所思所想,也能看到更加成熟的简·爱对当年那个简·爱所作所为、所思所想的评价。

小时候的简·爱跟舅母大吵一架以后,起初对自己的胜利沾沾自喜。后来的简·爱用了两个比喻来形容接下来的感受。第一个是将当时的自己比作着了火的小树丛,气势汹汹,光焰四射,吞没一切,但火灭以后却成为乌黑的焦土。第二个是报复的滋味就像美酒一样,刚喝下的时候暖和和、香喷喷,事后的回味却又涩又辣,像喝毒药一样。这说明,成熟后的简·爱认为,内心的愤怒和怨恨如果以某种极端的方式发泄出来,不仅会伤害你愤怒和怨恨的对象,同时也会伤害你自己。

简·爱后来在舅母去世前赶去看望,用爱化解了仇恨,这是她和舅母之间的和解,更是她与自己的和解。实际上她认同了在洛伍德学校的朋友海伦的观点:"我觉得生命太短促了,不值得把它花费在怀恨和记仇上。"最能克服仇恨的并不是暴力,最有把握治好创伤的也不是报复。主人公经历所有的苦难,只有结束了对过去的仇恨,才能获得圆满的幸福。

其次是小说中对两性的和解。很多年来,我们一直强调《简·爱》这部小说如何对传统观念形成了挑战,但实际上,这部小说对传统观念的挑战并不彻底。有的学者甚至说,如果小说前半部分中的简·爱是一个大写的女性,到了小说即将结尾的时候则变成了一个小女人,住在与世隔绝的环境里,满足于相夫教子的平静生活。实际上小说的后半部分是非常具有戏剧性的,深想起来有些不符合现实。比如桑菲尔德庄园的大火烧死了伯莎,恰好扫除了简·爱和罗切斯特结合的障碍;简·爱突然得到大笔遗产,而罗切斯特有了残疾,填平了二人之间的鸿沟。

为什么作者会这么处理呢?一方面,现实中的夏洛蒂·勃朗特单恋一位已婚男士,无法与之结合,于是在作品中让简·爱帮助她实现未完成的爱情;另一方面,也是更重要的,作者没有办法完全脱离她所处的时代,最后她给简·爱安排的结局符合了当时的社会规则。在现在看来,这种处理有些保守。但也正是这种保守让我觉得简·爱最后的生活更符合女性生存的常态。

女性解放已经不是一个新话题了,女性主义思想有很多分歧。有相对激进的,强调男权无所不在,如果女性想获得解放,要么以女权统治代替男权统治,要么实行两性对立和隔离。也有相对温和的观点,强调女性解放首先是废止男性单方统治,但最终目的是建立超越权力之争的和谐两性关系。我更推崇比较温和的女性主义。女性独立的目的并不是要和男性为敌,而是要和男性达到相互平等、相互尊重的状态。简·爱最后和罗切斯特的关系基本上达到了这种状态,无论在经济上还是精神上,简·爱和罗切斯特之间都实现了平等。

## 主持人访谈

**主持人:**

您刚才谈到简·爱和罗切斯特的平等存在于精神和经济两个方面,对于现实中的女性而言,您认为经济独立和精神独立哪个更重要呢?

**赵老师:**

经济独立和精神独立都很重要,如果非要选择一个的话,应该是精神独立更重要。经济上独立了,女性就有了底气,就有自信和安全感,当看到自己喜欢的东西的时候,你可以自己拿钱去买,即使感情遭遇挫折的时候,也不用担心自己没有经济来源而委曲求全。但经济独立并不意味着精神独立,精神独立是指要对自己的人生负责,有自己的生活和事业,有主见有勇气,去实现自己的人生目标和人生价值。精神独立的人能做到:你在我身边,我过得很好,你不在我身边,我也能过得很好。一个精神独立的人,哪怕暂时没有经济独立的能力,但仍然可以控制自己的人生,而且她肯定会为自己的精神独立而努力实现经济独立。所以,我觉得精神独立更重要。

**主持人:**

简·爱在和罗切斯特的婚礼上选择毅然决然地离开,她这样选择是否显得有些自私地维持自己内心的秩序,而忽略了对罗切斯特的伤害呢?她为什么会这么选择?

**赵老师:**

为什么简·爱会毅然决然离开?她还有别的选择吗?大家可以想一下,她是在什么时候知道罗切斯特还有一个合法妻子,是在她和罗切斯特的婚礼上。如果她和罗切斯特还是在秘密恋爱阶段,家里的管家仆人都不知情,事情还有转圜余地,但一切都公开了。如果她还留在桑菲尔德府,所有人都知道她的身份不合法,她是罗切斯特的情人。即使罗切斯特带她离开,到另一个地方去,别人不知道,她自己也知道。所以,如果她不能接受做罗切斯特的情人,她没有别的选择,只能离开,即便有悔意,但绝对不会回到罗切斯特身边。

简·爱伤害了罗切斯特是不是自私?需要明确一点,首先是罗切斯特伤害了简·爱。从小说中可以看出来,简·爱是没有任何恋爱经验的,而罗切斯特在这方面相当丰富。他不仅有前妻,在简·爱之前至少有三个情人。他在有合法妻子的前提下,通过约简·爱聊天、利用贝格拉姆小姐激起简·爱的妒意,甚至化装成吉普赛女巫来试探简·爱,主动追求简·爱,让简·爱爱上他。同时,他一直和仆人一起向简·爱隐瞒妻子伯莎的存在,简·爱正面向他求证过多次,他都撒谎骗过了简·爱。他和简·爱的婚姻实际上是不合法的,他安排的所谓婚礼也不过只是欺骗简·爱而已。所以是罗切斯特自私在先,让简·爱在婚礼当天才发现真相,她没有任何其他选择,只能选择离开。

**主持人:**

这部小说的结尾处,作者让简·爱不仅获得了一笔经济上的遗产,也让她和罗切斯特在一起的阻碍都付之一炬。对于这样圆满的结局设计,有评论认为是这部小说的败笔之处,您怎么看呢?

**赵老师:**

关于《简·爱》小说的结尾确实有很多争议。有很多读者包括批评家认为小说过于圆满的结局是个败笔,损害了简·爱的形象。

挪威剧作家易卜生的《玩偶之家》,大家可能也知道,故事背景是19世纪六七十年代的欧洲,女主人公娜拉是个无忧无虑的家庭主妇,她丈夫很爱她,但最后她发现她只不过是丈夫的玩偶,最终选择了离家出走。这部剧表现了娜拉对父权制家庭的反抗,为争取自己作为人的权利而斗争。剧本以娜拉的关门声结束,但娜拉走了以后的生活是什么样的呢?易卜生没有交代。这个剧本20世纪初在中国非常流行,娜拉几乎成为中国知识分子进行思想启蒙的标志性人物,也成了当时激进女性的效仿对象。针对这种情况,鲁迅先生提出了一个世纪命题,那就是"娜拉走后怎样?"他认为,如果口袋里没有钱,没有经济大权,则妇女出走以后也不外乎两种结局:一是回来,二是饿死。只有妇女真正具备了经济独立,参与了社会生活,不把自己局限在小家庭里,不把婚姻当成唯一的职业,才有可能真正获得"解放"和"自由"。娜拉所处的时代能给她提供这些条件吗?不可能的。

再回到简·爱。简·爱如果能找到家庭教师甚至女仆这样的工作,是可以达到经济独立的。但实际上,当时社会提供这样的工作机会也不是很多,大家读小说的时候应该注意到,简·爱在离开桑菲尔德府之后,尝试了很多次都没有找到工作。那么,如果她没有得到约翰兄妹的帮助,她可能就是死路一条。所以我非常认同鲁迅先生的观点,在那样的时代,如果想离家出走,口袋里得有钱,否则,出路很有限。

如果大家觉得简·爱这个过于圆满的结局是个败笔,那么简·爱应该是一个什么样的结局呢?简·爱离开桑菲尔德府,流浪乞讨,最后饿死在陌生人的门前?如果真是这样一个悲剧结局,确实可以加强这部小说的反抗主题,但你们真的愿意看到自己喜欢的女主人公是这种结局吗?不管你们愿意不愿意,作者夏洛蒂·勃朗特是不愿意的。所以,评判一部文学作品的时候,最好把它放回到当时的历史场景当中去。在当时的社会环境中,作者能创造出简·爱这样一个人物已经是对传统的突破了,要求作者完全超越自己所处的时代,有点强求了。

## 书目推荐

首先推荐《鲁迅小说全集》和《鲁迅杂文精选集》。鲁迅是我最推崇的中国作家之一。鲁迅的小说描写了从辛亥革命到五四运动前后中国社会的现实状况,特别是收录在小说集《呐喊》中的作品,塑造了很多生活在病态社会底层不幸的普通人,例如阿Q、孔乙己、祥林嫂等。鲁迅在小说中痛苦地解剖了中国国民麻木冷漠的灵魂,一方面"哀其不幸",另一方面又"怒其不争"。鲁迅的杂文很多,这本杂文选集主要收录了反映中国国民性的经典篇目,可以和小说对读。他的小说和杂文能让我们对中国社会、中国文化有更为深刻的认识,而且对照中国历史和现状,就会发现鲁迅对国民性的认识仍然没有过时。

其次是艾米莉·勃朗特的《呼啸山庄》。读过《简·爱》的同学可能知道,19世纪英国文坛上著名的勃朗特三姐妹,写《简·爱》的夏洛蒂是大姐,艾米莉排行第二,安妮年纪最小。《呼啸山庄》是艾米莉的作品。这部小说在当时没有像《简·爱》那样获得好评和重视,但随着时间的流逝,这部小说在文学史上的地位已经和《简·爱》比肩了。这部小说的情节悬念迭出、离奇曲折,出现了幽灵等超自然的形象,氛围很神秘,甚至是恐怖。虽然《简·爱》里女主人公内心情感非常丰富,但跟这部小说的男主人公希剌克厉夫极端而热烈的情感相比,简·爱已经是很理性了。他那强烈的爱、狂暴的恨以及由此而生的无情的报复,非常惊世骇俗。有意思的是,实际上艾米莉只活了短短的三十年,一生都在几乎与世隔绝的环境中生活,也没有过什么明确的爱情经历,说明这部小说完全出自作者超凡的艺术想象力。

再次是阿尔贝·加缪的《鼠疫》。法国作家阿尔贝·加缪是我非常喜欢的作家,他于1957年获得诺贝尔文学奖。《鼠疫》写的是一个叫奥兰的城市突发鼠疫,与外界隔绝。首先,小说强调面对灾难,没有人能够置身事外,必须将个人的命运和大众的命运合而为一。只有团结起来与灾难抗争,最终才能使所有人获救。其次,作者否定了将希望寄托在上帝身上,等待上帝搭救的被动态度,也否定了所谓的英雄主义和圣人之道,而是提倡每个普通人都应该尽心尽力脚踏实地做好当下的工作。再次,小说没有提供廉价的乐观。抗击鼠疫的过程并不顺利,里厄医生他们努力面对的是"一连串没完没了的失败",但他们并没有因此放弃战斗,仍然想方设法治愈和护理染上鼠疫的人。赶走鼠疫也并非一劳永逸,小说结尾说鼠疫虽然退去,但鼠疫杆菌却从未死亡,它时时都可能再次出现,似乎人类最后的结局永远是失败。这一结论也许是悲观的,但也许正是因为人类的命运令人悲观,才更能衬托出人在困境中的反抗是何等执着与倔强。另外一位法国作家罗曼·罗兰说过"世界上只有一种真正的英雄主义,那就是认清生活真相依旧热爱生活"。加缪通过《鼠疫》告诉我们:世界上只有一种真正的反抗,那就是明知道反抗的结局是失败,但仍然不放弃反抗。我觉得,这种"明知不可为而为之"的富有韧性的精神是现代人最为需要的。

最后是托妮·莫里森的《宠儿》。托妮·莫里森于1993年荣获诺贝尔文学奖,她是第一位获此殊荣的美国黑人作家。小说女主人公塞丝出于深深的母爱,用一种非常极端的方式对奴隶制进行了反抗。为了让她的四个孩子彻底摆脱成为奴隶的悲惨命运,她先用一把手锯亲手杀死了自己刚学会爬的大女儿,在她杀死其他孩子和自己之前,被人阻拦了。小说的中心并不是这一骇人听闻的事件,而是过去的悲惨记忆对人物后来生活的影响。因为始终生活在过去的阴影中,即使奴隶制被废除了,塞丝仍然因为悲伤、内疚、母爱而日日遭受煎熬,使她不能走向真正的幸福。被杀死的孩子阴魂不散,在家里闹鬼,被赶走后,又借别人的身体回到母亲身边,最后神秘地消失。这部小说既批判了美国奴隶制的罪恶,具有历史性,又有很多超自然神秘的描写,具有魔幻色彩。托妮·莫里森通过这部小说表现了她对美国黑人如何真正获得解放的思考。

# 齐秀琳老师分享《不能承受的生命之轻》

2019年10月21日

## 嘉宾名片

齐秀琳，郑州大学商学院教师，经济学博士。研究方向为制度经济学，希望能为理解中国制度提供一家之言。喜读书，喜看电影。

## 书目介绍

《不能承受的生命之轻》是米兰·昆德拉最负盛名的作品之一。小说通过两男两女，以及一条狗的故事，把读者带入永恒轮回、轻与重、灵与肉等问题的思考。它是一部哲理小说，意象繁复，意蕴深远。

## 嘉宾分享

很高兴能有这个机会与大家一起分享《不能承受的生命之轻》这本书。这是昆德拉最有名的一本书，我认为这也是他的著作中最好的一本书，甚至有人说，通过这样一本书，能够将哲理小说直接提升到一个梦幻的高度。不知从什么时候开始，这本书似乎与"文艺青年"这个词联系了起来，"文艺青年"这个词语如今听起来似乎不会让人觉得是一种夸赞。但是如果有人问我最喜欢什么书，这本书必居其一，可能因为个性问题，我不太在乎被标签为文艺青年，无论被赋予什么样的标签，都是身外之物，于我们自身并没有什么本质性联系。我与大多数人一样，发自内心地喜欢这本经典之作，几乎人生的每个阶段我都会翻出来重读一遍,每次都会有不同的感悟与收获。前天我又将这本书看了一遍,意料之中地又让我有了新的发现,探索到了不一样的惊喜。

这本书很像王小波作品的风格,相信很多同学都听过王小波,也有同学很喜欢他。但以个人之见,王小波的小说未必都值得阅读,同学们应该看过一些他的书或一些杂文,喜欢王小波的人很多,但真正喜欢王小波小说的人可能并不多。事实上,换一个角度来思考,我们喜欢米兰·昆德拉,喜欢王小波,都是在喜欢自己,我们在他们的文字中找到了自己的影子,他们的文字表达出了我们自己内心最真实却又无法表达的想法,因而为之着迷。

米兰·昆德拉是我本科时精神生活的重要组成部分。在本科毕业时,我做过一个总结,米兰·昆德拉、海明威、王阳明以及崔健,这几位大师构成了我的整个精神世界,其中昆德拉是对我影响最为深远的一位。比如他从书中教会我:理性第一,无论什么时候都要理性思考问题,要用自己的脑子思考问题。因为读了太多他的书,我从中学到了生活中无法领悟的人生道理与处事方式,以至于到现在我甚至分不清楚,到底是因为我读了太多的米兰·昆德拉才变成现在这个样子,还是我本来就是这个样子?我无法给自己一个明确的回答,但我知道他已经是我身体的一部分了。

接下来聊一聊这本书。实际上这本书的主题非常简单,就是它的书名本身。在日常学习与生活中,我们感觉到不能承受的往往不是"轻",而是"重"。在生活中,我们会面对各种各样的约束,承担着各种各样的压力,我们总认为自己能战胜压力。每当这个时候我们会想咬牙扛过去,认为坚持下去就好了,但事实真是如此吗?可能并不是。同学们都经历过高考,相信大家在高中学习到疲惫不堪的时候都想过,等考上大学就雨过天晴了,就会无拘无束没有压力了。那么现在是否无拘无束,是否没有压力,是否一切都雨过天晴了呢?这个问题很像叔本华曾经讲的,人生其实就是在两个端点徘徊,一端是痛苦,那么另一端是快乐吗?非也,另一端必然是空虚。你很努力地得到了一个自己想到的结果,会发现,在兴奋几天过后,接踵而来的是落寞与空虚。那么痛苦和空虚哪一个更令人难受呢?叔本华认为空虚更难受,在我的理解中,其实空虚就是"轻"。当然,"重"让我们不堪重负,甚觉疲惫;而"轻",可能会让我们更加落寞与迷茫,这就是"不能承受的生命之轻"的含义。

## 齐秀琳老师分享《不能承受的生命之轻》

在这本书中,作者描述的是两个男人、两个女人,以及一条狗的故事。今天我想通过分析讲解书中的人物,分享我对这本书的个人见解与思考。

先从主人公托马斯说起。托马斯实际上是一个情场浪子,也就是现在所称的"渣男",但难得的是这个渣男有他自己的哲学基础:万花丛中过,片叶不沾身。他在内心深处认为自己不应当承担任何责任,实际上他的行为就是在逃避一切的"重"。但后来因为特蕾莎的出现,托马斯做出了一个重大而又痛苦的改变——与她生活在一起并对她负责。我还记得书中有这样一个情节,特蕾莎为了让托马斯摆脱他的旧情人,便与托马斯一同迁往苏黎世生活。后来他的腿受了伤,而特蕾莎又在耳边无休止的争风吃醋,托马斯便独身一人回到了布拉格。刚回去的时候,托马斯甚觉自由与兴奋,但没过几天,他就异常沮丧与空虚,然后灰溜溜地又回到苏黎世,回到特蕾莎身边去了。如此风流浪子,在遇到特蕾莎之后,再也没有办法像过去一样保持心理上非常轻盈的状态了。过去他无法承担负责的"重",而这个时候他已经无法承受离开特蕾莎后空虚的"轻"了。

书中有一个情节非常有趣。苏联入侵布拉格之后,抓了很多政治犯,当地知识分子联合签字,要求政府当局释放这些政治犯。这时候有个人找到托马斯,让托马斯签字请愿,这件事或许并没有太大的危险性,但是托马斯并没有签字。对于这件事大家看法不一,有人认为他依然不愿意承担责任,缺乏承担责任的勇气,并且拒绝签字实际上是一种畏缩的表现。大家换位思考一下,如果你是托马斯,签了字之后可能马上就身家性命不保,那么选择不签字是必然的。从经济学角度分析,这就是比较理性的选择,也衬托出托马斯是一个有原则的人。

在这本书里,我认为托马斯是必死无疑的。他在自己的整个生活中,一直在对抗虚空,一直处于从"轻"向"重"转化的过程。但是对于人来说,什么是最重的呢?是死亡。在书中,昆德拉将托马斯的处事方式描绘得极具媚俗,而昆德拉本身一直在批判这种媚俗,这就使得托马斯处于赞扬与批判的双重矛盾作用下,人物形象显得尤为鲜艳与生动。

再说说特蕾莎。前几天我与一位朋友聊起了张爱玲,他认为张爱玲书里也有女权主义的想法,张爱玲的女权主义来自张爱玲与母亲之间长期的斗争,也可以说是和母权的斗争。特蕾莎与张爱玲在这一点上非常相似,这本书里描述了她与母亲长期不断的斗争。实际上母亲把特蕾莎当作一个报复世界的工具，母亲并没有殴打特蕾莎，而是施加精神上的影响。比如她说人不过就是一团肉体而已，活在世上毫无意义。因此我们或许可以理解特蕾莎第一次见到托马斯的感觉，仿佛自己的灵魂都要顺着一个个毛细血管往外奔涌，迫不及待地要让托马斯看到，也像船员要立刻冲到甲板上看海上夕阳的那种感觉。这一段最有意思的一点，是比较了肉体和灵魂哪个为"轻"，哪个为"重"，我认为作者想表达的是肉体为"重"，灵魂为"轻"。特蕾莎的母亲从小就悲观地向特蕾莎强调人就是一团肉，人和人的肉体是完全没有差别的，而特蕾莎偏偏注重于灵魂，这实际上也是她们之间的对抗。事实上我认为，对于特蕾莎来说，一种更"轻"或者更虚空的肉体才是真正奇妙的东西，她的生活是一个对抗虚空的过程，也在对抗她所不能承受的"重"。

　　书中的第三个人物是萨宾娜，托马斯的情人。我个人非常喜欢萨宾娜，如果现实中真的有这样一个人存在，我想我一定会去和她交朋友。她在书里的状态是不断背叛，并且不断离开。昆德拉说过，一旦开始背叛，那么背叛过程是停不下来的，这种背叛不是左右徘徊，而是一直背叛下去。对于萨宾娜来说，背叛即是在对抗"重"。我还记得书中有这样一个情节，萨宾娜在巴黎的时候，看到一群大学生因为苏联入侵布拉格而上街游行反抗，她本来非常讨厌这种躁乱的游行，也对游行感到恐惧。可当她在巴黎看到其他国家的青年为了祖国领土完整而反抗游行时，她竟感到异常感动与震撼，于是她一反往常地加入了游行队伍。但是当她加入游行队伍之后才发现自己做不到，她无法跟上大学生的步调，也无法像年轻人一样大喊口号，于是只能默默地退下来。因为她又突然觉得这种游行毫无意义，在她心里，这是"轻"的东西，所以萨宾娜也算是在对抗她所"不能承受的生命之轻"。

　　最后一个人是弗兰茨，弗兰茨是这本书中几乎被我们所遗忘的一个角色。如果说萨宾娜是我最喜欢的角色，那么弗兰茨必定是我最不喜欢的。原因在于，他无论是职业、性格还是为人处世的方式都与我十分相像，他是一位一直待在书屋里的学者，每天做的是一些所谓虚空的事物。米兰·昆德拉在书中说得很明白，他之所以会被萨宾娜吸引，是因为他爱的就是萨宾娜背后苦难的祖国，是萨宾娜身后沉重的现实。他自己被虚空包围，因而容易被现实吸引。关于弗兰茨的死亡，米兰·昆德拉撰写得非常滑稽。他逝世在亚洲，死在了与几个街头小流氓的搏斗中，当时他完全有机会和体力可以逃跑，但他觉得萨宾娜在看着他，在等待着他胜利，他不能被打趴下，为了他仅存的尊严,继而失去了可贵的生命。

  米兰·昆德拉在书中说,人在很多时候,总是觉得有人在观望着自己,无论是独处还是做事的时候,都会觉得全世界的目光聚焦在自己的身上。还有一些人会觉得无论什么时候,自己在意或者爱的人总在关注着自己的行为。当独自一人时,你觉得身上没有任何目光投射过来,就是一种"轻"的状态,一种虚空的状态;一旦能切身感受到有人将目光放在你身上时,你就会感受到压力,即"重"的状态。实际上这意味着,无论我们有没有认识到,我们都是在对抗"不能承受的生命之轻"。在日常生活中,我们无法接受虚空,无法接受"轻",总觉得有一个"重"的东西压在身上,才能有继续努力前进的动力,比如说全世界的目光或者爱人的目光。

  最后要聊的是一条狗,卡列宁。它是一条非常普通的杂种狗,没有任何高贵的血统,但它在书中的位置非常重要,重要到占了最后一整章——"卡列宁的微笑",描述了卡列宁去世的过程。我最早阅读这本书时,对书中这个章节的安排有些不解。前面的章节一直在讲很多道理,不免有些压抑,而最后讲到卡列宁的微笑时,文风突然变得温柔,处处流露着温情,和前面的写作风格并不搭配。最初我认为这是作者为引人深思,而有意做出的巨大转变,直到第四次阅读时我才逐渐意识到,米兰·昆德拉的意图并非如此。狗与人的一生是不一样的,不论是出于自愿还是被外力所迫,人始终是要往前走的,人生就像一条直线,这条线上意想不到的事情有很多,人唯一的选择,就是从直线的开端走到终点。而在昆德拉的书中,狗的一生像是一个循环往复的过程,循环往复会让我们想到在这篇小说的开篇,尼采说,永恒循环,事物一直在循环发生。循环的具象化就是狗的一生,所以从这个意义上来看,卡列宁或者说狗的一生是非常重要的,它与尼采的思想相互关联了起来。最后一章的标题叫作"卡列宁的微笑",卡列宁为什么会微笑?我认为卡列宁的这种微笑并不是讨好人类的微笑,而是像"人类一思考上帝就发笑"的微笑。大部分人往往觉得上帝是虚幻且毫无意义的,卡列宁思考人类的视角,或许就像人类思考上帝一样,它其实是在笑人类过着一种毫无意义的或者所谓"轻"的生活。正如昆德拉在书中说道,只发生过一次的事情,就等于没有发生过,并且毫无意义。

  最后,关于"轻"或"重",我认为会是一个一直存在的问题,就像人生始终是在痛苦和空虚之间摇摆,在这种摇摆中我们应该如何生活,如何让自己变得快乐和轻松,仍是一个值得深究与探讨的话题。

 **主持人访谈**

**主持人:**

刚刚老师在分享中提到了永恒循环的话题,这是尼采提出的一个命题。作者在书中设置了卡列宁与永恒循环这个话题相照应,您认为人类的一生为什么不同于这种循环往复?

**齐老师:**

卡列宁之所以重要,是因为它代表了与尼采所阐述概念相同的一种生命历程。人生当然不是这样,人生是一条一直往前行走的路线。或许大家会觉得生活每天就是那么几点一线,枯燥乏味。但是我们每天都在这条直线上前进,每走一步都是进步,每个清晨都是一个新的起点。

**主持人:**

关于这本书的名字,大部分同学乍一看都会对书名感到十分不解,在您的理解中,为什么这本书叫《不能承受的生命之轻》?为什么"轻"会不能承受?又会是怎样的"轻"让生命无法承受呢?

**齐老师:**

昆德拉在书里中举了很多关于"轻"的例子,概括起来,"轻"即是人生的一种状态。这种"不能承受的生命之轻",就是我们人类生存的一种根本性的困境。这种困境往往来自曾经发生过且只发生一次的事情,就相当于零或没发生过。人生只能发生一次,所以我们会想,现在所做的事情到底有没有意义。就像到我现在这个年纪,经常会茫然而不知所措,也就是所谓的"中年危机"。尤其是在比较辛苦的时候,我会想再过30年我就60多岁了,60多岁可以圆满退休,不用再为金钱和事业而操劳。人生只有一次,我们现在所经历的事情,所处的人生阶段也只有一次,经历了就不会再有机会去经历第二次。比如在考试之前我们要做大量的复习准备,可能考试后才发现某本书应温习,自己却没有翻开过,但考试已经结束,再去翻那本书对于改变这次考试的成绩也没有任何意义了。久而久之,这些事件的堆积造成的结果,会让我们觉得人生没有意义。而我们恰恰忽略了,在做这些我们认为没有意义的事的时候,往往就是意义最大化的时候。

  人生到底选择什么?是"重"还是"轻"?书中四位主人公都用自己的生命践行了这个命题,他们选择了或"轻"或"重"的生活方式,但每个人的一生都不是完美的,总会出现各种各样的突发状况。那么我们的人生究竟该以怎样的方式存在呢?首先这几个人包括这条狗,他们一生都没有一个所谓最好的结果,这个世界上的大部分人以及狗,都没有也不会达到最理想的生活状态。第二点,如何面对生活中的无意义感或者荒谬感?我想,不论我们面对的方式怎样,人生的意义都需要自己来寻找。从近代开始,我们的国家经历了巨大的苦难,也涌现出众多仁人志士,他们为了拯救这个国家,做出了常人无法想象的牺牲。我们会羡慕他们的生活,觉得他们的一生有意义。但如果让大家重新选择,我想大家肯定还会选择生活在这个和平而安稳的时代。我之前看过一段视频,视频前面的内容是在中国内忧外患的艰苦时代,到处都是战争与尸体,有几个十几岁的孩子扛枪上阵打鬼子,后来都死在了侵略者的枪下,后来镜头切换到新中国成立后人民幸福安康的生活,二者形成了鲜明的对比。看完视频,我陷入了沉思,当初为了国家抛头颅洒热血的那些英雄们,如果他们看到了我们现在所处的和平而繁荣的时代,内心会生出怎样的感慨。如果他们看到我们生活安康,物质充足,却每天在烦恼找不到人生的意义,又会是怎样的感慨。有一句话叫作"艰险我奋进,困乏我多情",可能只有在艰险的时候,在困乏的时候,在遇到挫折的时候,在承受"生命之重"的时候,我们才能更加深刻地体会到生命存在的意义。

  从另外一个角度来思考,回到这本书的主题,人生实际上就是在两个端点徘徊:一个是痛苦,承受"重"时会痛苦;一个是空虚,面对"轻"时会空虚。叔本华认为人类就是这么悲剧,在两个极端的状态下一直徘徊。但我认为人生都是有目标的,每个人都在为自己的人生目标而努力奋斗。因此,如果想将自己从左右徘徊的泥潭中拯救出来,就要活在当下,要重视为实现目标而经历的过程,欣赏沿途每一株花花草草,享受前进的过程,我相信大家的人生都会精彩而斑斓。

书目推荐

第一本是王小波的《黄金时代》。从个人角度,我认为这本书是中国中篇小说中的最佳,每次阅读都有不一样的感动。书中有这样一句话让我记忆犹新,"那一天我21岁,在我一生的黄金时代,我有好多奢望。我想爱,想吃,还想在一瞬间变成天上半明半暗的云"。王小波与其作品都有一种奇怪但透彻的逻辑。

第二本是《海子诗选》。海子是我最喜欢的诗人之一,我曾花费过一些时间,通过背诵海子的诗来更加深刻地体会他每一首诗被赋予的含义。他的诗中有非常多的意象,而这些意象往往集中在几句简单的话语中,让人百读不厌。我个人认为他的诗是前无古人的,并且也是中国现代诗歌的最高峰。海子有这样一句话"你来人间一趟,你要看看太阳"。而我觉得,他本身就是太阳。

第三本是黄仁宇的《万历十五年》。在我读博期间,有一位历史学老师在课堂上专门讲过这本书。他说,在黄仁宇之前,从来没有一个人像他这样描写历史。因为历史学者的研究方向和内容一般是片段化的,研究社会史就是社会史,研究经济史就是经济史,而黄仁宇却能进行方方面面的研究并且将这些研究都串联起来,这非常难得。我读这本书最大的感触是,他真的通过这本书让我认识到传统社会是怎么运转的。比如:为什么说中国社会是礼仪之邦?中国文化为什么有众多繁文缛节?在这本书中都可以找到答案。书中让我记忆犹新的是,分析"首辅申时行"这一章,帮助我理解什么是国家机器,即大一统的传统国家是如何运行的。在明朝,我国是一个幅员辽阔的国家,那时国家机器与武器非常薄弱,政治与军事控制不了较偏远的地方。在当时的情况下,统治者推行以礼治国,以德固本,在礼仪思想上统一民心。书中还有很多值得深究探讨的地方,相信通过阅读这本书,同学们会对这段历史有一个全新且系统的认识。

第四本是罗纳德·哈里·科斯和王宁合著的《变革中国:市场经济的中国之路》。科斯是制度经济学的鼻祖之一,他提出的科斯定理为我们所熟知。这本书讲的是中国的改革史,当然这本书中讲述的中国改革史肯定不是最透彻、最完整的。我之所以推荐给同学们,是因为我们都是生活在改革开放春风里的一代人,没有经历过物资的匮乏及制度的变动,因此会理所当然地认为,从过去计划经济到社会主义市场经济,我国改革一路繁荣发展,一帆风顺,却不了解改革过程的困难与艰辛。通过读这本书,大家可以了解从改革开放到今日中国和平繁荣的不易,知晓改革发展过程中没有硝烟的战争。在改革发展过程中,如果前辈们在某个历史瞬间稍不谨慎,我们现在的生活可能就会发生翻天覆地的变化。推荐大家阅读这本书,了解中国几十年发展的不易,我们也就会明确生活目标,心怀感恩地走好自己的人生路。

第五本是哈耶克的《通往奴役之路》。这本书阅读起来并不困难,哈耶克是自由主义大师,他的思想无论何时都是一剂非常有用的清醒剂,值得被探究思考。

# 褚金勇老师分享《文献中的百年党史》

2021 年 5 月 12 日

 **嘉宾名片**

褚金勇,郑州大学新闻与传播学院副教授,传播学博士,硕士生导师。

 **书目介绍**

《文献中的百年党史》选取代表性原始档案文献,引出 100 个(组)重大事件,构成一部简明百年党史。本书全面反映党的不懈奋斗史、理论探索史和自身建设史,着重讲述时代英雄和普通人物的感动故事,点面结合,角度新颖,重点突出,细节生动。

**嘉宾分享**

在中国共产党建党 100 周年的重要节点,迎来了学习党史的高峰。今天我从文献、百年和党史三个方面和大家分享我对《文献中的百年党史》这本书的理解。

我去年开始研究中共报刊中的党史内容。此前很长时间都在研究《新青年》杂志,特别是 1915 年到 1921 年这段时间的历史。我还阅读了很多的报刊,从《新青年》到后来的《向导》《布尔什维克》《共产党月刊》《红色中华》《新中华报》《解放日报》《新华日报》《人民日报》等,在阅读报刊、分析报刊的时候，也接触了很多的文献，包括宣传和政策方面的文献、图片。这些文献和图片，能带给我们一种现场的情境，让人感动。

先说第一个关键词"文献"。中国古人就特别重视历史文献，把叙述建立于文献之上。古时候讲"述"，强调对历史文献的整理传承，比如孔子没有著书立作，《论语》由他的弟子们整理编辑而成，这是所谓的"述而不作"。《论语》中有这样一段话："夏礼吾能言之，杞不足征也；殷礼吾能言之，宋不足征也。文献不足故也，足则吾能征之矣。"孔子认为，礼乐文化在夏商已经出现了，但是这只是他的推测。因为文献不足以证明，这个事情没办法得到确实的证据。

我们的历史观正是由以下三个方面作为主要构成：一是历史教材，教材里对历史的叙述形成我们的一部分历史观。二是当代的影视剧，比如郑州大学文学院二月河院长，他写的"落霞三部曲"，对清朝历史的勾勒让我们从戏剧化的角度了解了清朝的历史。三是历史学研究著作。

《文献中的百年党史》是一本向公众普及党史的作品，其中包含史学著作的特点。史学著作重视文献，文章写作强调义理、考据、辞章。辞章是讲文采，叙述得有没有文采、通顺不通顺、会不会讲故事、流畅不流畅、能不能打动人。考据是强调文章内容要有根据、有来源。历史著作，其实也有不同方面的侧重。有的偏重于文采，用生动的方式讲故事，继而广泛传播；有的强调义理，整体作品强调思想的贯穿，比如我们的思政教材、历史教材。从太平天国失败代表农民起义不能救中国，维新派失败代表维新派不能救中国，辛亥革命失败代表资本主义不能救中国，最后只有社会主义、只有共产党才能救中国，这里贯穿着历史的线索，通过历史证明合法性，构建我们的历史观。

历史学著作，需要文献作为考据。文献强调去挖掘，挖掘以前的图片、报刊、文件，即便是非常小的词、句、结论。可能大家觉得是记事件、时间、地点、人物，感觉很累。

历史学著作，需要文献作为支撑，这里面牵扯到历史与考证的关系。文献强调去挖掘，挖掘以前的图片、以前的报刊、以前的文件，需要通过这些内容去做研究，即便是非常小的东西，也需要切实可靠的依据证实其真实性。同时，历史文献里藏着一些非常生动的东西，藏着故事。比如如果我们偶尔翻到高中、初中、小学的时候写的一篇日记，忽然就能回想起当时的情景，高考前的努力拼搏、斗志昂扬、心潮澎湃,仿佛回到往昔,这一张纸条、一篇日记对我们个人来就是文献。文献勾连着很多历史,所以文献的价值在于能将我们拉到事件发生的当下。

比如我们熟知7月1日是建党节,但建党是在7月1日那一天吗?其实是7月23日,那为什么定在7月1日呢?因为经过战争、生离死别、九死一生以后,中共一大的参与者,有的叛党、有的脱党、有的牺牲,当时在延安的只有董必武和毛泽东两位中共一大党员。他们的记忆是模糊的,只记得是7月,那时候很热,想不起具体日期,于是就按照7月1日来定了。后来,大家通过研究文献校对具体日期,发现陈公博在美国读研究生的时候,写了一篇论文,研究中共建党的问题,其中提到了大致的时间,但是孤证不为证,还需要其他证据的共同佐证。比如毛泽东和何叔衡6月29日从湖南启程,7月1日一定到不了上海。通过证据之间的推理,就像破案一样,依靠蛛丝马迹的碎片,还原历史真正的样貌。

历史的判定建立在多方面证据支撑的基础上,有时关于历史的解释是多维度的,因为评判的标准建立在不同证据基础上。比如关于建党,日本的中共党史专家石川祯浩著有《中国共产党成立史》一书,书名为什么是"成立史"呢?其实关于中共建党时间的讨论由来已久,不仅仅是关于具体日期的讨论。有观点认为在1920年6月就建党了,那时候已经有"共产党"这个名字,陈独秀在上海发起的共产党的早期组织,就叫社会共产党,后来和李大钊二人讨论之后共同确定了"共产党"的名称。1920年9月,蔡和森在给毛泽东的来信中提出应该建立"中国共产党",毛泽东回信表示非常赞成。那时候就提出成立"中国共产党",这是认为1920年6月是建党时间的观点及其依据。还有观点说1920年11月发布了《中国共产党宣言》,还创办了《共产党月刊》,认为这是建党的时间节点。所以文献带来对历史的阐释并非单一维度的理解,而是具有多种可能性。

第二个关键词"百年",我将从短时段、中时段、长时段来讲。历史学家费尔南·布罗代尔将历史分为三个时间段,分别是短时段、中时段、长时段。短时段可以理解为一个事件时间,重点关注特定时间段内某个事件,不体现历史的脉络。中时段是社会时间,社会时间内发生的历史相对稳定,并且有一定脉络,可以理解为社会结构、政治结构、经济结构等类型的社会变迁。长时段历史变化是结构与趋势的缓慢变化,比如地理、地形、气候等在长历史阶段发生的变化。

短时段内,我们看到的往往是个别时间、事件。看文献不仅仅要看文字的叙述本身,也要用逻辑去推理、去思考、去发散,去客观了解历史的全貌。《文献中的百年党史》这本书按照年份,每年选取一个具有代表性的事件。这个事件是微观的,从微观观察的优点在于其生动性、故事性,有助于把读者带回历史现场,增加体验感。但缺点是碎片化,难以还原历史的全貌,在读者头脑中难以形成宏观完整的历史观架构,微观史带来的是细分化和专业化。大变局本身具有不确定性,以何种方式演进,会变化到什么程度,我们仍难以把握。

再说中时段,这本书把百年党史分了四段,1921年到1949年,1949年到1978年,1978年到2012年,2012年到2021年。可以总结为1921年开天辟地,1949年改天换地,1978年翻天覆地,2012年惊天动地。开天辟地就是创立中国共产党,孕育了革命的火种,星星之火最终掀起燎原之势。到1949年,中国社会改天换地,开辟了中国历史的新纪元。到1978年12月,十一届三中全会作出以经济建设为中心,实行改革开放的伟大决策,从以阶级斗争为纲到以经济建设为中心,有了翻天覆地的变化。到2012年,又进入一个新时代。历史发展的脉络像是写文章的起承转合,1921年"起",1949年"承",1978年"转",到2012年"合"。习近平总书记强调,不能以前30年否定后30年,不能以后30年否定前30年,这就是"合"的一部分,这样的历史结构是从中时段观察的。

书中认为,长时段的历史是最重要的历史,只有把长时段历史弄明白了才是读懂了历史,纵观百年,才能看出种种历史脉络。如果只关注眼前的某个事件,比如体育报道某场球赛输了,那就要追溯从教练到球员再到各种因素来厘清为什么会输;下次比赛赢了,媒体又会从种种因素来鼓吹赢球的原因。这样的视野太短浅了,历史维度上是久久为功的,如果视野拉不开,只看眼前,是看不清历史脉动的。这也是要强调长时段这种宽视野的原因所在。

最后来说第三个关键词"党史"。中共整体的发展,其实不是最初就确定了发展方向和道路的,而是有一个探路历程。我们先学习苏联,那时候在城市组织革命运动。从1921年建党以后各地组织革命运动,到1927年发生反革命大屠杀,然后南昌起义,再到井冈山会师,之后从城市转向农村,走农村包围城市的道路,开辟革命根据地,星星之火可以燎原,最后重新走向城市。

这本书涉及很多历史人物,是一个历史英雄组成的群像。在不同时代的召唤下,都有鲜明的历史人物回应时代的需要。比如这本书写到李大钊"铁肩担道义,妙手著文章",写到蔡和森、毛泽东,写到杨靖宇孤身抗日,再到张思德、罗盛教、黄继光,以及雷锋、焦裕禄,写到一系列历史上的群像。

不同时代塑造的历史人物可能有差异。像雷锋同志,他是个共产主义者、是个战士,焦裕禄是官员,担任县委书记,也有农民陈永贵,有工人王进喜,在不同的时代背景下呼应当时的时代主题。比如在1941年,当时发展大生产运动,推出了赵占魁,塑造了一个工人典范。到1942年,发生大饥荒,延安本就偏僻贫瘠,在饥荒横行之下处境更是艰难,甚至被国民党丑化为魔都。但是,很多知识分子、人民群众都认为延安是圣地,很多知识分子都涌向延安,像丁玲、何其芳、艾青、冯雪峰、萧军等人都奔向延安。大量的人和贫瘠的土地,延安自然会出现吃不饱的问题。所以就动员大家都去参加劳动,当兵的参加劳动,领导干部也要参加劳动,每个人都要带头。这个时期推崇的人物模范就是在呼应当时的历史背景。

同样的道理,为什么1966年的时候推出焦裕禄?推出一个人物作为形象代表,正如穆青同志曾经说的,当时确实出现了一些腐败的官员,这个时候要把真正的共产党员塑造出来,让人民群众对党产生足够的信心。所以塑造焦裕禄的形象,也呼应了当时的时代背景。虽然人物塑造是有时代需要的背景,但是有一点不变的是初心,贯穿整体的一颗红心是强调以人民为中心的初心。

通过阅读《文献中的百年党史》,可以看到一个个文献,引出一个个故事,每个故事都是一颗珍珠,把这些珍珠串联起来,就是纵横捭阖波澜壮阔的中共百年历史精神谱系。中间有变奏,有起承转合,也经历过很多挫折,但是中国共产党能够自我修正、自我革命,正因为这样才能够行稳致远。学历史是干什么的?不仅仅是挖掘史料、看看史料、看个故事,我们学习历史要明智、要崇信。韦伯曾说过"未来如同历史",我们再现历史、回顾历史,不是为历史而历史,而是为了观照当下、映照未来、追忆初心,也是为了让大家保持初心、牢记使命。

《觉醒年代》这部剧很真实,基本上是按历史文献来拍的。我相信幕后工作者读了大量的历史文献,其中的对话都有文献依据。通过文献,我们看到当年青春、浪漫、有理想的革命先辈们,他们热烈、淳朴地寻找救国救民的道路,并前赴后继,最终引领我们走向社会主义道路,才有了今天的美好生活。这个过程有光荣、梦想与坎坷。我们回顾中国共产党筚路蓝缕的光辉历程,应该更加感谢生活在这么好的当下,不断加强学习,报效祖国。

## 主持人访谈

**主持人:**
这本书以编年体的形式回顾中共百年党史,对于这样的处理方式,您怎么看呢?

**褚老师:**
这本书的特点在于编年,每年选取一个代表性事件,这正是它吸引我的地方。因为有太多党史著作讲这段历史,我们读过不少政治、经济、文化等各方面事无巨细的党史著作,会发现尽管内容全面,但比较宽泛,每个方面的讲述都浅尝辄止。而这本书通过文献记录具体而微的细节,阐释一个个故事,把细微之处激活阐释出来,这是它的可贵之处。如果说编年体形式的缺点,在于挂一漏万,每年选择一个事件,无法把所有的事件都纳入考量,必然会有遗漏。如果说这本书让我来写,我会写出跟它不同的书,因为我选择的视角与本书作者是不一样的。所以我认为这本书的缺点和闪光点在同一个地方,闪光点就是它每年选了一个事件具体而微,缺点在于无法把所有的事件都纳入考量。

**主持人:**
在改革开放时期,书中选择的是邓小平在中央工作会议上的讲话以及陈云关于示范经济特区的批示,可以看出当时经济特区是在希望和疑虑的目光中创立和发展起来的。每一次改革都是一次全新的突破,改革之初,一般都会遭受质疑。您认为现在国家发展中如何平衡改革与现状这两个问题呢?

**褚老师：**

每一次改革都是有赞成有反对，如果没有反对的声音，就无法体现改革者的魄力和胆识。以邓小平为代表的中国共产党领导人能够冲破既有方针政策，冲破重重阻碍坚持改革开放，设立经济特区，这恰恰证明了他们的胆识和魄力。现在经济特区的发展、市场经济的发展，充分论证了当时选择的正确性。每项改革都会有阻力，鲁迅曾经说过"曾经阔气的人想复古，正在阔气的人想维持现状，还没有阔气的人想要革命"。而中国共产党领导人，这些有决断的领导人，不是从个人利益出发，而是从中国发展、从人民群众整体的利益出发在选择道路，所以可能会遇到阻拦，但是正因为这些阻拦，更体现出领导人的胆识和魄力。

**主持人：**

历史是最好的教科书，党史是我们了解党的最好辅佐。您认为学生应该如何学好党史呢？

**褚老师：**

大家在学习和生活中对党史都会有一定的了解，我希望大家能够发掘党史的可爱生动，能够发现书本上这些中共党员、英雄人物的可贵之处。看过很多粗线条的叙述，还需要关注细节，不断地去丰富自己，有时候通过文献去看看那些故事、那些人物，能从细节中捕捉到更多感动。读万卷书不如行万里路，行万里路不如阅人无数，阅人无数不如跟着成功者的脚步。跟着成功者的脚步可以学习历史上的英雄人物，了解他们的思想、行为，把他们立为楷模去学习。你会发现历史上的每个人都是生动的，鲜活的，而不仅仅是一个符号。

**主持人：**

党史当中蕴含着治国理政的智慧，我们如何将先人们总结出来的经验运用到现在的国家发展当中呢？

褚金勇老师分享《文献中的百年党史》

**褚老师：**

回顾历史，不是单纯地看史料、讲故事，而是为了回应当下的问题。古代人重视历史是用以资政的，比如司马光等人编撰的《资治通鉴》，记录通史，就是教执政者如何治国理政，哪些错误不能犯，哪些错误的道路不能走，告诫执政者不要重走错误的道路。改革开放以后，市场化确实带来了一些问题，比如贫富分化。我们是社会主义国家，发展经济的同时也强调公平，强调社会主义的优越性。

书目推荐

第一本是鲍鹏山的《孔子如来》。鲍鹏山大学毕业后去青海支教，一去就是十年。在青海，他住在亭子间，就是楼梯下面的空间封挡起来形成的一个小隔间。在艰苦的环境中，他与先秦诸子对话，写了很多书，他的书不是用文献去考证，而是讲故事。他真正把历史融会贯通了，把先秦诸子的著作掰开了、揉碎了、化成血肉了，然后又把它们以灵动的文字写出来。他的文章被收录进教材，而且他在《百家讲坛》里面讲过《新说水浒》。他写了很多书，我特别推荐这本《孔子如来》。这本书讲了很多先秦诸子的故事，每个故事都值得我们去思考，都是指导我们人生的明灯。就像孔子为什么不算卦？孔子晚年喜欢《周易》，但是孔子只研究不算卦，因为他认为算卦是趋吉避凶的，坚持的大道不管是吉利还是不吉利都要去做。孔子研究领悟了哲学，他听礼以明人事，但是他不为自己的人生做预测。书中还谈到了"三思而行"，鲍鹏山用孔子去阐释为什么不要"三思而行"，因为三思以后往往不行。一旦认定一个事情是正确的，就去做，止于思考则是在衡量利弊。孔子有句话说："学而时习之，不亦说乎？有朋自远方来，不亦乐乎？"在读这本书的时候，其实孔子在向我们走来，从书中向我们走来，孔子是鲜活的、生动的，就像到了我们面前一样。这本书的书名《孔子如来》正是有"有朋自远方来"这层含义，因为读书不仅能团结我们身边有相同志趣爱好的人，还能神交古人，就像孔子向我们走来一样。

第二本是徐平的《大学的真谛》。这本书告诉我们大学是什么，大学老师为什么存在。现在互联网发达，很多知识都能通过网络查询获得，老师不生产知识,只是知识的搬运工,是否还有存在的必要呢?我们又为什么一定要来到大学校园生活学习呢?大学是一个陶冶情操的地方,是文化景观,比如我们学校的眉湖东岸是用石头砌的,特别工整,错落有致,西岸是土质的河畔。一边是天然的,一边是人工的,这是学校的文化景观。人也是一种文化美景。我们通过网络在线看一个老师讲课,没有人与人的交流和互动,没有文化的氛围。但在大学里面,一个人学高为师,德高为范,他站在讲台上就是一个文化媒介,他的一言一行都在传达一种文化。大学是一个陶冶人情操的地方,同时还有这么多可爱的同学们,同学们可以在大学这块净土上摆脱功利化、利益化,可以坐下来自由地谈学论道。此时,同学们就是可爱的景观,就是风景。推荐这本《大学的真谛》,就是想让大家去体会大学,大学不仅是科学研究、人文学术的生产地,也是文化景观、文化媒介。

第三本是爱德华·萨义德的《知识分子论》。现在很多人把知识分子物质化、贬义化了。但是我认为知识分子除了读书治学,还要担当大道。"为天地立心,为生民立命,为往圣继绝学,为万世开太平",我们内心要有这样的意识,要有这求是担当之心。知识分子有时候看起来像是刺头,喜欢提意见,但这些观点的提出不是为了挑刺,而是为了使这个社会变得更好。社会需要这样敢于"找事"的人去发现问题,提出问题,刺激社会的完善与发展。

第四本是马克思·韦伯的《学术与政治》。这本书里面谈到教学、从政、规则性、责任伦理、工具理性和价值理性等问题,相对来说专业性比较强。同学们可能到读研、读博的时候才能完全看懂,但是现在也能看,我们看书往往不是一遍就看懂了。所以建议大家对于这类经典作品可以先接触,尝试去阅读、去理解,等以后回过头再来看,就能发现不少之前没能理解的意思,好书是常读常新的,在不同的年龄阶段能看出不同的意境。

第五本是宗白华的《美学散步》。这本书讲述的是日常生活中的审美。蔡元培主张"以美育代宗教",我们中国大部分人不信宗教,但是我们有儒家思想,有美学和审美的思想。当身心安顿遇到问题时或感觉老天不公时,我们总要寻找心理上的寄托。比如心情低落的时候,去外面看看花草,能在一朵花里看到一个世界,看到无法言状的美好感。通过发现生活中的美,找到一片心灵的栖息地,诗意地栖居。

# 位俊达老师分享《道德经》

2023 年 4 月 24 日

### 嘉宾名片

位俊达，郑州大学文学院副教授，文学博士，硕士生导师，国际美学协会（IAA）会员，中国高等教育学会会员，中华美学学会会员，河南省文艺评论家协会会员，河南卫视专栏特约评论员。主要从事中西文艺理论、中西美学研究，主持国家社科基金项目、教育部人文社科项目、省厅级项目多项。

### 书目介绍

《道德经》集天文、地理、军事、政治、道德等众多内容于一体，荟萃了中华民族春秋时期的文化精髓。《道德经》不仅是老子思想的生动体现，更是道家哲学思想的重要来源，也是中国历史上首部完整的哲学著作，在思想方面对后世产生了长远而深刻的影响。

### 嘉宾分享

《道德经》这本书比较晦涩难懂，甚至开篇"道可道，非常道；名可名，非常名"就劝退一大批人，大家虽然耳熟能详，但不一定能明白什么意思，所以真正读懂《道德经》是需要文学储备的。

我从小学开始接触到这本书，到现在《道德经》已经陪伴了我三十多年。

《道德经》中的每一句话都会让人常读常新,不同的人生阶段去读,都会有不同的理解,带来新的感悟,因此这本书是贯穿一生的。比如:"天下皆知美之为美,斯恶已,皆知善之为善,斯不善已。"字面意思的理解是,大家知道所谓美的标准,就知道丑的标准。深刻理解其中的韵味,其中包含的意思是,大家都按照同一个美的标准去定义美,去追求同一种美,那么这种美还是美吗?再引申到现在,大家都去追求同一件事情,这个事情反而没有那么美好。生活中很多事情都是如此,可能很多同学会追求毕业之后去好的学校读研究生,要去找一个好的工作。但是大家都在追求这个事情,这个事情本身反而变得并不是那么好。

我跟学生交流过,大家普遍觉得现在上大学比以前累,非常"卷",这样"卷"的态势是大家为自己的未来追逐好的目标。追求成功,追求理想,这本身没有什么错,但老子有句话叫作"反者道之动"。我们往往考虑事情是线性的,永远向前走的,但是不能一味地"卷",要学会放松和停顿,有时候事情是反着来的。就像那句话"祸福相依","福气"和"祸患"是相互转化的。当一个事情好到极点的时候,可能将要面对一些糟糕的事情;当糟糕到极点的时候,可能马上就要成功。其实《道德经》就是在讲述世界运行的法则,它不以我们平日里所学的知识作为参照体系,而是以天地运动的规律作为参照,所以《道德经》的"道""德"并不是"仁义道德",其实是"得道经",讲求"得天之道"。

《道德经》前三十八章讲述天地运行的规律,后面的内容告诉人世间的统治者一些为人处世的方式,如何与天的规律相统一。这本书就是在讲天的规律,而且参照体系特别大,是以天地为参照的。因此,老子的很多话,大家可能不理解,这是因为我们对于世界的领悟没有那么深刻,随着阅历的加深,随着时间的积累,随着知识的丰富,才会想明白。老子讲过一句话,"功遂身退,天之道也",意思是说,获得成功就要把自己藏起来,不是让所有人都知道自己的成功就了不起,而是要保全自己。但是现在的社会讲求"成功学",成功之后去展现自己的事迹,运营越多越好,所以网络上就会出现一些由名利产生的负面事件。

学习《道德经》并不是全部背诵下来就好,我认为最好是"忘着读",就是忘掉文字本身,获得对人生的启示。谁运用了这种方式呢?庄子。他讲求"得鱼忘筌"和"得意忘言"。先说"得鱼忘筌",就是钓上鱼之后,要忘记钓鱼的钩子。那么"得意忘言"就是读《道德经》要领会其中包含的深刻含义而忘掉文字本身。庄子就达到了这样的境界,庄子的文章是相当了不起的散文,处处都体现着《道德经》的思想。无论是老子,还是庄子,都是河南地区的历史文化名人,是中原文化的一种展现。老子是鹿邑县人,鹿邑县被称为"老子故里"。庄子生活在距离鹿邑不远的地方,现在的商丘市。孔子祖上在夏邑。因此,河南是中原文化的发源地。

很多同学可能在读《道德经》的时候,理解不了其中的意思,如果做不到"忘着读",其实可以尝试"悟着读"。不需要像读课本一样,或像解释文言文一样,逐字逐句弄清楚。我个人比较推荐的方式是,每天读一句话。比如第九章,"天长地久,天地之所以能长且久者,以其不自生,故能长生"。意思是说,天地是长久存在的,因为它们的运行、存在不是为了自己。后面一句是"是以圣人后其身而身先,外其身而身存。非以其无私耶?故能成其私"。面对一些比较实际的困惑,如何获得最大的荣誉呢?对于一件事情,不去强行争夺,而是置之于后,反而能成就大事。老子通过参照天地而悟出人的道理,不要把"私"作为获得的手段,一旦牵扯到"私",做事会畏手畏脚。举个例子,古代有个驰骋沙场的大将军,立下了丰功伟绩,一天,他在自家庭院喝茶,不小心把杯子掉落,他反应迅速,接住了杯子,但是他出了一头冷汗。他发觉自己打仗时也没有像这样出过冷汗,因为这个杯子是"私"的,是自己喜欢的东西。所以做事时由"私心"主导,就会有瑕疵,就会有失偏颇。这就是老子参悟天地获得的道理,想要获得人民的赞誉,需要舍掉"小私"而获得"大私"。

大部分同学对孔子和《论语》相对更熟悉。古代中国人的性格底色大体有两种:一种是儒家思想,即君臣思想、忠君思想、孝敬思想;另一种是道家思想,就是与天地观照的一种自由自在、与天地遨游、与天地精神往来的思想。

我们印象中的孔子是"大圣人"的形象,但是孔子最初并不得志,可以说是"颠沛流离,游说列国,惶惶如丧家之犬,不可终日"。这是因为他的思想是"仁学",看似是为君王统治提供帮助,实则是对人民的关照,会损害君王的"私利"。当孔子向老子问"礼"时,老子说:"君子得其时则驾,不得其时则蓬累而行。"这个世道如果符合你的意志,就要把你的志向展现出来;如果"不得其时",就要把自己像愚者一样隐藏起来。"吾闻之,良贾深藏若虚,君子盛德,容貌若愚。"意思是说,一个好的商人,看着像没钱一样,一个德行很好的君子,看起来却像是愚蠢的人一样。然后他告诉孔子:"去子之骄气与多欲,态色与淫志,是皆无益于子之身。吾所以告子,若是而已。"意思是说,你的想法太多,追求也太多了,在这个时代是行不通的,不如好好做自己。孔子说:"鸟,吾知其能飞;鱼,吾知其能游;兽,吾知其能走。走者可以为罔,游者可以为纶,飞者可以为矰。至于龙,吾不能知其乘风云而上天。吾今日见老子,其犹龙邪!"孔子的胸怀特别宽广,不但没有因为老子的讥讽而失落,反而觉得自己像龙一样。俗话说"藏龙卧虎",按照正常的思路看,龙应该飞到天上,虎应当雄于森林,但为何要"藏"和"卧"呢?这与道家思想密切相关。有一幅《老子传道图》,是老子和白虎在一起,传达出老子的思想,虎和龙虽然厉害,但要把自己的威猛压制住。孔子也理解老子的意思,但是为了整个社会伦理找到出路,他选择"出";而老子选择保全自己,是向内的过程。这其实是中国人的两种底色,一方面要为社会的发展奉献自己,另一方面要适当保全自我,融通一些,"外圆内方"说的正是中国人的特性。所以我认为《道德经》是写给所有人看的书,大家都值得一读。

老子很多思想被认为是统治者的权术,因此有人认为《道德经》是写给统治者的书。老子说要"将欲歙之,必固张之;将欲弱之,必固强之;将欲废之,必固举之;将欲取之,必固予之。是谓微明"。意思是说,要击垮一个人,不能正面攻击他,而要夸他,把他夸得忘乎所以,这个人自然而然就会走向失败。老子的很多思想也运用于我国外交和政治方面。

但我认为这是写给所有人的。比如说《道德经》的第一章:"道可道,非常道,名可名,非常名。""道"并不像我们说的凳子、椅子一样有特定的名字。这样对事物的区分不能用于区分"道",因为"道"生万物,无所不在,无所不存。庄子说"道"可能存在于使命之中,存在于万物之中,存在于各个地方,因此不能用区分具体事物的思维去区分"道"。那么,"道"是如何生长万物呢?"无名,天地之始;有名,万物之母。"其中,"无名,天地之始"。因为"道"没有名字,"道"不可能去找一个所谓的名字去形容。老子也说:"吾不知其名,字之曰道,强为之名曰大。"老子说"道"太大了,"大曰逝,逝曰远,远曰反"。把"道"用这样的方式解释出来,但是没有人能真正地命名什么是"道",暂且只能用"无"来形容"道","无"是天地的开始,"有"是万物之母。因为"有"是具体,可以对万物做出区分,包含万物的整个世界才得以诞生,比如说这是一把凳子,这是一个椅子。但是要切实把握好"有"和"无"的转化关系,所以老子说:"故常无欲,以观其妙,常有欲,以观其徼。此两者,同出而异名,同谓之玄,玄之又玄,众妙之门。"从这里开始,理解起来就有些困难了。举个例子,"徼"是价值边界的意思,如果我有一块金子,有人觊觎它的价值,用刀威胁我要把它抢走,我难以抵抗,但是我又要捍卫我的金子的价值,那么我要做的就是把金子送给他,这样就把金子的价值"无"掉。我虽然失去了我的金子的价值,但是保全了自己的生命,万事万物无不如此。

老子在第十一章说了这样一句话:"三十辐共一毂,当其无,有车之用。埏埴以为器,当其无,有器之用。凿户牖以为室,当其无,有室之用。故有之以为利,无之以为用。"就是说,我们建房子是为了遮风挡雨,但有些人把房子建得很豪华、很漂亮,当越看重房子外在的"有","用"的东西则越少。

要把"无"和"有"当作两种存在的方式,"无"是"道"的无形制的存在的方式,而"有"是有形制的。那"道"就是从无形制的方式转化到有形制的方式。这是一种生成论上的理解。

 **主持人访谈**

**主持人:**

作为文学院的老师,您看过古今中外许多名家名作,为什么会选择老子的《道德经》作为今天分享的主题?您想通过这本书给大家带来什么?

**位老师:**

第一个原因是这本书传播广泛,在世界被翻译成众多版本。第二个原因是《道德经》是一本常读常新的经典之作,对我国古代的文学、艺术、文化都产生了深远的影响。在古代,文学、史学、哲学其实是不分家的,没有一个严格的划分,现在也统称为"国学"。作为一部国学经典,随着时间的推演,它没有被人遗忘,反而每一代人都常读常新,《道德经》就是这样一本经典。如果说儒家是讲"德行",那么《道德经》是让我们"得实在"。这本书对中国人的影响很大,春秋后各朝各代的文学家骨子里总是有一种"天人合一"的预期,大家所称赞的一些了不起的文学家们,比如陶渊明、苏轼,他们人生中书写最有光彩的篇章都受到了道家思想的影响。最后,推荐《道德经》是因为这本书不仅对文学艺术文化领域有重要的影响,更是对中国人的品行塑造有不可磨灭的影响。

**主持人:**

《道德经》第十九章说:"绝圣弃智,民利百倍;绝仁弃义,民复孝慈;绝巧弃利,盗贼无有。"如果真的像文中所说那样,抛弃圣人,抛弃智慧,抛弃仁义,抛弃巧利,那么人还剩什么呢?人活着会不会像一只野兽呢?

**位老师:**

这句话是从统治者的角度出发来说的。意思是,抛弃所谓的圣贤智慧,人民将获得百倍的利益;抛弃所谓的仁义誉名,人民将恢复孝慈的本性;抛弃贪取巧利之风,盗贼将会绝迹。初读这句话似乎觉得人把一切都抛弃,就和野兽一样,但其实并不是这个意思。老子在第三十八章也讲道:"上德不德,是以有德;下德不失德,是以无德。"就是说,真正有德行的人,不会把德行作为标榜,因为这个人做事方式就是这个样子的;而没有德行的人,才需要用话语掩饰,不让不足表现出来。因此,回到问题中的这句话,是说统治者要把假的仁义道德去掉。很多人为了追逐名利,用假仁义作为标榜,很多朝代是以仁义礼法作为统治人心的手段,老子看来这都是假的,是不需要标榜的,是人生来自有的。

第十七章还有一句话,"太上,不知有之;其次,亲而誉之;其次,畏之;其下,侮之"。这是讲统治者的四个层次,很厉害的统治者,你不知道他的存在;再往下,你知道君主的存在,爱戴他、亲近他;再次,是你惧怕他;最次,是辱骂他。有没有达到第一个层次的统治者呢?传说尧舜时期,人们日出而作,日落而息。当时,尧派遣一个监察员去视察各地风俗,这个监察员看到一个老人,在做一种摆弄石头的游戏,他就问老人怎么有时间玩游戏,不去干农活。老人说,日出而作,日落而息,我按照正常的节奏去干活就好。然后这个人问,你是不是觉得我们这个统治者尧治理得很好。老农很纳闷,问谁是尧,没听说过这个人,这个人又和我有什么关系?这个故事说明统治的一种最高形态,是仿佛不知道有这个统治者,因为政治环境已经足够好

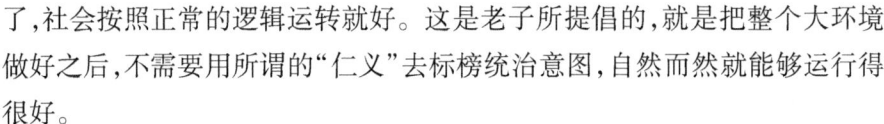

了,社会按照正常的逻辑运转就好。这是老子所提倡的,就是把整个大环境做好之后,不需要用所谓的"仁义"去标榜统治意图,自然而然就能够运行得很好。

**主持人:**

《道德经》历经千年,在政治、哲学等领域产生了深远的影响,您能谈谈《道德经》或者说道家思想对文学艺术的影响吗?

**位老师:**

我想用《道德经》第四十二章去解释一下这个问题:"道生一,一生二,二生三,三生万物。万物负阴而抱阳,冲气以为和。""道"不能被语言命名,但它是真实存在的,因此有了所谓的"气","气"分化为"阴""阳"二气,两种气息鼓荡又分为"三","三"生"万物"。"道生之,德畜之,物形之,势成之","人秉气而生",万物也是"秉气而生",是"阴""阳"二气的糅合,在"阴""阳"二气的不断激荡之后,会以一个"和"的状态展现出来,万事万物在此之下,每个物都获得它的属性,才能生成万物。这其实就是第二十五章谈到的"吾不知其名,字之曰道,强为之名曰大"。老子关注宇宙万物认识到了"道"的存在。

老子的思想为后人所传承,文学艺术都受到"气"的深刻影响。这就可以理解文学艺术中所谓的"气韵生动",写文章要有"文气",写字要有"行气",这种"气"是无形的,是看不出来的,但是它从"无"到"有",并且在生命中运转。比如说中国山水画,讲求留白,因为可以从有限的画中看出无限的存在。我们追求的不是外在的显性,而是像是余晖一样无穷的东西。无论绘画还是语言,其实都在追求从"有形"到"无形"的境界,文学艺术真正发扬出的魅力,就在于从"有形"到"无形"的转变,从"有限"看到"无形"的这种方式构成了中国文学艺术最辉煌的地方。

**主持人:**

《道德经》让我们得以一窥世间自然规则的大道与大智慧,您认为可以从中得到哪些对我们当今发展有用的启示呢?

位老师:

有非常多的启示,我说一点:不争。"上善若水,水善利万物而不争。处众人之所恶,故几于道。"水为万物提供滋养,它是往下流,而不向上争,不争小利,端方自持,只是怀着自己的目标做好自己要做的事情,无为而自强。不管遇到什么,这是为人处世的一种态度。

 书目推荐

第一本是徐复观的《中国艺术精神》。徐复观是新儒家的代表。这本书的序言中有这样一段话:"现在许多人,似乎根本不知道对他人所作的阿谀与冤屈,乃人世间最丑恶之事……十年来所写的学术文章,则是为三千年中的圣贤、文学家、艺术家,申冤雪耻。"这本书其实是以庄子思想解释中国艺术发展。这本书提炼出来所谓的"中国艺术精神",中国艺术最令人心动的地方,是"道"的体现。这本书用道家思想解释中国艺术,看了会感动,不禁潸然落泪。徐复观也是中国人的一个性格典范,他的一生很波折,但他始终有文人的气节和风骨。

第二本是朱良志的《一花一世界》。从书名不难看出,这本书的内容涉及佛教思想。古人进行文学创作,离不开儒家、道家、佛家思想。上半篇朱老师提出了"量""爱"等,都是与佛家相关的元素;后半篇以人物展开,有王维、苏轼、石涛等,阐述中国艺术的脉络。

第三本是马丁·海德格尔的《林中路》。本书的第一章叫作"艺术作品的本源",我们欣赏艺术的时候,到底在欣赏什么?黑格尔提出艺术的终结,但是海德格尔认为艺术不会终结,艺术是真理的"自行置入"。我们对于艺术品的观照,某种程度是对真理的观照。自然科学是用公式把对自然的感悟保存下来,但是人还有另一种感悟,叫作对生命情感的感悟。艺术作品就是对人类生命情感的一种保存。后人通过一定的审美能力,对这些文学艺术作品进行解读,形成对生命的体悟,虽然这些绘画、诗歌作品历经千年,但后世之人仍会有所共鸣,会对此热血沸腾。这是一件艺术品之所以伟大的原因。

第四本是莎拉·贝克韦尔的《存在主义咖啡馆》。这本书讲的是海德格尔、加缪、萨特、波伏娃的生平经历。我们读这些哲学家的书,会感觉很晦涩,其实可以先去了解他们的生平经历再去读书。有一部电影叫作《花神咖啡馆的情人们》,讲的就是波伏娃和萨特的恋爱故事,看了之后你可能会了解他们为什么会研究"存在主义"。存在主义不同于"形而上学",关注的是个人存在的一种方式,向死而生,关注人的本性。我们今天聊的《道德经》在某种程度上也是对人的个性的一种关注,谈"道",也谈到了个人的完整。

第五本是T.S.艾略特的《荒原》。这本书在20世纪八九十年代被称为"文青的圣经"。艾略特是小说家、剧作家、文学批评家,同时也是银行职员。在第一次世界大战之后,在战争对人精神世界的摧残下,人开始异化,产生所谓的"工具理性"。因此他通过文学的方式,表达对"异化"的反思。

# 王建生老师分享《东京梦华录》

2023 年 5 月 11 日

 **嘉宾名片**

王建生,郑州大学文学院教授,北京大学博士,研究方向为唐宋文学。入选第二届"希望英才"青年学者培养计划;主持国家社科基金项目"靖康文史交叉研究"、博士后特别资助项目"南宋文人的中原记忆与文学写作"、教育部人文社科项目"南宋前期中原文献南传研究"等。

 **书目介绍**

《东京梦华录》追述了北宋都城东京开封府城市风俗人情,所记大多是宋徽宗崇宁到宣和年间(1102 年—1125 年)北宋都城东京开封的情况,描绘了这一历史时期居住在东京的上至王公贵族、下及庶民百姓的日常生活情景,是研究北宋都市社会生活、经济文化的一部重要的历史文献古籍。

**嘉宾分享**

这本书应该有不少同学或者老师都知道。在电视剧《梦华录》热播的时候,《东京梦华录》还一度占据着网络售书榜的前几位。今天我们称这本书为《东京梦华录》,实际上最初的名字就叫《梦华录》,"东京"是后来加上去的。《东京梦华录》有四个阅读层面:饮食、都城、文化、文明。

我在读大学期间接触到了这本书,从第一个层次"饮食"开始读起。接着进入另一个层次就是"都城",然后进入第三个阅读的层面,就是"文化"。

孟元老为什么要写这样一本书?他写这本书背后的文化推动力是什么?那么,今天我就从第三、第四个层次即文化、文明的角度进行分享。

第一个问题:在宋徽宗时期,汴京到底繁华到什么程度?

孟元老这本书写的是北宋徽宗时代。提到宋徽宗一定会想到《水浒传》,想到大宋的繁华。其实现实中有两种截然相反的评价。一种就像《水浒传》《宣和遗事》,持批判的态度,认为宋徽宗的享乐导致了北宋亡国。另外一种,就是以《东京梦华录》为代表的这一类书,写的是繁华。大宋的美,大宋的繁华,让人瞠目结舌,让人流连忘返,让人想回到那个时代。

我们今天读这本书,看到更多的就是美好,太繁华了,太富足了,我们甚至可以用一系列的感叹词来赞叹那个时代。那么在宋徽宗时期,繁华到了什么程度呢?做历史研究的,包括做经济史研究的学者,对这个时代的农作物产量、手工业产值等有具体深入的研究。今天,我就给大家举一个关于北宋繁华的故事。

靖康之变后,大部分北宋皇室成员都被金人掳走,只留下了一个。谁呢?宋高宗赵构。高宗皇帝极天下之所有来奉养他的母亲韦太后,可以说在孝敬母亲方面不遗余力。赶上他母亲的大寿,宋高宗又要表孝心了。表孝心的方式是什么呢?宋高宗知道他父亲当年给母妃过生日的方式,就是在寝宫里点燃带有高级熏香的蜡烛。宋徽宗认为之前河阳花蜡有光无香,于是就研制了一种新的蜡烛,把龙涎香、瑞脑香粉碎之后,融到这个蜡烛里面。这样在点蜡烛的时候,一方面是非常光亮,另一方面余香袅袅。所以这次宋高宗想用这种方式讨好母亲,就点了几十根。宋高宗开始还得意地问母亲,母亲大人您感觉怎么样?他母亲也毫不隐晦地说,想当年,你父亲燃的蜡烛有几百根。趁着母亲上厕所的时间,宋高宗跟一旁的吴皇后说:"我怎比得父亲富贵!"

这个故事就非常形象地说明:宋高宗想了那么多办法,结果还是达不到当年他父亲(宋徽宗)时的辉煌、富足,足以说明北宋徽宗时代的繁华富足是让后人格外向往的。这是我想和大家分享的第一个问题。

第二个问题就是:孟元老的文学水平到底怎么样?

触发我思考这个问题的一个重要原因是:在《东京梦华录》"序"中,孟元老着重提到,这个书我写得很通俗,要让士大夫和老百姓都能读懂。但是通过读这个序,我认识到孟元老的文学水平是非常高的。这篇序写得非常典雅。典雅的一个重要标志是什么呢?就是四六文。举一个例子,比如王勃的《滕王阁序》,全是骈体文,就是上四下六或上六下四,这对于写作者提出了非常高的要求。下面我们通过序中的几句骈偶文来做些说明。

例证一,序中说:"观妓籍则府曹衙罢,内省宴回;看变化则举子唱名,武人换授。"电视剧《梦华录》讨论的其实是一个宋代乐籍制度下乐伎的命运问题。孟元老的《东京梦华录》其实也提到了。这些女子经常要去参与公共活动,这些公共活动包括皇宫里面的一些重大活动。举行活动的时候,这些女子要去临时献上表演活跃气氛。我读《东京梦华录》的时候,一个强烈的感受就是宋代人喝酒,喝得太过繁杂或礼制化。所谓"千秋节",其实就是宋徽宗的生日。千秋节上,皇帝和士大夫一共喝了九杯酒,每喝一杯酒,都有一轮艺术表演。

例证二,序中还说:"集四海之珍奇,皆归市易;会寰区之异味,悉在庖厨。"这就是我前面说的阅读的第一个层次,与饮食密切相关。天底下所有好吃的东西都汇集在汴京城,也就是今天所说的舌尖上的中国,舌尖上的大宋。"八荒争凑,万国咸通",是我们读这本书的时候容易忽略的八个字。但我读到的时候感到非常震惊。为什么呢?因为在中国历史上宋代是一个很委屈、很狭促的王朝。在大一统王朝当中,我们一般提到的是大汉王朝、盛唐气象。宋代的版图不辽阔,连长城以北、燕云十六州都丢了。所以从版图上来讲,宋代很局促。那么为什么孟元老的笔下会有所谓的"八荒争凑,万国咸通"呢?我原来觉得万国来朝那种热闹壮阔的场面不太适合宋代。比如宋仁宗时期裴湘《浪淘沙·汴州》:"万国仰神京。礼乐纵横。葱葱佳气锁龙城。日御明堂天子圣,朝会簪缨。"宋朝哪来什么万国来朝,会不会是文学化的夸张和想象?后来当我读到《东京梦华录》的时候,一下就释然了。为什么呢?《东京梦华录》当中详细地记载了大辽、夏国、高丽、南番交州、回纥、于阗、真腊、大理、大石等诸国使节参加大朝会的情境:什么样的装扮,什么样的礼节,单膝跪地还是按照宋代的礼仪跪拜。那个时候我真的感觉到裴湘的记述不是夸大其词,而是一种客观的实录。

考察孟元老文学水平的另一个重要标准就是白描手法。白描手法在

《东京梦华录》正文中大量使用。什么叫白描呢？就是不过多使用比喻、拟人、夸张、想象等修辞手法，纯客观描写自己的所闻所见。白描是描绘都市方面较为好用的手法之一。为什么这么讲呢？同学们想必都听说过柳永。柳永为什么有这么高的地位？就是他创造性使用慢词的形式，以铺叙、白描的手法描绘宋代的都市风情，这样写无疑会扩大文学的容量。原来写词的时候多为小令，也就五十四个字以内，篇幅很短。柳永的超长篇幅真的把宋代都城写活了。所以一个和柳永同时代的宰相范镇感叹道：我范镇做了十几年的宰执，仁宗四十二年的太平景象，我不能出一语而咏歌之。没想到这些盛世气象都能在柳永的笔下看到。这个评价不能说是溢美之词，它至少能够让我们感受到柳永笔下的汴京是非常富足、非常繁华的。

从这一点来讲，孟元老和柳永有异曲同工之妙。翻开这本书中的任何一卷，使用最多的便是白描。所以我们可以称孟元老是白描的高手、叙述的大家。

从这两点来看，我们可以断定孟元老的文学水平非常高。他不是写不出雅致的文字，而是他觉得这样写，可能有些人看不懂，所以就写通俗一点。就好像今天我跟大家分享《东京梦华录》的感悟。我其实已经想办法通俗一点、再通俗一点，但是有时候讲课讲多了之后，不自觉地把很多专业东西抛出来，甚至咬文嚼字，听起来就不那么通俗易懂了。所以有时候看《东京梦华录》的时候，大段、大段都很通俗，突然感觉某一段写得很雅。为什么呢？因为孟元老的写作素养在那放着，雅致会不自觉地绽放出来。

第三个问题：这到底是一本什么样的书？

我读到较早版本的《东京梦华录》，被收录在"中国烹饪古籍丛刊"里。是不是感觉很奇怪？这本书跟烹饪有什么关系。因为这本书里记载的好吃的东西太多了。书中用很大篇幅把一整条街的小吃细致描绘出来。

这本书还可以当作都城史料，曾收入"中国古代都城资料丛刊"。宋代之前有很多都城，洛阳和长安最为出名。洛阳是赵匡胤梦寐以求的都城，他好几次都想把都城从开封迁到洛阳。他觉得开封一马平川，敌人打过来无天堑可恃。后来靖康之变，证明的确如此。

《东京梦华录》并非严格意义上的地理方志、都城之书，而是有"我"的汴京社会生活史，突出亲见亲闻。朱熹的老师刘子翚在《汴京纪事二十首》第十七首写道："梁园歌舞足风流，美酒如刀解断愁。忆得少年多乐事，夜深灯火上樊楼。"《东京梦华录》跟之前的都城史(宋敏求《长安志》、程大昌《雍录》等)不一样的地方就在这里,这本书上打上了孟元老的个人情感烙印。这个东西别人写不来,只有孟元老能写出来。因为他青年时期亲身体验过汴京的繁华与美好,而这个时间段刚好与宋朝繁荣的时间重叠。

李清照也经常在词中回忆起她的少女时期,因为北宋承平时期那样一种生活太美好了,她自己想忘也忘不掉。还有一个方面就是北宋徽宗时代太好了,人们特别想回到过去。另外,徽宗时代刚好也是这些作家或文人的青春时代,无论刘子翚、李清照,还是孟元老。

不仅宋代如此,其他朝代亦如此。比如唐代的杜甫,流落到四川的时候,也想起开元全盛日。那时候杜甫三四十岁,确实是最美好的年华。当然,人都有最好的时光,也都有老的时候。再回味《东京梦华录》"序"中"一旦兵火,靖康丙午之明年,出京南来,避地江左,情绪牢落,渐入桑榆",汴京生活是自己的高光时刻和王朝的繁荣时段的重合,怎不让人追念怀想!李清照南渡后也有强烈的感受,她在《永遇乐·落日熔金》中写道:"中州盛日,闺门多暇,记得偏重三五。铺翠冠儿,撚金雪柳,簇带争济楚。如今憔悴,风鬟霜鬓,怕见夜间出去。不如向、帘儿底下,听人笑语。"老年人最害怕什么呢?其实不是害怕遇见一些高兴的事,而是害怕这个高兴的事情引起自己回忆之后,内心更痛苦。正因为李清照、孟元老有强烈的故国之思,所以就产生了《金石录后序》《东京梦华录》这样的著作,这也成为我们了解历史的一手资料。

所以《东京梦华录》就是具有孟元老鲜明的自我生命史的著作。

第四个问题:这本书有没有缺憾?

答曰:有。

它最大的缺憾,在我们今天看来就是回避了靖康之难。

靖康之难可以说天崩地裂。"靖康耻,犹未雪",让多少人挥之不去,所以岳飞的《满江红》能够传唱千古。但《东京梦华录》中,孟元老仅在序中提了一句"一旦兵火,靖康丙午之明年,出京南来,避地江左",在正文中只字未提。这是一大疑点。

那么第二个疑点是什么呢?就是宋徽宗时代,曾经从江南搬运花木石,在汴京修建艮岳,最初叫万岁山。可以说这是汴京最大的新造景点,但在书中也没提到。后人其实也在质疑这本书:这个孟元老到底是怎么回事,这个在徽宗时代已经可以说是最大的人造假山、建筑景观,居然没有写一句。

还有第三个疑点,是什么呢?我们知道蔡京、高俅这种北宋的亡国罪人,书中基本上也没有提到。

这三点,我们也不能都说成是它的缺憾,但至少可以说明孟元老有所为、有所不为。他不写这三个方面,一定有他更深层次的考虑。

我就从艮岳这个点稍微提一下。宋徽宗花了那么大工夫,建了这样一个人造景观,能让普通人进去吗?而且孟元老写这本书的一个宗旨是:记录我所亲见亲闻的人、事、物,也没人给他描述过艮岳里面的情况,所以没有办法记录。

 主持人访谈

**主持人:**

您看过古今中外许多名家名作,为什么会选择这样一本类似于纪录片的笔记体散记文作为今天分享的主题?您想通过这本书给大家带来什么?

**王老师:**

我觉得可以概括成两个词。第一个词是"责任",第二个词是"家国"。

我们先说第一个"责任"。孟元老具有记录时代、保存历史真实的自觉意识和责任担当。说到底我们是读书人,我们有观察社会、记录时代、推进社会进步的神圣责任。孟元老是自觉自愿的,他为什么要这么写呢?

他在序中说得很清楚,就是他在跟亲戚们聊天的时候,发现后辈对于汴京的生活体验很陌生。这其实是很正常的。他最担心的是什么?就是害怕时间久了,人们的记忆由模糊而产生错误,因错误而产生误解。所以他有一个强烈的自觉自愿的意识,要把身边的这一切记录下来,非常自觉地承担起文化记录的使命。在这一点上,我觉得我们应该向孟元老学习。我们读书人身上天生就被赋予了一种记录时代、传播文化的责任。

第二个"家国"。我们现在提到家国的时候,有人会觉得是唱高调。实际上不是的。让当下的、偏安东南的人知道,我们宋朝过去怎么样?这不就是故国之思吗？这就是家国情怀。

**主持人：**

我们都知道唐朝长安是一个开放包容的城市，即便如此，也还是设有宵禁。而本书中描写的宋朝汴京开始有了夜市，可以说是我国早期的不夜城了，为什么会出现这样的转变呢？

**王老师：**

刚才这个问题，说到底是唐宋的不同，我们称之为唐宋变革。其中重要的就是格局的变化。唐代长安的平面图像豆腐块一样，非常整齐。这样设计当然便于管理，但也给百姓的生活带来了许多不便，住在城东南角的居民想去西北角买袋盐，需要走几十里路。

实际上从中唐开始到五代一直想打破这样的一个格局，到北宋之后则是完全打破了，很大程度上跟北宋都城汴京的地理环境有关系。古代交通最重要的载体是水路。而开封周边刚好有三条大河：南边的蔡河、中间的汴河、北边的五丈河。河流本身就是运送南来北往的物资，所以为了装卸物资必然会有很多码头，两岸有很多商铺。热闹繁荣的早市、夜市也改变了原来日中开市、日落前息的交易模式。城内店铺林立，遍布街道两旁，并且为了便利百姓，商铺已经深入坊巷，与居民区混杂，整个东京城形成了街市、河市混合的商业布局模式。这样一来就更不好管了，宋朝统治者最终采用了比较开明的、符合民众需求的管理政策。

还有一个变化就是阶层的变化，唐代基本上还处于门阀士族的尾声时代，宋代其实是新兴的中小阶层的崛起时代，就是科举士子、科举阶层的崛起时代。

**主持人：**

宋朝的工商业和经济文化发展达到了很高的水平，既然如此，在此之后的朝代为什么不借鉴宋朝的发展模式，还要限制"商"的发展呢？

**王老师：**

中国历史上一直是士农工商，这四个字其实已经排好序了。读书人考中功名之后到朝廷做官，是文人的终极追求。我们读孟元老的《东京梦华录》有一个很强烈的感受，就是孟元老对商业的重视。在宋代，很多人意识到要想致富，必须得经商。在宋代有一种说法叫"子欲富矣，何用为富。农不若工，工不若贾"（刘敞《古风》）。

总体上讲，宋代依然以农立国，这一点没有任何疑问。地方官员的职责之一，便是劝农。欧阳修《泷冈阡表》最后系衔"知青州军州事，兼管内劝农使"，便是最好的例证。宋代依旧重视农业，只不过它没有限制商业发展，尤其在都市里面。当然宋代并不像我们今天城市化规模这么高，大部分还是农村地区。我们不能因为《东京梦华录》就觉得宋代的城市化水平非常高，书里写的是都城，别的城市达不到这样的水平。

**主持人：**

阅读的同时，我也保留了一丝质疑，从初中学习历史开始，提起宋朝，我们就会想起积贫积弱、靖康之耻。如果宋朝真如作者描写的那般繁华，国家应该强大富足，那么积贫又是从何而来呢？作者是否有夸大的成分？

**王老师：**

这其实是过去历史学界对于宋代历史的一个认识，这个认识影响了整个20世纪，也进入了高中教材。最早是由钱穆先生提出来的，他在《国史大纲》两宋之部列了一个标题即"贫弱的新中央"。实际上这样一种说法，只能代表特定的年代，学人对历史的认识尤其是现实的关怀（钱穆《国史大纲》于1939年6月完成，1940年6月商务印书馆出版，正值抗日战争时期）。我个人不太赞同这一说法，我觉得宋代弱而不贫。虽然没有唐代那样广阔的疆域，但宋代的经济发展水平依然可观。南宋在丢失了北宋三分之一江山的情况下，依然创造了比北宋更高的发展成就。我们今天所说的"苏湖熟，天下足"，基本上是在宋朝形成的。

**主持人:**

本书也用不少笔墨描写了朴实热情、开明大气的宋朝民生,原文甚至用"人情高谊""阔略大量,天下无之"来形容,我本以为资本和商业的发展会伴随着钩心斗角,但书中却展现出了另一番景象,这是为什么呢?

**王老师:**

这个问题其实在我前面讲的内容中多多少少都已经涉及。如果从孟元老的《东京梦华录》来看,宋朝的确是节物风流、人情和美。比如书中第六卷有一个细节,宋朝酒店里用的都是银质酒具。一个人到酒店里吃过两三次饭之后,可以把价值二三百两的酒具打包带走,改天再还。店家很放心,这是完全没有问题的。

但是还要注意到一个问题,《东京梦华录》毕竟是孟元老追忆他当年生活的作品,他写的都是往昔美好的生活,打架斗殴、偷奸耍滑等暗淡的东西已被孟元老给屏蔽掉了。所以我觉得孟元老一定是一个阳光向上的人,他不记仇,向我们展示的都是美好的、繁华的、让人向往的一面。这刚好也符合我们文化心理学上所说的:进入你的记忆当中的,一定是经过你筛选的。孟元老在汴京生活了24年,一定有烦心、受挫的时候,但他在书中展示出来的都是记忆中最美好、最留恋的物、事、人。

 **书目推荐**

第一本是朱熹编注的《四书章句集注》。这本书包括四部经典《论语》《孟子》《大学》《中庸》。这本书在元明清时期是考试参考书,读通之后才能参加科举考试。

第二本是王伯祥选注的《史记选》。这本书从《史记》中选了二十篇,每一篇都做了很好的注释。

第三本是王国维所著的《人间词话》。这本书是经典中的经典,不仅文科的学生要看,理工科的学生更应该好好看看。这本书的语言真的太美了,太有概括力了,真的是"一句顶一万句"。

第四本是钱锺书选注的《宋诗选注》。相信大家都读过钱锺书的《围城》,他不但是一个大学者,还是一位优秀的作家,这恰好是朱自清、闻一多那一代学人最了不起的地方。

  第五本是竺可桢所著的《天道与人文》。竺可桢是一位思维严谨的地理学家,有着很深厚的文学素养。在这本书里,他用自然科学的方法加上对于中国古籍的透彻认识,研究中国五千年气候的变化,有理有据,让人信服。

# 江磊老师分享《传奇》

2023 年 5 月 31 日

## 嘉宾名片

江磊,郑州大学文学院讲师,硕士生导师,研究方向为中国现代文人群体与当代小说,曾获"第十一届郑州大学学生'我最喜爱的老师'"等荣誉称号。

## 书目介绍

《传奇》是著名作家张爱玲最为重要的小说集,收录有《沉香屑:第一炉香》《倾城之恋》《金锁记》等代表作。张爱玲在这些作品中叙说日常传奇、描写两性心理、审视中西文化,鲜明彰显出一个本色女人的细腻以及一位天才作家对于人性、人生的深刻洞察。

## 嘉宾分享

非常高兴能够有机会与大家进行分享和交流。在生活节奏不断加快的当今时代,我们能够像今晚这样围坐在一起聊文学,真的是一件充满浪漫和诗意的事情。著名作家南飞雁曾说:"在大多数人的一生中,总有一段时间会热爱文学,不管这段时间是长是短,出现几次,出现在什么阶段,这个阶段都会是美好的、幸福的。"我非常认同这句话,因此我想说,如果在座的各位已经进入一个热爱文学的阶段,那么请尽情享受文学带来的美好与幸福。

如果暂时还没有找到自己对于文学的热情，请相信它一定会到来，说不定就是在今晚参加完本次活动之后。所以在我看来，我今晚的任务绝不仅仅是向同学们分享自己关于张爱玲及其作品的一些理解，更重要的目标是尽可能地拨动大家的文学心弦，燎原大家胸中有关文学的星星之火。如果今晚的活动结束后，同学们能够产生阅读文学作品的兴趣或冲动，那么我觉得我的这个目标就差不多实现了。下面言归正传，今晚我将向大家介绍传奇女作家张爱玲的代表作——小说集《传奇》，试图通过分析其小说文本的诸多细节，带领同学们一起找寻、感受文学作品带给我们的最为直接的冲击与触动。

在灿若星辰的中国现代文学长廊中，名家辈出、名作众多、风潮迭起，张爱玲正是其中一颗闪烁着别样光芒的耀眼明星。小说集《传奇》是张爱玲创作巅峰期的代表作，收录了她影响力最大、艺术成就最高的大部分作品。这部小说集的命名极富吸引力且颇有深意，作家在扉页即点明创作意旨："书名叫传奇，目的是在传奇里面寻找普通人，在普通人里寻找传奇。"可以看到，在这部小说集中，张爱玲的创作视角始终都投向普通人的世俗人生，主要书写了动荡社会背景下洋场社会中的遗老遗少、太太小姐、男男女女们的各色世俗生活及人情世态。比如，《倾城之恋》主要写都市男女之间的恩恩怨怨；《沉香屑：第一炉香》主要写纯真少女葛薇龙的堕落与沉沦；《金锁记》主要写旧式家庭里的纠葛与纷争。的确，张爱玲从普通市民读者的阅读期待和审美趣味出发，不厌其烦地书写着俗人、俗事、俗情、俗欲。但需要强调，张爱玲绝非单纯为了迎合市民读者而去炮制一个个通俗的市井故事，而是试图以此为切入点，剖析凡俗人生背后的人性人情、世态世相，因而这部小说集熔铸着作家自己的人生感受和生命体悟。我想通过分析具体作品来进行更为深入的说明，首先我们来看《倾城之恋》这部小说。

小说的女主人公白流苏是出身于上海破落大家族的大家闺秀，她曾像一个时代的"新女性"一样，勇敢地与不务正业的丈夫离了婚，只身回到娘家。然而，所带的家资被娘家人耗尽之后，她便成为大家眼中的累赘，不断遭到兄嫂们的冷嘲热讽、鄙夷羞辱，由此看尽世态炎凉。在冷酷的现实面前，她不得不承认："还是找个人才是真的。"白流苏决定再嫁，试图为自己寻找一个长期的依靠。因此，在遇到了男主人公、阔绰的华侨子弟范柳原之后，她把自己仅有的青春、名誉都赌在这桩婚姻的冒险中。为了抓住一切机会博取范柳原的爱情,给自己争取一个合法的婚姻地位,白流苏甚至不顾淑女的身份和面子,接受范柳原的邀约远赴香港。但范柳原受现代都市生活滋润太久而洋气十足,其所倾心的不过是白流苏身上难得的东方情调,他只想找一个情人而不想接受婚姻的束缚。二人都精明世故、各怀心思,因此像情场高手一般相互斗法。彼此经历了无数回合的拿捏推挡、讨价还价之后,白流苏努力为自己求得的最好结果是成为范柳原的情妇。百般无奈,白流苏决定认输了,决定接受情妇的身份。但故事却出人意料地发生了转机:在范柳原即将离开香港时,珍珠港事件爆发,太平洋战争打响,日军开始轰炸香港;在战事混乱、前途未卜的情势中,如何生存成为头等大事,白流苏、范柳原二人也在相濡以沫的避难过程中产生了近似于"患难夫妻"的感情,于乱世中的"一刹那"体会到"一对平凡的夫妻"之间的"一点真心",终于结为夫妻。一个偶然的事件"成全"了白流苏,本来已经接受情妇身份的她最终成为名正言顺的"范太太"。

看上去,这篇小说像是一则圆满的爱情传奇,作品似乎拥有一个"有情人终成眷属"的大团圆结局,但如果我们仔细分析,会发现其实并非如此。小说以"倾城之恋"为题,本身就颇有意味。"倾国倾城"的典故来自汉乐府诗《李延年歌》,诗歌写道:"北方有佳人,绝世而独立。一顾倾人城,再顾倾人国。宁不知倾城与倾国?佳人难再得。"最后两句诗的意思是说,纵然会使城池覆灭、国家灭亡,也不要失去获得佳人的良机,因为美好的佳人,毕竟是千载难逢、不可再得的啊!因此,"倾城倾国"这个典故的原意是指为了美人不惜生灵涂炭、城市覆灭,倘若按照原意理解,"倾城之恋"就应该是摈斥一切世俗功利约束、刻骨铭心的爱情传奇。张爱玲以此为题,让读者误以为她似乎要讲述一个崇高、神圣的爱情传奇。然而,果真如此吗?

我们看到,在小说中,金钱逻辑完全吞没了白流苏娘家人对她的手足之情、亲人之爱。白流苏之所以迫切地寻求再嫁,并非为了寻找什么"真爱",而只是从现实生存出发,费尽心机地为自己寻一个出路,其实毫无浪漫可言。换言之,白流苏已经无法在娘家立足,因此虽不满于范柳原的种种表现,但为了自己的后半生,还是毅然加入了这场亦真亦假的充满了挑逗、试探与调情的两性爱情游戏。说到底,白流苏只是一个为了"谋生"而"谋爱"的世俗女人。另一方面,范柳原也不过是个自私的男人,他只想做一个欲望追逐者,因此对白流苏时远时近、欲擒故纵,其实也是在衡量自己的付出是否"物有所值"。很明显,在这场婚恋中,交易的因素多于爱情,充满了金钱、欲望等世俗诱惑,蕴含着深重的悲哀。从这个意义上来讲,"倾城之恋"这个典故的原意被这部同名小说消解、颠覆了,张爱玲不动声色地解构、拆解了"倾城"的爱情神话,清晰地展现了尘世男女的世俗欲望及世俗心态。

但张爱玲的思考并不仅限于此,小说的更大悲剧还在于人自身的脆弱渺小以及现实人生的不可预知。刚刚讲到,"倾国倾城"的原意是指为了美人而不惜生灵涂炭、城市覆灭,但在小说中的现实乱世,一切都"因果倒置"了——香港这座城市的沦陷反过来间接"成全"了一段婚姻。而在这则爱情传奇的表象之下,其实深藏着无尽的悲哀与无奈。因为我们看到,小说中的范柳原虽然娶了白流苏,但他本性难移,仍然是一个喜欢到处拈花惹草的花花公子,只不过现在他把那些俏皮的情话说给别的女人听。事实上,白流苏仍然无力改变自己的悲惨处境,结婚之后幸运与否,亦不由她自行掌控。小说写道:"香港的陷落成全了她。但是在这不可理喻的世界里,谁知道什么是因,什么是果?"在这貌似圆满的结局背后,我们看不到人的坚强与自信,主人公并非自己成就了自己,决定其命运的只是一起偶然事件——战争。读到这里,我们发现,张爱玲的这篇"爱情传奇"让读者体味到的是人在世俗生存与战争动荡面前的脆弱、无奈以及命运的无常。

作为张爱玲创作的一则俗世传奇,《倾城之恋》也体现了作家的一种历史观。张爱玲认为,人生有飞扬的一面,也有安稳的一面,而芸芸众生的日常凡俗生活所代表的人生安稳的一面,最能体现人最基本的生命状态和人性底色。正如小说中的两个主人公,在战火袭来使现实生存成为头等大事时,他们便会抛开外在的一切"浮文"。张爱玲通过小说告诉我们:无论外界如何风云变幻,哪怕四处战火纷飞,"饮食男女"四个字亘古不变,人类的日常生活、世俗欲望坚不可摧。"人生安稳的一面有着永恒的意味","它存在于一切时代",这便是张爱玲的人生感受和生命体悟。

另外,我们从这篇小说就可以看出,张爱玲擅长细腻而深刻地描写两性关系,《沉香屑:第一炉香》也是这方面的代表作,作品讲述了纯真少女葛薇龙如何一步一步沉沦、堕落的故事。小说的主人公葛薇龙来自上海,她本想通过投靠姑母梁太太的方式在香港完成学业,然而在正式踏入姑母的家门后,梁家骄奢淫逸的环境不断诱惑着她,最终让她心甘情愿地陷入姑母梁太太和香港浮浪少年乔琪乔共同织就的情网,沦为洋场社会的奴隶。下面就让我们依照葛薇龙心路历程的展开来具体解读这篇小说。

在小说开头,葛薇龙是一个行得正、坐得正、有上进心、有追求的纯真女孩,为了寻求资助以便留在香港继续完成学业,她瞒着父母,向早已与葛家不相往来的姑母梁太太求助。为什么这位姑母与葛家多年不相往来?原来她有着不堪的过往:当年梁太太不顾家人反对,毅然决然地嫁给一位年迈的香港富商,一心只想等丈夫去世后继承大笔钱财。然而后来,成功继承丈夫遗产却也成为寡妇的梁太太发现自己无论如何都填不满内心的沟壑,故而四处交际、求爱。显然,这是一种变态的爱,她想以四处求爱的方式补偿自己当年为追求钱财而失去的被压抑的青春、情感和欲望。葛薇龙虽然从没见过梁太太,但她对自家姑母那不堪的过去早有耳闻,并且这丝毫没有动摇她投奔到姑母门下的决心。这里有三个细节值得我们注意:第一,葛薇龙非常清楚自己的处境,她知道自己若不寻求姑母资助便无法继续求学;第二,葛薇龙非常明白姑母的过去,并且对姑母保持着警惕、戒心,她认为自己跟姑母不是一路人;第三,她相信自己不会受到姑母的伤害,因为二人之间毕竟有着血缘亲情的维系。这三个细节非常重要,因为小说正是在这些方面发生了反转:现实很快就击溃了葛薇龙那些自信、天真的想法。事实上,自正式踏入姑母家门的那一刻起,葛薇龙便不可避免地要堕入深渊。

最先给葛薇龙的心灵造成震撼性冲击的,是进入姑母给她准备的房间,打开衣橱看到金碧辉煌衣饰的那一刹那。我们发现,这是梁太太有意做出的安排:她早就吃准了自己侄女的心思,她深知,葛薇龙虽然反复申明是为了继续学业才求助于自己,但这个女孩是不可能抵挡住浮华生活和物质享受的诱惑。不止于此,我们还可以进一步推测:想必是姑母自己当年就未能抵御住这样的诱惑,所以如今的她才认定葛薇龙会是另一个自己。

张爱玲精致入微地刻画了葛薇龙当晚的心理变化。比如,当葛薇龙刚刚打开衣柜时,她首先的反应是下意识地自问,这些衣服"是谁的"?这表明葛薇龙一开始并不认为这些是姑母有意给她置办的,同时也说明她此时对物质诱惑还存有戒备心。但是小说接着写到,葛薇龙到底"不脱孩子气,忍不住锁上了房门,偷偷地一件一件试着穿,却都合身",于是她猛然省悟:原来这些金碧辉煌的衣饰都是姑母特意为她置备的。葛薇龙不由得发出感慨:"这跟长三堂子里买进一个人,有什么分别!""长三堂子"是当时对妓院的俗称,显然在此刻,葛薇龙仍有清醒的警觉。可是,这种自我警觉很快便松动了。在小说中,几乎整晚都在试衣服的葛薇龙甚至在睡梦中还"恍惚在那里试衣服,试了一件又一件",并自言自语地说了一句"看看也好"。这些表现都意味着她紧绷的警觉心已经开始松动。而当一个人的心理防线被撕开一个缺口后,迎接她的往往就是溃不成军。我们应当注意到,葛薇龙在当晚说了两句"看看也好":第一次是在心里默念,第二次则是故意发出声来,前者表明葛薇龙的警戒心有所松懈,而后者则更有一种迫不及待、跃跃欲试的意味。张爱玲通过刻画小说人物极为微妙的心理变化,完成了小说内部的逻辑递进:葛薇龙慢慢地开始认可姑母对她的人生安排。

葛薇龙当然也有过内心挣扎。她曾与姑母梁太太发生过一次激烈争吵,起因是她意欲嫁给滥情的浮浪少年乔琪乔,而姑母则想把葛薇龙留在身边,因此反对这门婚事。在争吵的过程中,葛薇龙说:"我回去,愿意做一个新的人。"姑母则冷冷地回答:"你变了,你的家也得跟着变,要想回到原来的环境里,只怕回不去了。"姑母再次拿捏住了葛薇龙的七寸:她真的"回不去了"。小说颇有深意地写,就在葛薇龙宣称自己要回去"做一个新的人"后不久,她居然莫名其妙地生了一场病,"回去"的计划也就此被耽搁,并且她还对这场病进行了一番自我剖析:"薇龙突然起了疑窦——她生这场病,也许一半是自愿的;也许她下意识地不肯回去,有心挨延着……"这个细节让我们终于看清,"做一个新的人"只是葛薇龙生气时的一个念头,她只是在语气上显得很强硬,但实际上对此并无决断,毫不坚定。的确,生过这场病后,葛薇龙再也没有提及此事。由此,我们也终于明白,葛薇龙一直以来的对手并非她的姑母梁太太,而是其自己内心深处的物质欲望。正是由于在物质欲望面前完败,葛薇龙最终自愿留在姑母身边充当其引诱男人的情色诱饵,无法自控地走上沉沦之途,跌下堕落的深渊。

通过这篇小说,张爱玲试图说明,葛薇龙的堕落是基于某种普遍的人性弱点。换言之,葛薇龙的故事,她所遇到的理性与欲望的矛盾冲突可能会发生在我们每一个人身上。那么,当我们身处与葛薇龙相同的处境时,我们又会做出怎样的选择呢?张爱玲给出的答案无疑是悲观的,可我们在实际生活中到底会给出怎样的答卷呢?能够让我们意识到这个关乎生存的问题,这便是文学的力量,而我们今天在场的所有人也必然会在今后的人生中用行动做出回答。

**主持人访谈**

**主持人：**

大众或许对张爱玲显赫的身世、奇异的童年,还有丰富的感情经历有所耳闻,但是可能不甚了解。江老师,您能跟我们讲讲张爱玲吗?

**江老师：**

文学研究、文学批评有一个基本的原则和方法,那就是"知人论世"。《孟子》云:"颂其诗,读其书,不知其人,可乎? 是以论其世也。"要进行文学研究和文学批评,必须分析和研究作家本人以及作家笔下的人物。因此,要理解张爱玲的文学创作,就必须了解张爱玲其人。事实上,张爱玲个人的人生传奇与其笔下的传奇总是难解难分。

1920年,张爱玲出生于上海一个曾经地位无比显赫,但在民国时期已经家道中落的官宦大家族。她的祖父叫张佩纶,是晚清政坛上的清流领袖,曾任都察院左副都御史等要职,外曾祖父则是我们都耳熟能详的晚清一代名臣李鸿章。可是,她的父亲张廷重是一个无所用心的贵族遗少式人物,只知道依靠祖上的遗产过着放浪腐败的生活,使家庭往更败落的路子上走。不过他倒也沉醉于贵族士大夫的文艺情趣,风雅能文,尤其迷恋中国传统文化和古典文学,给了张爱玲最初的文学启蒙;张爱玲的母亲叫黄逸梵,这是一位思想开放、极具现代意识的新式知识女性,由于与丈夫三观不合,她在张爱玲还非常年幼的时候就抛夫别女去欧洲留学,后来还与丈夫协议离婚。我们看到,张爱玲虽然出身名门望族,但自幼便经历了家庭的破裂,目睹了一个没落豪门世家的衰败,过着比较孤独而凄苦的生活。比如她曾经在中学时与继母发生冲突,并因此遭到了父亲的责打,一度被拘禁长达半年,类似的遭际在她的内心深处刻下了难以磨灭的创伤,使她从小就能够洞悉人情世态,养成了较为敏感、孤僻的性格以及察言观色、看透人性的本领,同时也使她的人生感受不免有些凄凉悲观,过早地积累起对世界的敌意。事实上,这些人生经历都深刻地影响了张爱玲的文学创作。

我们常说,生活是创作的源泉,艺术来源于生活。从某种意义上来讲,文学创作就是作家借助一定的文学修辞将其生活经验、生命经验转化为文学经验的过程。而在作家的诸多生活经验、生命经验中,创伤体验与文学创作有着更为直接的关联。对于作家而言,创伤性的事件、创伤性的体验会让其有言说与书写伤痛的冲动,许多作家会在文学创作中融入自己的创伤体验,并在文学的想象和虚构中得以发泄或疗愈。张爱玲便是如此。刚刚说到,张爱玲在日益衰败的旧式大家庭中长大,她熟悉没落封建世家的丑陋、腐朽与罪恶,因此旧式家庭的悲剧构成其小说世界的重要内容。在张爱玲的笔下,封建旧式家庭都是阴森恐怖的,而在这无比压抑、令人窒息的环境中,人物也大都是扭曲变形的,这与其本人的创伤体验有关。比如,张爱玲笔下的男性形象大都褪去了高大、勇敢、坚毅的理想光环,大都还原为凡人的自私、怯懦与软弱,甚至有的人物还沦为形体残障;其笔下的父亲形象也大都失去了"宗法父权"社会中父亲的权威、专断。另一方面,张爱玲笔下的女性有一部分是具有"新女性"表象、似新实旧的女性,她们在骨子里有着相当沉重的传统文化的心理积淀;还有一部分则是病态甚至疯狂的"母亲",最为典型的就是《金锁记》中的曹七巧。

**主持人:**

与丁玲、冰心等女性作家的作品相比,张爱玲的小说具有更为鲜明的女性主义特征,她把眼光投向婚姻、爱情、女人的处境,是一个充满女性气息的世界,您怎么评价张爱玲的《传奇》对于女性文学的影响?

**江老师:**

我认为可以从以下几个方面来分析这个问题。首先,张爱玲小说中的许多女性人物都具有一定的现代观念。比如白流苏能够勇敢地与前夫离婚,这体现了现代婚姻观念对她的影响。第二,张爱玲的小说在一定程度上表现出对于男权社会的鞭挞。比如《红玫瑰与白玫瑰》写男主人公佟振保在"红玫瑰"与"白玫瑰"两类女性之间挣扎、徘徊:得到了"红玫瑰"又难忘"白玫瑰"的圣洁、矜持;得到了"白玫瑰",却又对热情奔放的"红玫瑰"欲罢不能。可他在与女性的交往过程中,考虑更多的是服从自己的欲望以及顾及自己的前程与社会影响。而他后来变为好人的"改过自新",其实只是为了使自己的形象更好地为社会所认同。说到底,"红玫瑰""白玫瑰"只是他的人生点缀而已,他对于女性的生命价值是漠视的。张爱玲通过塑造这个人物对男权社会进行了鞭挞。第三,张爱玲对其笔下的女性是有同情和理解的。白流苏固然是一个为了"谋生"而"谋爱"的世俗女人,但张爱玲同情她在娘家的生存艰难。曹七巧当然是一个病态的女性,但小说中的她也是封建专制家庭的受害者。第四,张爱玲对女性的不觉醒、不觉悟亦有批判。我们看到,张爱玲小说中的女性往往深受传统伦理道德的影响和束缚,她们往往无法摆脱对男性的依附,骨子里有一种奴性心理,作家对此是有揭露和批判的。

## 书目推荐

第一本是鲁迅的小说集《故事新编》。不同于《呐喊》《彷徨》取材于现实生活,《故事新编》是"神话、传说及史实的演义",小说集中的作品将神话、传说、史实与现实生活的人事错综交融,为中国现代小说创造了一种崭新样式。

第二本是沈从文的《边城》。沈从文是"京派小说"的代表人物,《边城》是其最负盛名的代表作。在这部小说中,沈从文以抒情诗一般的笔调展示湘西边地淳朴人性人情的美好与诗意,构筑了一个遥远的、如梦如幻的世界。

第三本是萧红的《呼兰河传》。萧红是位历经坎坷,英年早逝的天才作家,《呼兰河传》是其一生中最为重要的小说。这部作品是萧红在现实生活陷入极度困惑和迷茫时,企图以"梦回呼兰河"的方式,通过对童年生活的回忆,唤回一缕情感和精神上的希冀与慰藉的产物。

第四本是曹禺的《雷雨》。《雷雨》是中国现代话剧史上的一部经典名篇,在这部剧中,曹禺成功地将西方戏剧的结构方法和表现技巧与中国的民族生活完美融合,在一天的时间内,通过两个戏剧场景,表现了周、鲁两家前后三十年错综复杂的恩怨情仇和矛盾纠葛,写出了家庭的悲剧、社会的悲剧,更写出了人的精神的悲剧和命运的悲剧。

第五本是钱锺书的《围城》。钱锺书是一位才华横溢的学者型讽刺小说家,《围城》是他最为重要的作品。《围城》的思想意蕴极为丰厚,大概包括三个层面,即现实描写层面、文化反省层面和哲理思考层面。第一个层面,小说以方鸿渐的人生遭际、见闻感受为线索串联起若干社会场景,对抗日战争时期中国城乡的世态世相进行了一次广阔扫描,诸多怪现状得到了浮世绘般的描写。第二个层面,通过刻画知识分子众生相,小说深刻批评了旧社会一些知识分子身上体现出来的传统文化的渣滓和外来文化的糟粕,以及它们的恶性杂交产生的不良后果。第三个层面,小说叙述了人类犹如"围城"般的存在困境:人生就好像一座围城,永远让人处于一种欲走还留的两难困境。对人类普遍存在困境的思考,是《围城》的精髓之所在。

# 王琼老师分享《心流：最优体验心理学》

2023 年 10 月 26 日

 **嘉宾名片**

王琼，郑州大学教育学院副教授，心理学博士，硕士生导师，河南省教学标兵、河南省高校科技创新人才、河南省高校青年骨干教师。兼任河南省儿童青少年心理健康协会副会长、河南省心理学会理事、郑州市心理卫生协会副秘书长。

 **书目介绍**

《心流：最优体验心理学》系统阐述了心流理论，进入心流状态的条件，从日常生活、休闲娱乐、工作、人际关系等各方面阐述如何进入心流状态。对心理学爱好者和研究者来说，这是理解积极心理学等领域不可或缺的理论素材；对大众读者来说，这更是一本提升幸福感和效率的行动指南。

**嘉宾分享**

什么是心流？这是目前积极心理学中提到的一种比较独特的现象，很多人对它的描述不太一样，体验的情境也不太一样。但是整体来说，心流是指我们在从事某一项工作或者任务时，达到的一种极其专注的状态。在这种状态下，个人注意力非常集中，可以忽略掉外界干扰的声音和刺激，进而在完成某项任务的过程中,能够体验到极高的成就感、充实感和幸福感。

马斯洛需求层次理论把人的需求分成了5个等级。最基本的是生理的需要,就是先吃饱肚子。在满足了生理需要之后,就是安全的需要,需要有一个安全的生活环境。再往上就是爱和归属感。有了爱和归属感之后,还需要得到尊重。最高等级的心理需求就是自我实现。而心流,就是自我实现需求的一个极大体现。

心流体验其实是一个比较玄妙的过程。换句话说,我们可能很难通过语言或者文字的表述,让大家有一个直观的理解,更多的是需要大家在生活中真实地去体验、去感受,你可能才真正地知道这是一种什么状态。

今天,我主要想分享三点。

第一点,心流研究的兴起和发展。心流是积极心理学研究的一个重点问题。20世纪末,西方心理学界兴起了积极心理学研究,其中非常著名的代表人物叫马丁·塞利格曼。塞利格曼最初研究的是消极心理学,他在研究积极心理学之前提出了一个非常著名的概念,叫作"习得性无助",就是解释人为什么会抑郁,人经历了太多挫折,而且这个挫折会导致他对环境有一种失控感、无助感,情绪就会出现问题。

后来,塞利格曼从消极心理学研究转向了积极心理学研究,这是他个人的选择,但是对整个心理学界,对很多其他心理学家的影响是非常大的。以前大家是在研究消极心理学,也就是研究人为什么会得病、人为什么会出现心理和精神障碍,这个研究本质上针对的是有心理障碍的少数人群,但是对于大部分普通人在生活中遇到的烦恼、问题和困惑,这些没有严重到心理疾病的问题很难有途径和方法得到解决。

塞利格曼把心理学研究的重点从"我们为什么会得病"变成了"我们怎么样才能生活得更好、更幸福",这对于心理学研究取向的发展和走向起到了非常重要的影响。在积极心理学研究的各项热点中,心流体验是最重要的组成部分。换句话说,积极心理学研究我们怎么样才能够获得幸福感,我们的人生怎么样才能过得更好,心流可能就提供了一个答案:在你的工作、学习、人际关系当中,在你生活的各个方面,都可以通过追求心流体验获得极大的满足、充实,甚至是幸福感。所以这本《心流:最优体验心理学》,或者简单的一个心流的概念,其实代表的是心理学界的一个重要研究方向,以及大家对于心理健康问题看法的改变。

第二点,心流是我们关注当下的一个重要工具。有一个非常著名的心理学家叫作卡伦·霍妮,她总结了当时欧洲人面临的主要心理问题,并汇总成为一本在心理学界影响非常广泛的书籍——《我们时代的神经症人格》。通过这个书名,我们知道她研究的是她那个年代的问题,我们有没有独属于我们这个年代的神经症呢?

过去三四十年当中,中国的社会经济发展速度非常快,外界环境发生了很大的变化。但是人的心理特质发展得有点慢,跟不上环境的发展,人的心理特质和外在环境出现了不适配,就会出现一些问题。我觉得这个时代绝大多数人面临着一个神经症,我把它称为"追求成功"。

我们一生当中很长的一段时间都在追求所谓现实和世俗意义上的成功,但是问题在于,我们太过于在意成功这个结果了。追求成功不是问题,如果太在意成功的结果可能就会出现一些问题。因为我们往往会忽略做这件事情的过程。做一个简单的比喻,大家都会出去旅游。大家一般都是怎么去旅游的呢?到景点拍照打卡就结束了。其实我们的人生就像去旅游一样,有些人去旅游过于关注最后的目的地,比如去海南就一定要去天涯海角的大石头那里拍个照,去北京就一定要去故宫在三大殿面前拍个照。太过于关注目的地,从而就忽略了去往目的地的过程中那些风景以及整个过程。

举一个具体的例子。我除了在教育学院授课,还在学校心理健康教育中心做心理咨询,这些年陆续接待了很多来访者。我发现很多来求助的同学,其实他们的问题是有共性的,其中一大类问题就反映了所谓的"追求成功的综合征"。让我印象最深刻的是一个男生,他在大四的时候遇到了这种问题,他说他被保研到北京邮电大学的某个在全国排名前列的专业,但是他很焦虑。因为他虽然还没有去报道,还在学校做毕业论文,但是每周五要开始参加研究生导师的课题组会。他说他第一次参加组会,因为对这个领域完全不了解,所以报告得非常差,导师把他批评了一顿,从那之后,他就特别害怕。他为什么在大四面临这个问题?因为他从高中到大学一直都是同龄人中的佼佼者,他一直比身边的人优秀,直到被推免,保研去了导师的课题组,他发现比起课题组的师兄师姐,他没那么优秀了,所以他崩溃了,出现了焦虑。为什么会有这样的问题呢?因为他评价自己优秀的标准是要比别人优秀,并不是自己要做出什么成绩,或者自己将来做什么工作这种具体的目标。换句话说,只要身边有人比他强,他就会否定自己的价值。

这位同学提到了他高中时候有一个特别好的经历。在高二的时候,他的成绩有所下降,那时也有类似焦虑的体验,但是,他很快调整了心态。他感觉在高二和高三上学期那段时间,他对学习投入度非常高,每天就是做题、刷题,每次考试的成绩排名都会有一点提高。他就陷入对学习极度专注的体验当中,做题也不觉得累,也不紧张,不焦虑,考试成绩的逐渐上升,给他带来了极其强烈的幸福感和充实感。这个时候他其实进入的就是一种心流的体验。

他在高中和大四的经历形成了非常鲜明的对比。在高中的时候,他从达到结果的过程当中获得了更多好的体验,更加在意的是一点点的进步,而且在追求进步的过程当中,他体会到了极其强烈的充实感、满足感。但是到了大四,他就从专注过程变成了专注结果。

我们都说要关注当下,怎么去关注当下呢?怎么把结果导向变成过程导向呢?很重要的一个方法或途径就是追求体验心流过程。书中提到的一个非常重要的途径,就是需要先给自己设定一个目标。比如说现在给你们设定的目标是要考上北京大学研究生。你看到这个目标之后会觉得有点焦虑,会觉得这个目标过大,然后你抱着我要考上北京大学研究生的心态去复习的话,就会非常焦虑,每当遇到比较难的题,就会慢慢体验到强烈的挫败感。所以,目标不能这样设立,我们需要把目标不断地分解,分解成一个个的小目标。假如我们把"考上北京大学研究生"的目标换成"这周做两张英语考研试卷",你觉得第二个目标怎么样?你能实现吗?肯定可以实现。

心流体验很重要的一个前提,就是要追求一个刚好比现在的水平和程度高一点的目标。目标过高的话,很容易获得挫败感,目标过低会因为过于轻松达到而失去挑战性。在不断完成小目标的过程中,每次都能距离大目标更近一些,这样就会在不断追求目标的过程中进入到极其专注、极其沉浸的心流状态,在达成一项项目标的过程中拥有收获感和成就感。这是追求心流过程的方法,也是一个很重要的缓解学业焦虑和工作焦虑的方法,当追求心流状态和体验的时候,我们更加关注的是过程、是当下,而不是未来。

第三点,心流是很多人特别是大学生进行心理调适的一个重要工具。这个时代的神经症就是过于追求成功。在过去三四十年里,随着中国社会经济的发展,很多人都通过自己的努力和奋斗,实现了现实意义上的成功。

但是最近几年风向好像变了,好多年轻人不再追求成功了,开始走向另一个极端,就是所谓的摆烂、躺平。因为社会经济发展发生了变化,社会资源和个人发展空间有限,有些人发现我再怎么努力、再怎么卷,可能也没有办法获得现实意义上的成功,就选择了摆烂。

我们到底是卷,还是摆烂呢?还是卷一会儿摆烂一会儿,不断在这两种量子状态中去纠缠、叠加?追求心流体验的过程可以很好地解决这个问题。在追求心流的过程当中,我们要把目标难度设置恰当。目标设定过高,难度过大时,完不成目标的焦虑感随之而来,因为困难引发的畏难情绪会使人更加恐惧失败,并从挫败感中加深自己完成其他目标也会失败的判定。目标设定过低,在情绪上会出现无聊感、枯燥感。

躺平的话会很空虚,卷的话又很焦虑,应该怎么办呢?在焦虑和无聊之间,有一个平衡点,这个点就是心流体验。心流体验让人在不断自我实现的过程当中不焦虑也不无聊,得到的是充实感、成就感。现在这个时代,想获得快乐很容易,获得幸福就很难。有一种说法是如果想要幸福,首先得经历痛苦,就是要很痛苦地经历一个过程,然后才能获得幸福。对于这一点,我不认同,我觉得获得幸福的过程也是可以很享受的,也是可以很快乐、很幸福的。因为你可以通过看到自己一点一点进步,沉浸到要完成的事业中获得一些非常好的体验。

总结一下,我们为什么要读这本书,为什么要了解积极心理学和心流的有关知识?第一,心流是积极心理学研究的一个热点问题;第二,追求心流的体验给我们提供了一种追求当下的工具;第三,在卷和摆烂、焦虑和无聊空虚之间,我们有第三个选择,就是通过追求心流的体验,不断朝着我们的目标去迈进,最终实现它。

**主持人:**

*读完《心流:最优体验心理学》这本书之后,您最深刻的感悟是什么呢?*

**王老师：**

大约2020年的时候，我参加河南省教育厅组织的一个考试命题，需要把几个命题老师封闭起来，等到考试结束才能出来。当时非常不巧，由于疫情原因，我们在那个地方多待了一个月。去命题的时候什么电子设备都不能带，但是可以带书，我就带了这本书。在那一个月的时间里，在那个相对来说比较封闭、比较隔绝和枯燥的环境当中，我把这本书看了好几遍，让我对这本书有了深入的阅读和体验。

说实话，可能有一点夸张，那一个月的体验还有这本书，在某种程度上改变了我对人生的一些看法和态度。我原来也是很卷的一个人，在卷的过程中，就会陷入一种明显的痛苦当中，会很焦虑。其实，绝大多数人都会有一些情绪上的痛苦体验。有两类是最明显的。一种人关注过去，他总是想我过去有个什么事没做好，我过去有个什么选择没选择好，我应该有更好的选择或者怎么样。这种人，他过度关注过去，为过去的一些遗憾后悔，很容易陷入一种抑郁情绪。我相对来说不是容易抑郁的人，我是另外一类，我过度关注未来，未来我应该怎么样，我应该实现什么样的追求，我会不会遇到什么样的问题。面对不可预测的未来，我就会陷入另外一种情绪，就是焦虑。所以关注过去会抑郁，关注未来会焦虑，我们应该怎么办呢？就是关注当下。

在那一个月里，我反复和深入地阅读这本书，从某种程度上把我的视角从未来转向了当下，我也对自己的生活做了一些调整，我可能不会特别地关注结果。因为当注意力转移到当下，把每一个当下做好了，结果也就水到渠成，顺理成章。这是我最大的感悟。

**主持人：**

心流是一种高度专注，令人愉悦的状态。您认为当代大学生怎样才能获得更多的心流体验呢？

**王老师：**

在大学里面我们最主要的任务是学习，同学们从日常的学习中追求到这个心流的体验就很简单。第一步是设立一个目标。这个目标可以非常大、非常远,但是一定要做一个非常详细的分割和规划。第二步就是在做这个目标和规划的过程中,把整个生活节奏掌握好。比如在某一个学期,设定要完成某一件事情,那么在完成这件事情的过程中,可以把它分解为一个月或一个星期的小目标,一点点地完成它、实现它。第三步就是在追求一个个小目标的时候,一定要注意对自己情绪的关注和觉察。因为在大学不只有学习,还有人际交往和日常生活,必然会产生一些情绪,需要自我调节,自我化解。如果还没有找到一个调节自己情绪的好方法,最简单的就是不断地觉察自己,或者说反省自己。我觉得每个人都得有一个能够让自己投入进去专注的事情,或者说是一个目标也好,梦想也好。在达成的过程中,如果能够体验到心流,去实现它、完成它,这会是我们人生中很美好的经历。

**主持人:**

书中提到了一个词,叫作"精神熵",这与现在年轻人陷入精神内耗的现象非常相似,您如何看待这一现象的出现以及它的影响呢?

**王老师:**

我觉得精神内耗的本质是我们每个人怎么去处理跟自己的关系的一个问题。内耗,就是在心里面自己消耗精神,反映出的最根本的问题是我们能不能做到对自己完全的接纳。我不知道大家怎么理解内耗,你们生活中什么时候会内耗?比如不会拒绝别人。其实不会拒绝别人的本质不是处理跟他人的关系,而是没有处理好跟自己的关系。为什么我们不愿意拒绝别人呢?因为我们会假设,如果我拒绝了他,他会不高兴,他可能就不喜欢我了。发现了吗?你需要别人来喜欢你,你才觉得自己是值得被爱的,自己才是好的。你应该积极地接纳自己,你不需要别人来赞扬你,不需要别人来喜欢你,你自己就很喜欢自己、爱自己。

爱自己,就意味着爱自己的全部。那个光鲜亮丽的、闪着光的你,你肯定会爱,但是那个脆弱、阴暗、在被窝里偷偷哭泣的你,你可能就不那么爱了。我们需要知道的是,任何一面的你,都是你的一部分,我们都要去接纳它。尤其是那个脆弱的你,你认为的所谓不好的自己,更值得你去关照。所以,如果我们真的做到对自己的接纳,我们真的去爱自己的话,我们可能就不会精神内耗了,在人际交往过程中,可能就不会太在意别人的眼光,可能就不会因为别人的一个批评、一个指责变得非常低落、难受,就不会因为拒绝别人,害怕别人讨厌自己。因为你的内心足够强大,你不会用别人的标准、别人的看法来评价自己到底有没有价值,到底好不好。但是,这确实很难,因为我们是社会性动物,我们必须活在人群当中。在人群当中,我们不可避免地会在意别人的看法,引发内耗的问题。我希望大家能做到的是,一旦意识到自己正在陷入精神内耗,就能对自己做出一些精神、情绪上的阻断和调整。

你可以在意别人的看法,可以让自己变得很漂亮,可以让自己变得很瘦,但是,你也可以接受自己偶尔吃一顿麻辣烫;你也可以接受自己因为对方提出了过分的、无理的要求,你严厉地拒绝他;你也可以接受自己在某一方面不如别人,你可能会对那个人有一些嫉妒或者不好的情绪,你可以接纳这种情绪。当把生活当中很多"我必须怎么样"变成"我也可以怎么样"的时候,你可能就没有那么多精神内耗了。

**主持人:**
现在越来越多的大学生都存在心理方面的问题,您作为心理学方面的专家,能否为大学生心理健康提一些建议呢?

**王老师:**
我觉得对于绝大多数同学来说,其实做到两点就可以了。

第一点就是找到一个特别适合自己的生活节奏。我之前看过一本书,提到最好的人生状态,就是在一张一弛之间。比如说你经历了非常紧张的复习,考上了大学,当成绩出来的那一瞬间,你是不是就很快乐,这就是持续的紧张之后瞬间的松弛。书中的这个观点,我们可以去借鉴,就是要找到自己的生活节奏。生活中不能只充满了紧张,每天都在学习、每天都在奋斗,在奋斗和学习之后要有能够让自己松弛下来的机制。周末可以跟同学去吃好吃的,去看电影,去玩,去徒步,放松了之后,还要回到紧张的学习当中。找到自己的生活节奏之后,你的生活就进入一个比较稳定的状态。心理健康的人肯定是稳定的、平衡的,假如我们生活的某一个方面,因为某一个事情,失去了平衡,可能就陷入了心理不健康的状态。你只要能够找到一个比较平衡的状态,就基本上不太会容易出问题,包括合理运动、人际交往、亲密关系等,都可以实现一个比较积极的体验。

第二点就是假如在生活遇到非常大的挑战,我们依靠自己的努力无法调节重新进入平衡的状态,一个最重要的原则就是去寻求专业的帮助,比如说心理咨询师,或者精神科医生,获得他们的帮助和指导,帮助自己回到平衡。

## 书目推荐

第一本是罗伯特·戴博德的《蛤蟆先生去看心理医生》。这是心理咨询的入门书,也是一本畅销书。通过看这本书会对心理咨询、对自己如果遇到问题之后怎么去求助,有一个相对来说比较全面的认识。而且这本书中用了很多的比喻手法,非常幽默,读起来非常轻松。

第二本是《当尼采哭泣》。这是一本小说,非常通俗易读,作者是我非常喜欢的一个心理学家,叫欧文·亚隆。这本书描写了尼采作为一个心理疾病患者去做心理咨询的过程。尼采是一个非常著名的哲学家,后来他崩溃了,疯了。这本书的写作契机就是尼采在接近崩溃边缘的时候,他身边的一些人把他介绍给了当时一个非常知名的心理医生,然后通过心理医生的帮助,尼采有了这样的过程和体验。这本书是我们心理动力学治疗的一个非常好的案例和样本。通过这本书,我们会对精神分析和心理动力学治疗当中的很多概念、理论有一个比较好的认识,更重要的是它是小说,它的情节很有趣味性和吸引力。

第三本是阿尔弗雷德·阿德勒的《自卑与超越》,这是非常著名的心理学著作。非心理学专业的同学如果想读心理学经典的话,《自卑与超越》是一本必选书。通过这本书,可以了解到阿德勒在他所处的时代,作为一名心理学家,对人生当中困扰我们的很多问题给出的思考和解答。

第四本是岸见一郎和古贺史健的《被讨厌的勇气》。这是一套书中的其中一本,另外一本叫《幸福的勇气》,这本书可能就是治好精神内耗的一把钥匙,它回答了怎么去克服害怕、被讨厌、被拒绝的问题。

第五本是罗兰·米勒的《亲密关系》。欧文·亚隆在存在主义心理治疗中,提到了三个人生的终极之问,分别是:怎么去克服存在的意义?怎么去克服人生的孤独感?怎么去面对死亡?这三个"怎么去",其中最重要的一个就是怎么去克服人生的孤独感。你要在亲密关系当中去追求一种人与人之间的连接,你在谈恋爱的过程中肯定很幸福、很甜蜜,幸福和甜蜜之余,还会吵架,也有一些痛苦、不幸福、不甜蜜的地方。怎么去获得更高质量的亲密关系呢?这本书就会提供答案,不只是谈恋爱的时候有用,在处理自己与父母关系的时候,或在处理将来自己与孩子的关系的时候同样适用,本质上因为它们都是处理亲密关系的问题。

# 魏涛老师分享《中国哲学简史》

2023年11月8日

## 嘉宾名片

魏涛,郑州大学考古与文化遗产学院教授,哲学博士,博士生导师,国学系主任,主要从事中国哲学史、思想史的研究。河南省青年骨干教师,河南省教育厅学术技术带头人,河南省教学标兵。兼任国际儒学联合会理事、中华孔子学会二程与洛学研究专业委员会副会长兼秘书长、河南省儒学文化促进会副会长等。

## 书目介绍

《中国哲学简史》是河南籍著名哲学家、哲学史家冯友兰先生哲学与思想的结晶,是享誉中外的中国哲学名著。1946年到1947年,冯先生在美国宾夕法尼亚大学讲授中国哲学史,英文讲稿经整理后形成本书。《中国哲学简史》短小精炼,全书二十余万字,打通古今、联络中西,不仅讲述了中国哲学发展的历史,还融入了冯友兰独特的理解与思考,可谓"资料是古代的,眼光却是现代的;思想是中国的,考虑却是世界的",充满了人生的睿智与哲人的洞见。

## 嘉宾分享

冯友兰先生的《中国哲学简史》是一本不可多得的文化瑰宝,它深刻地勾勒了中国哲学的演变脉络，为我们提供了独特的思考视角。今天借这个机会分享一下我个人对该书及冯先生思想的粗浅理解。

先简要回顾一下冯友兰先生的生平和学术背景。冯友兰（1895—1990），是中国近现代哲学家中的杰出代表之一，也是我国著名的文化学者。他的学术贡献涵盖了哲学、文化学、历史学等多个领域。冯友兰先生的学术思想融会了中西哲学，他的著作深刻地反映了他对中华文明的深厚理解。《中国哲学简史》是冯友兰先生在1946年至1947年应美国宾夕法尼亚大学邀请讲中国哲学史时的讲稿。原稿是英文的，后来被翻译成多国文字，迄今在世界上还有着非常广泛的影响。冯友兰先生通过对中国古代哲学思想的批判性分析，提出了"文化大一统"的概念，强调中国哲学在历史长河中的内在连贯性。这部著作的核心观点为我们理解中华文明的核心思想提供了坚实的理论基础。

讲中国哲学史一般都是从先秦讲到近代，在近代也总能讲出龚自珍、魏源、洪秀全、康有为、谭嗣同、严复、梁启超、孙中山等一大串人物来。但认为"近代中国哲学正在创造之中"的冯友兰，则将"史"的线索截止在宋明理学、心学时期，以王守仁哲学思想的讲述而告终。只是在讲到西方哲学这一专题时才粗粗地提到康有为和严复，这主要与冯友兰的哲学认识有关。冯友兰对中西文化差异原因的探索经历了地理区域、历史时代、社会类型三个完全不同的认识阶段。在历史时代差别的认识阶段上，冯友兰认为东西文化的差别，实际上就是中古和近代的差别。他另一部在欧美流传较广的《中国哲学史》中断言："严格地说，在中国还未曾有过近代哲学，但是一旦中国实现了近代化，就会有近代中国哲学。"在这部哲学史中，他将中国哲学分为两个时代，即子学时代与经学时代，相当于西方哲学史中的古代与中古代。这一划分时代的思想显然对这本《中国哲学简史》产生着相当大的影响。

毫无疑问，中国哲学的特点和精神受到古代中国的经济、地理背景的影响。古代中国的经济主要是农业经济，地理环境也主要是陆地环境。书中说："中国历代的思想家，从孔子到上世纪（18世纪）末，没有一个人有过到公海冒险的经历。"我们也可以发现，中国思想家的话语里"海"字的出现频率是比较低的。以农业为主的经济和以陆地为主的地理环境当然对中国哲学有所影响和限制。由于农业经常要与自然打交道，所以历代中国思想家都亲近自然、热爱自然，对日月更替、四季更迭这些自然循环的深入观察，也给了中国人很多启示。

就连儒家和道家这两个思想倾向比较相悖的学派,都赞同"反者道之动"的观点。"反者道之动"出自《老子》,表达的就是循环往复,物极必反的意思。还有孔子推崇的"中庸之道"等,这些都是中国人喜闻乐见的思想和智慧。黑格尔所说的"否定的否定",也大概是这个意思。中华民族既能在逆境中心怀希望,也能在顺境里居安思危,都归功于这种思想。说到"农业",就离不开"土地"这个词,中国历史上大大小小的战争,几乎都和土地、领土有关。土地不能移动的性质,奠定了中国人家族制度的基础,中国人的家族制度无疑是世界上最复杂而又组织得很好的一种制度。一般来讲,一个家族的好几代人,都会生活在一方水土里,只要不是遇到特别严重的危机,都不会轻易抛弃土地,背井离乡。"家族"对于中国人来说是非常重要的,儒家的重点就在于论证这种制度合理,因此儒家就显得更入世一些。前面说到,中国人崇尚自然,道家的重点就在于"自然",这里的"自然"要打个引号,因为它不一定是指地球生态系统的那个自然,也可能指的是某种形而上的"自然"。因此,道家就显得更出世一些。这两种趋势彼此对立,但是也相互补充,两者演习着一种力的平衡。所以说中国人对于入世和出世具有良好的平衡感,中国哲学既是入世的,也是出世的。

在具体讨论某一哲学家和某一哲学流派时,冯友兰通常采用的是讲述问题的方式。对每个问题的选择与讲解,都体现了冯友兰对这一哲学家和哲学流派的把握与理解。冯友兰既能从中国智慧的角度把握以探索人生价值、宇宙生命意义为追求的哲学价值重心(关于中国哲学的这一内容特征,集中体现在儒家哲学思想中),又能从西方的逻辑思维方法和新实在论阐释中国哲学,尤其指出中国哲学思维中非逻辑比逻辑体现出更为深刻的道理(东方思维的这一方式特征主要体现在道、佛的哲学玄思中)。

冯友兰认为,在某种程度上,哲学家的思想是其政治理想的阐明、构建。因而,他在《中国哲学简史》一书中采用了史论结合的方式,在诠释各家哲学的同时,也将其与当时的社会历史条件以及哲学家所向往的理想生活状态和国家制度相结合,使读者更易产生共情。同时,冯友兰认为,中国哲学的主要目的不是机械地增加知识、提高控制自然的能力,而是向往"天人合一",是人与自然相统一的过程,并将对理想境界的追求作为中国哲学的主要特征予以充分强调。

除此之外，冯友兰为读者澄清了许多常见的误区，并做了进一步的详细说明。比如对儒家提倡的中庸思想的阐明："中"即"恰如其分""恰到好处"，而"庸"就是"普通"和"寻常"。从情感来说，中庸是指情感未发生时，心的活动恰到好处，情感发生后，无所乖戾，呈"和"的状态；在社会生活中，"中"的思想同样适用于人的感情和欲望，"当人的欲望和感情表达得合乎分寸，他的内心便达到一种平衡，而这是精神健康所必需的"。这种中庸思想的核心是物极必反，要把握度，当一个事物发展到极端的时候，就会朝着另一端发展，最终会使我们收到事与愿违的结果。冯友兰在书中通过对常见误解的澄清，使读者对其有了更深层次的理解。

在对中国哲学诠释时，冯友兰着重分析了先秦诸子百家的思想。在中国哲学的初期阶段，即先秦时代，诸子百家争鸣，儒家、道家、墨家等学派相继崛起。冯友兰先生通过对这些学派的深入解析，揭示了它们在社会历史中所扮演的角色，以及各自的核心思想。儒家代表着中国传统文化的主流，其核心理念是仁爱之道。冯友兰先生在书中详细解读了孔子、孟子等儒家经典，深入剖析了儒家对社会伦理、道德规范的贡献。儒家的"仁爱"观念如何在中国文化中根深蒂固，是我们深入了解中国哲学的重要切入点。与儒家不同，道家提倡"无为而治"的理念。冯友兰先生对庄子、老子等道家代表人物的思想进行了深入解读。他强调道家对于自然、宇宙法则的理解，以及在这个理解中如何建构人类的处世哲学。在百家争鸣中，墨子的兼爱主义也是一个备受关注的学派。冯友兰先生通过对墨子思想的细致分析，揭示了其在道德理念上的独特之处。墨子主张"兼爱"，对于现代社会的一些道德困境，我们是否可以从墨子的思想中找到启示呢？

人们习惯说中国有三教：儒教、道教、佛教。其实儒教并不是一个严格意义上的宗教，道教确实是中国本土的宗教，而佛教是印度传过来的宗教。我们要注意区分道教和道家，两者是不一样的，道家很多时候强调的是"顺其自然"，或者说是反对刻意而为。佛教和佛学也是有区别的，前者是宗教，后者是哲学，可以说前者包含后者，其实我觉得更好的表述应该是说佛学里包含哲学和神学。古往今来，大多数中国知识分子关心的则主要是作为哲学的佛学，而非信奉作为宗教的佛教。

随着历史的推移，中国哲学在中古时代经历了儒释道三家的传承。这一时期，儒家、佛家和道家三足鼎立，各自发展出独特的体系。冯友兰先生通过对这一时期的思想演变进行全面分析,指出了它们之间的影响和互动。关于哲学在当代的意义,冯友兰先生的著作不仅为我们理解古代哲学提供了深刻的历史视角,同时也引发了一系列对现代社会的思考。

儒家强调伦理、道德和社会秩序,这些观念在现代社会中仍然具有重要价值。我们可以讨论儒家思想在当代社会中的应用,特别是在领导力、教育和社会责任方面,它如何为我们提供有益的指导。在现代社会中,我们面临着繁忙的生活和复杂的问题,道家的"无为而治"思想是否可以为我们提供一种更轻松、更宽容的生活态度?我们可以共同思考如何在现代社会中运用这一理念。佛家注重内心的平静与超越世俗的追求。在当今快节奏和高压的社会中,我们可以讨论佛家思想如何帮助人们找到内在的宁静,以及如何与现代生活方式相结合。冯友兰先生通过《中国哲学简史》对中国传统文化进行了深刻的梳理,他的贡献是不可忽视的。我们可以思考他的观点对于当代中国文化自信、传统文化的传承与创新有何启示。

今天,我们一起探讨了冯友兰先生的《中国哲学简史》以及其中涉及的儒家、道家、墨家等学派。希望大家对中国哲学有了更深层次的理解,同时也从中汲取到新的思想营养。在这个信息爆炸的时代,保持对中国哲学的关注,对于我们理解人类文明的脉络、拓展思维的广度都具有重要价值。希望我们能够继续保持对智慧的追求,以开阔的视野和深刻的思考,共同构建一个更加富有智慧的社会。

## 主持人访谈

**主持人:**

冯友兰先生认为人生有四种境界,自然境界、功利境界、道德境界和天地境界。对此,您是怎么理解的呢?了解这四个境界对我们有什么启示吗?

**魏老师:**

"吾十有五而志于学,三十而立,四十而不惑,五十而知天命,六十而耳顺,七十而从心所欲,不逾矩",这是孔子给我们展现出的整个人生的成长历程,被奉为经典。我觉得这既是真正纯自然的一种生命历程的写照,在一定意义上也表征着人的一种觉醒程度,前者是就历时性而言的,后者可以说是从共时性的比较而言的。对于觉醒程度,我们都有这样的经历,就是小时候要读书,天天说"好好学习,天天向上",我们就是在这种鼓励声中慢慢成长起来的,就是由一种依附状态转化为一种相对比较独立的状态,这才叫而立,不是说你到了30岁就"而立"了。难道40多岁就不惑了吗?我已经超过40岁了,我还有很多疑惑。其实它是表征着有了一定的阅历之后,我们对于很多问题的理解就相对比较沉稳了。

冯先生四种境界中的自然境界就是人自在地活着,是自然纯粹的一种状态,人不可能求全,要有所选择,然后人就有了定向性。人原本是没有方向性的,是一种完全自在的状态,进而转化为一种定向的状态,有了选择自然就会有功利。比如男生女生谈恋爱的状态,我对你好,我不说但是心里面惦念着,你也对我好,这叫"投之以桃,报之以李"。(当然我对这个命题所表征的境界并不看好。因为只有把对他人的爱、做好事作为一种无欲无求的人生享受时,才是我们应该追求和推崇的理想境界。)但是很多人对你都有意思,那可能就有点麻烦,你得有所选择,这个时候恐怕你得给自己搞一些条件和一些条条框框,然后把它们发布出去。竞争者就需要比拼一下,得保证有一定的秩序,这时就需要调节。调节就涉及人与人之间的伦理问题,伦理问题的背后就是秩序。人与人、人与物之间最高的秩序是天序天治,就是天然形成的秩序,有一句话叫"亲亲而仁民,仁民而爱物"。冯先生所讲的"天地境界",也就是"与天地精神相往来"的境界。我认为应该是我们不能仅限于人的世界。人既在人群中生活,同时也在整个宇宙中生活,所以我们要在整个宇宙中体会到自身的意义和价值。张载所谈到的"乾称父,坤称母",是以天地作为一个大父母。实际上他是在讲一种宇宙的情怀,当我们内心深处有了宇宙情怀,我们的世界就是非常辽阔的。

如果仅仅把自己定位到为稻粱谋,那我们的世界只有"功利"二字,只有眼前的蝇头小利。孟子初见梁惠王时,梁惠王就问:"叟不远千里而来,亦有利吾国乎?"而孟子以一句"王何必曰利"将梁惠王的功利思维连根拔起。当我们面对一些问题的时候,如果内心有一些麻烦、烦恼,就说明对自己的定位不够高。当站在图书馆门外时,我们看到的是门前的元和广场;当我们站在钟楼塔顶时,整个校园都可以鸟瞰;站在中原福塔上,整个郑州大概都可以收入眼底;如果站在飞机上,从高空往下看,那可能是另外一番景象。我们之所以会有很多烦恼,之所以有很多问题和焦虑,原因只有一个,我们没有把自己定位准确,站位决定了你的眼界和格局。

所以冯先生的四种境界实际上既展现出人生的旅程,也启发我们要不断地觉解。当我们的思想觉悟达到一定程度的时候,内心就会少了很多烦恼。尤其是我们与天地合一,达到天地境界的时候,那我们什么时候都是一种乐呵呵的状态,每天都是面朝大海,春暖花开。

**主持人:**

在本书中,冯友兰先生提到哲学的目的是"使人作为人能够成为人,而不是成为某种人",其中"使人作为人能够成为人"是什么意思呢?

**魏老师:**

这是一个微观的问题,同时也是非常宏观的问题。第二十四届世界哲学大会的一个主题就是强调要"使人成为人",就是学以成人,这让我想到了一句话叫"君子不器"。人不能把自己框在某一个狭小的范围里,很多时候人生的很多坎不是别人给我们设的,是自己给自己框起来的。我们要做到"己欲立而立人,己欲达而达人,己所不欲,勿施于人",关键就是内心要敞亮起来,使内心世界达到与天合一的地步,所以古人提出一个概念叫心天,或者叫天心。古人讲"为天地立心",天地没有心,为什么要立心?所立之心到底是什么?这就是要确立人在宇宙中,在天地中的价值。这个世界有很多风景,但是如果离开了人,这个世界恐怕就没有什么风景可言,它带给我们的启示就是这个世界因为有了人才变得与众不同,所以叫"风景这边独好",这就是茅盾先生的《风景谈》中为何没有描写任何的自然风景的缘由。

"使人成为人"是每个人最理想的一种状态,是一个自由而全面发展的人,不是一种异化的人。马克思对人的界定有三个状态:自然状态的人,异化状态的人,自由而全面发展的人。这三个状态是有关系的,处于自然状态的人,相当于冯友兰先生所谈到的一种自然境界,在这个时候人就是且活着。

要"使人成为人",并不是要求我们把社会上所可能具备的一切知识、一切技能全部掌握,是强调每个人要有全人意识,避免走向一条片面深刻的道路。当沿着一条路不断往前走的时候,我们需要左顾右盼一下,需要看一看路边的风景,这样才能确定我们下一步是否还要沿着这个方向走。有很多真理是通过间接经验获取的,不是通过直接经验获取的。

人的理想生存状态,是中国古典社会我们的先哲们所推崇并经广大民众所长期坚守的天地人神共居的状态,也就是海德格尔所讲的"诗意栖居"的状态。如何由当前的"宅化蜗居"生活过渡到"诗意栖居"的理想生活,这是人类的必然走向,我想这也是我们共同的愿望。

**主持人:**

如今,"内卷""躺平"等概念在网络上被广泛热烈地讨论,折射出人们的生活压力和焦虑不安。那么,学习哲学对于人们对抗焦虑和内耗有什么作用吗?

**魏老师:**

这是一个大家非常关心的问题,也是一个很有现实感的问题。现在每一个行业,每一个时刻都在卷。从空间上和时间上来看,卷好像成了一个绝对的情况。孩子从小就开始被卷,家长担心孩子输在起跑线上,然后报了一个又一个班。大学里面也在卷,尽管有些人躺平了,但是我相信他不是真的就像古代隐士一样遁世。其实古代绝大多数的隐士都在都城附近。为什么?因为一旦有机会他就马上下山了,"穷则独善其身,达则兼济天下",所以中国历史上从来没有绝对的隐士,为什么隐?很多人是因为怀才不遇。内卷的过程中,中国哲学提供给我们很多智慧,当然它们不是支撑着我们继续躺平,也不是支撑着我们在卷的过程中采取一些不正当的方式。卷要卷之有道,躺要躺之有道,这个道的前提一定是德。这里的关键是从中国哲学中汲取智慧,将其作为我们在激烈竞争的社会调节心理达致平衡的重要思想资源。我们看老子的故事,看孔子的故事,看庄子的故事,但并不是仅仅为了看故事,只有真正把这些东西融入到自己的血脉和骨子里,这才是我们自己的东西,才可以伴随我们终生,让我们更好地走好自己的人生。

书目推荐

第一本书是《老子今注今译》。这本书是由陈鼓应先生注译的,之所以选择这个注本,也是因为这本书是被大家公认的最接地气的,并且能够平息各家的纷争的注本。它在大量吸收前人研究成果的基础上,根据个人多年研究心得,对《老子》做了全面介绍。这本书通俗易懂,非常适合初学者了解老子。

第二本是李泽厚的《中国古代思想史论》。作者李泽厚是一个思想引领者,他始终是在提出问题并做出自己的解释,而这种的新颖性、敏锐性足以吸引人们的兴趣。本书作为李泽厚关于中国古代思想研究的论集,从剖析孔子仁学开始,提出中华民族的"文化心理结构"问题,认为血缘、心理、人道、人格为四大组成要素。孟子、荀子从内、外两方面展现了光辉的个体人格和伟大的人类特征,而以实用理性、乐感文化为内部精神。本书并以此贯穿论说了自先秦至明清的各种主要思潮、派别和人物,其中着重论证了中国的辩证法是"行动的",而非"思辨的",论说了秦汉时期所形成具有反馈机制的"天人感应"宇宙观流传至今,庄子、禅宗的哲学是对人生做形上追求的美学,宋明理学作为道德形而上学仍具有重要价值,以及在明清时期思想中"内圣"与"治法"已出现分离,标志着中国式的政教合一将逐渐动摇,这是走向近代的重要趋向等。

第三本是宗白华的《艺境》。该书是著名美学家宗白华先生的代表作。在该书中,他将中国形而上学的思考连成一体、互为表里。在该书中,宗白华将叔本华、柏格森以及康德对于本体、生命和时空的理论,与《易传》、老庄以及禅宗等思想融会贯通,从具体的作品体悟入手,揭示了中国艺术美的理想,破解了中国艺术中的时空之谜,阐发了关于中国艺术意境的精湛、绝妙的思想。该书不仅在中国美学史上具有不可磨灭的地位和意义,而且在现代中国哲学史上具有相当高的价值和意义。

第四本是王汎森的《思想是生活的一种方式》。本书是王汎森教授研讨近代中国思想史的新作。在该书中,他认为,思想与生活相与交织,不同人群所呈现的思想光谱浓淡不一,思想史研究应致力于刻画历史的复杂性。王汎森教授以此思路探讨近代中国人的存在感受、生命气质、人生态度,灵活调用思想、学术、生活、政治诸种材料,解读从"新民"到"新人"的变化、"主义"的兴起、近代思想中的"未来"、"人的消失"等新鲜议题,呈现出近代中国大变动之中丰富、幽微的心灵世界。

第五本俞吾金的《新十批判书》。这是复旦大学哲学学院俞吾金教授的一部遗著,并未完成,好像一份突然中断的遗嘱,留下了先生在弥留之际的颤抖心声。从表面上看,这是一部思想方法论的著作,对时下十种观念倾向进行揭露和批判,而实则是先生一贯追求启蒙思想的体现,被学界称为新时代"启蒙的呐喊"。该书并非对古代哲人的思想批判,而是对世人、时人陷入庸俗、媚俗、作秀、历史泡沫、文本崇拜、宗教崇拜、科技崇拜等痴妄之态的批判。该书以马克思所倡导的生活批判与意识形态批判为出发点,试图找到走出新时代各种意识形态迷宫的阿里阿德涅之线,试图找到我们人类精神的真正栖息地。

# 刘玉叶老师分享《诗经》

2023 年 11 月 15 日

## 嘉宾名片

刘玉叶,郑州大学文学院副教授,中国人民大学国学院博士毕业,硕士生导师,主要研究方向为魏晋南北朝文学。曾获河南省教育系统教学技能竞赛一等奖、"河南省教学标兵"等荣誉。

## 书目介绍

《诗经》是我国第一部诗歌总集,收集了从西周初期至春秋中期的大部分诗歌,分风、雅、颂三部分。《诗经》全面地展示了中国周代时期(西周至春秋中期)的社会生活,集中反映了周初至周晚期约五百年间的社会风貌和风土人情,堪称一部优美的古典歌词本。

## 嘉宾分享

《诗经》,大家应该都比较熟悉了。今天我选取《诗经》中的一个部分为视角,来讲一讲我们的地域文化。这部分就是《郑风》,我们现在脚下所在的这片土地,之前是一个古老的王国——郑国。十五国风其实就是十五个国家或者十五个地区的乐歌,大家都知道自己的家乡当年在《诗经》里面应该属于哪个地区吗?如果你的家乡不在《诗经》的国风里面,说明当时不算中原人。十五国风,都具有鲜明的地域特征,我们可以从中了解当时的地域文化与民众性格,而《郑风》,就是中原文化的一个突出代表。

十五国风中,哪几风反映的是我们河南一些地区的社会生活和人民情感？比如,我们现在所在的这个地方是郑地,而《郑风》是郑地的民歌;桧风在新密和新郑之间的桧国;陈风在周口淮阳一带的陈国,其他包括邶风、鄘风、王风。洛阳是东周的王畿地区,但是周天子地位实际和诸侯王差不多,所以其地民歌也称为风,而《王风》正是洛阳一带的民歌;我们东边的殷商故地离我们很近,新乡、鹤壁等,周王朝把殷商的朝歌这一大块地方分成了三个王国,即邶鄘卫,而《诗经》中《邶风》《鄘风》《卫风》即此地的民歌,邶和鄘最后都被卫国攻打下来了,所以邶鄘卫后来被简称为"卫"。南边还有一个陈国,就是现在的淮阳,有著名景点太昊陵,陈国和楚国特别近,那个地方巫风盛行,和主流中原文化已经有点不太像了。就现在河南来看,有不少国风都位于我们河南地域里。

我们读过很多《郑风》中的诗篇,我们是不是可以从一个地域的文学里面去推断这个地域的民风呢？那么,郑国人的性格是什么？其实郑国人在先秦时期有着非常鲜明的性格特征。郑国人的性格在当时是非常出挑的、非常叛逆的、非常大胆的,甚至让传统儒家着实有些接受不了。我们今天一起回溯一下,两千多年前我们这片土地上生活的先祖,是那样一群热情奔放、大胆泼辣的人,他们虽然处于中原文化的核心地带,但却常常做出和传统中原文化格格不入的事情,这是为什么呢？今天我们就通过《郑风》来讨论一下当时的郑国人民以及郑国文化。

郑国国君姓姬,和周王有着紧密的关系。郑国是在西周快灭亡时才分出来的,第一任国君就是周宣王的亲弟弟,所以郑国是一个非常尊贵的国家。刚开始,郑国被分在哪里呢？不是在我们这里,是在陕西。郑桓公是一个非常聪明、非常具有前瞻性的人,他敏感地意识到西周已是日薄西山,他不想郑国跟着西周一起沉沦,于是东迁。所以周王室其实是被迫东迁,而郑国却是主动选择的。郑国先是东迁到了距离洛邑比较近的地方,就是今天的新郑、新密这一带,这个地方原来有两个国家,虢国和桧国。《诗经》里边有个《桧风》,可以看作是郑国原住民的诗歌。郑国国君知道虢国和桧国的国君非常贪婪且短视,就出钱找他们买了十个城邑,然后大举搬迁,把整个郑国人都搬了过来,所以这个新的郑国就叫"新郑"。搬过来之后,郑国人就不只满足于这十个城邑了,于是攻打虢国和桧国,把两国全部占领,这就是郑国第一任国君郑桓公做的事情。郑国第二任国君是郑武公,他和其他几个诸侯一起击败犬戎,扶持周平王东迁来到了洛邑。郑武公居功甚伟,周平王非常欣赏他,让他当了司徒。现在《郑风》里的第一首诗叫《缁衣》,大家都认为,《缁衣》就是赞美郑武公的,因为郑武公是他们的贤王。这是郑国早期的发展轨迹以及国君的主要事迹。

后面还有一位非常厉害的君主,叫郑庄公。他首先敢于与周王室对抗,然后"周郑交质",就是周王朝和郑国交换人质,这说明什么呢?说明郑国认为自己和周王朝是平等的国家。所以,孔子认为这种不尊礼制的事情是郑国首先开始干的,郑国首先挑战周天子的权威,使得周王室的形象一跌千丈,其他诸侯才纷纷开始仿效,所以这也是孔子比较讨厌郑国的一个原因。

从郑国的这几任国君可以看出,郑国人身上有着非常大胆的、叛逆的、创新的一面,同时又深深浸润着中原正统文化。郑国的前两个国君就对周王室比较忠心耿耿,东迁之后,选的这个地域也是中原腹地,和洛邑非常接近,东边是开封,西边是虎牢关,北边临黄河,南边是许昌平原,非常好的一个地方,是天下的中心,四方交通的枢纽。其实就是得郑国可得中原,得中原可得天下。郑国占据这么好的地理位置,是它的优势,也是它悲哀的地方。可以说,郑文化在郑国东迁的时候,是有一次被重新塑造的过程的。

郑国现在的位置其实属于殷商故地。殷商是很大的民族,而周朝是一个很弱小的民族,人口很少,周人自己有时候都搞不清楚为什么自己就夺得天下了,所以周王刚开始会恐惧,会如履薄冰,也对殷商遗民特别防备。于是周王就把殷商遗民封到了宋国,宋国人就是殷商人的后裔,这是一种把人和地分开的分封方法。周王又在宋国旁边分封了好几圈,全都是和周王室关系非常紧密的王国,一圈又一圈把宋国这些殷商人给围住。但这里还是殷商人的故地,殷商文化非常浓郁。

我们现在看来,殷商人似乎有一种酒神精神,狂欢、喝酒,性格比较狂放、浪漫。我们现在提起殷商人感觉已经比较有隔膜了,因为之后中国人深受周文化的影响,我们后来都热衷种地。商人可不是这样,他们不重视礼法,重视神,重视天命,他们的国家其实是有一些政教合一的。

所以郑国人来了以后,不可能不受到殷商文化的影响。《桧风》里面那几首诗说的都是自己的国君不重礼,也就是说虢国和桧国这两个国家本身也不是很重视礼的一个地方。那么中原文化的核心是什么呢？其实就是礼，礼乐文明是最中心的内涵。周公苦心孤诣地缔造礼乐文明之后，两千多年来，礼乐制度一直是我们核心的意识形态，是让我们传统中国一直团结强大的精神力量。

本来是周文化核心国家的郑国人来到了这么一个殷商人的地方。这还是一个具有野性文化的地方，新郑是黄帝故里，新密是祝融之墟，原始的野性文化都很浓郁。所以，新旧文化就把郑国人的性格重新塑造了一遍，他们又产生了一种全新的性格——热衷创新，思想活跃，现实功利，重视个人享受，喜欢音乐、女色，所以《诗经》里的《郑风》，很多就反映了当时郑国人的性格。

《郑风》谈恋爱的内容极多，比如写男子多美，写女子多漂亮，"有女同车，颜如舜华"。后来的朱熹就说郑、卫国风都无耻，而郑国国风是最无耻的了，为什么呢？因为卫风都是男追女，而郑风都是女追男。在《诗经》里面，郑国的女孩是非常泼辣大胆的，比如："子惠思我，褰裳涉溱。子不我思，岂无他人？狂童之狂也且！"郑国国都新郑有两条大河，溱河和洧河，现在这两条河还在。一到春天，郑国的年轻男孩女孩们就到河边去约会。这个女孩就在河对面，叉着腰，对男孩喊，你要是喜欢我，现在就从这条河里趟过来，你要是不喜欢我，你以为就没有别的人追我了吗？这就能反映郑国女孩子的性格了。还有一首诗，"野有蔓草，零露漙兮。有美一人，清扬婉兮"。这些都反映了当时郑国比较原始野性的婚俗。比如还有一首《女曰鸡鸣》，女子催促着她的丈夫赶快起床，这个男子应该是个猎人，因为女子说，天亮了，鸟就要飞走了，你要趁天蒙蒙亮的时候就去打猎，那这个男子出门之前要说什么呢？"宜言饮酒，与子偕老，琴瑟在御，莫不静好。"《邶风·击鼓》里面也说"执子之手，与子偕老"，这说明，与子偕老、琴瑟在御、莫不静好等等，是郑卫之地当时常用的话语，是当时经常挂在郑国人嘴边的话。又比如"一日不见，如三月兮"，《诗经》里面也提到了好几次，说明郑国故地真的是一个非常浪漫的地方，他们一张嘴就是情话。这就是当时郑国人的一种风气，这就是郑国东迁以后经过文化塑造形成的一种文化风气。这样的文化风气经历了很长时间，到了汉代，班固写《汉书·地理志》的时候，还说这个地方的人不喜欢当官，就喜欢做生意，特别精明，一直到了《隋书·地理志》还是这么说。

那么，最能够体现郑国文化特色的是什么呢？是音乐。殷商人特别喜欢听音乐，商纣王本身应该就是个音乐家，靡靡之音就是形容他创造的音乐。后来的郑国继承了一部分殷商的音乐传统，形成了一种非常创新的郑国音乐。从考古上来看，郑国是出土编钟最多的国家，而且出土的编钟音调非常准确，音质也很优美，音域跨越几个八度，能够演奏非常复杂的音乐。我们现在推断当时的郑国音乐，应该是技巧繁复，多情婉转，比较哀伤的，这和缓慢庄严的传统雅乐形成了鲜明对比。有了这么好听的新音乐，谁还去听那让人瞌睡的雅乐啊？当时郑国的音乐影响巨大，传出了郑国，走向了"全世界"，等于是郑国利用音乐进行了一个强势的文化输出。

子夏说，当时特别喜欢新乐的有四个国家，就是郑、宋、卫、齐。郑、宋、卫是殷商故地，齐国是比较有钱的东方大国，比较奢侈。这四个国家都在搞新乐，为什么孔子老是骂郑国的音乐呢？第一，郑声相较于其他国家的新乐，传播最广，影响最远，对于雅乐的冲击最大；第二，在孔子看来，郑国是姬姓国，又处在这样一个中原文化核心区域，本来应该担负起守护礼乐文明的重大责任，结果却率先破坏礼乐文化，充当了礼崩乐坏的急先锋，孔子当然就认为"是可忍，孰不可忍"了。所以孔子把郑声比作爱说甜言蜜语迷惑君王的"小人"，说"恶紫之夺朱也，恶郑声之乱雅乐也"。

中原文明的发展，其实是一个礼乐文明不断占据其他文明的扩张过程，是理性不断去重塑野性欲望的过程。为什么要有礼？礼就是要战胜原始欲望，推动社会文明的发展。郑国东迁之后，郑国人的原始欲望是在不断膨胀的，对于男女感情，对于感官娱乐，对于财富追求，他们的欲望越来越多。理性的人文精神、礼乐文化在不断地被压制。而郑国人的这种性格变化，其实是整个春秋时代礼崩乐坏大势里的一个鲜明代表而已。

但是，一个国家、一个地域的文化性格是在不断地发展变化。后来，郑国有一个非常有名的执政者叫子产，他是郑穆公的孙子，是春秋晚期的执政者，执政大概20多年。子产非常重礼，以重礼而闻名于世，《左传》里面记载了他非常多的事迹，这个时期，郑国已经日益衰败，而大国兼并的时代已然到来。子产深知外交的重要性，他想要建立一个新的秩序，让大国和小国能够并存。在外交上，子产提倡自尊自爱，不卑不亢。有一次晋人想攻打郑国，子产直接赋诗："子惠思我，褰裳涉洧，子不我思，岂无他士！"意思就是我们是平等的关系，虽然你是大国，我是小国，但是你不要在外交上欺凌我，这就是子产的一种外交策略。子产认为一个国家,无论是大国或小国,独立自主外交的基础是要有强大的内政,他说"小国无文德,而有武功,而祸莫大焉",即不要急于在外交上秀肌肉,不要急于展示军事野心,这必然会引来大国讨伐,要先默默地"修文德",其实就是修炼内在的文化软实力。修文德的内容主要就是礼,要用礼来重塑郑国已经堕落的、败坏的人文精神。

子产还认为单纯用礼已经无法稳固传统的中原文化,要宽猛相济,意思是要有礼有法。他铸刑书于鼎,这是中国历史上第一个正式的成文法。子产认为把法律条文刻在鼎上,让老百姓都学习法律,这样才能让人民的道德水平不断地提高。当时这项措施受到很多贵族的反对,子产说了一句比较有名的话叫"苟利社稷,死生以之"。这个改革获得了非常好的效果。

子产也非常注重保护郑国的传统文化。比如郑国的商人文化,经过子产的改革,《史记》记载几年后郑国路不拾遗,夜不闭户,家家户户办丧礼等礼仪非常合乎规范,这说明郑国人的道德品质已经大幅提高,将礼内化于心,郑国人的性格也有了巨大变化。后来的《韩非子》中有个故事叫郑人买履,这个故事里的郑国人又走向了另一个极端,变成了教条主义者,这反映了一个地域人民性格的变迁。

在一百多年前,中国国运飘零的时候,很多人又想起子产,来研究子产,为什么呢?因为一百多年前的中国也像当年被困于晋楚的郑国那样,被许多大国欺辱,很多人就想起了当年的那个郑国,当年那个勇敢有智慧的政治家、外交家,希望借助他的方式来挽救当时的中国。

想想郑国,想想子产,和我们现在的这个河南有什么关系,和我们现在的中国有什么关系,郑国的国风对中原文化的内涵有什么影响,这是比较有意思的一个话题,希望大家在阅读中体会思考。

## 主持人访谈

**主持人:**

《诗经》又叫《诗三百》,篇目很多,如果让您从中选出最喜欢的一首,您会选择哪一首呢?能否分享一下原因?

**刘老师：**

我喜欢的诗比较多，我可以从《郑风》里选一首，《风雨》是我比较喜欢的。全诗三段重章叠句，最后一段是"风雨如晦，鸡鸣不已，既见君子，云胡不喜？"这应该是一首情歌，但是古人没有仅仅把它当情歌，而是给它赋予了非常深的象征意义。这三段不是简单的重复。第一段是一两只鸡先起床了，零零碎碎地在叫；第二段是其他鸡慢慢醒了；第三段是全部醒了，鸡鸣不已，这是慢慢天亮的时间变化。再来看风雨，刚开始"风雨凄凄"，是下着小雨，冷飕飕的感觉；然后"风雨潇潇"，雨大了，听到哗哗的声音了；而"风雨如晦"呢，风雨非常大了，是很细腻的一个过程。

这首诗写的场景发生在什么时候呢？凌晨天快亮的时候。这个人一直在等着这位君子，一直从黑夜等到天亮。在这么漫长的等待和坚守中，在这样一个黑夜与光明相交替的过程中，最后鸡鸣不已，天大亮了，女子所盼望的君子终于回来了。我们可以把这个君子当作任何值得期待的人或事，古人常常认为是一辈子在坚守的那个理想。我们在坚持追求理想、盼望理想实现的过程中，如果觉得困难疲惫，那么你再坚持一下，可能最后真的会"既见君子，云胡不喜"，"守得云开见月明"了。

**主持人：**

春秋时期的记载中似乎经常会提到一个有趣的现象，《诗经》会被广泛地应用于外交场合。比如重耳见秦穆公时，重耳赋《河水》，秦穆公赋《六月》，两人一拍即合之后就一起搞起了事业。这在今天看来好像有点匪夷所思，为什么《诗经》在当时会有这么强的外交功能呢？

**刘老师：**

孔子曾说"不学诗，无以言"。要是不学诗，在外交场合下你都张不开嘴，因为你不能用自己的语言去说话。不管在外交场合，还是政治场合，一直到西汉，你说一首诗，我也说一首诗，互相对诗，用的都是诗的引申意义。这就是《诗》非常重要的功能——言语功能、外交功能。所以，在孔子之前，《诗经》就是最基本的教科书。《左传》里面有好几次因为《诗经》背得不熟，引起了外交事件。有一个人在说诗，然后其他国家的人纷纷应答，你在旁边愣着不吭声，然后这几个国家的人就说，看来你有异心啊！然后这几个国家一起去讨伐你。这样的外交事件,就是因为不好好学习《诗经》造成的,所以孔子说"不学诗,无以言"。

**主持人:**

同样的诗句,在不同人看来,似乎会有不同的理解。比如咸丘蒙曾经问孟子"普天之下,莫非王土;率土之滨,莫非王臣"的含义,虽然孟子的解释让咸丘蒙很满意,但是不能保证后面会不会有甜丘蒙、酸丘蒙、辣丘蒙对此抱有疑问。那么,我们应该怎么做才能去找到那些诗歌原本的含义呢?

**刘老师:**

虽然我们的研究目的就是要追寻历史的真实,但现在要确定诗歌最初的含义已经不太可能了,只能说无限地去接近真实。有一句话叫"诗无达诂",就是每一个人都对诗有自己的解释,这才是诗能作为诗,并有永恒魅力之所在。一千个人就有一千个哈姆雷特,每个人对诗有不同的理解,比如我刚才提到的那首诗《风雨》,你可以理解为情诗,也可以理解为对一个知音的追寻,还可以理解为对一个理想的追寻,你怎么理解都好,能够快乐,能够鼓舞自己,这就是诗歌实现了自己的价值,也是诗歌能够永恒流传的一个原因。

**主持人:**

关于《诗经》的研究著作很多。我在图书馆网站查询了一下,输入"诗经"两个字,出来的信息有8页之多,其中有相当一部分是在寻找历史真实。请问您是怎么看待这种寻找历史真实的研究呢?

**刘老师:**

刚才你说的那种看法主要是来自汉儒,汉儒是倾向于把《诗经》历史化、经典化。所有的诗都有个历史人物,一般是某一个国君。在汉代,当时的人为什么研习《诗经》呢?因为汉代的儒生想干预政治,必须手里要有理论武器,《诗经》就是他们的一个武器,把皇帝打造为理想中的贤王。每一个时代都有每一个时代的特色,我们不应该从现在的视角完全否定古人。古人肯定是更加看重《诗经》文学本身之外的意义的。直到新文化运动以后,

《诗经》才被作为一部文学著作,之前都是把它作为神圣的意识形态的文本去阅读。现在我们不需要用它辅佐政治,因此它作为意识形态的属性消失了,可以安安静静回归文本本身了。

**主持人:**

中国古代对于《诗经》的解读,曾经有过"三家诗"兴盛的时期,但是由于"三家诗"对《诗经》的解释过于支离烦琐,甚至歪曲《诗经》原有的意义,最终被历史抛弃了。那么对《诗经》的研究,您认为我们怎么才能避免走上"三家诗"的老路呢?

**刘老师:**

我们不可能走上"三家诗"的老路,那是汉代才发生的事情。"三家诗"指"鲁诗""齐诗""韩诗"三个解说《诗经》含义的学派,同属今文学派。"毛诗"属于古文经学,与它们一起构成四家。汉代今文经和古文经打得一塌糊涂,其实这是儒生在政治现实中角力。后来郑玄注解了"毛诗",因为郑玄注解得太好了,所以其他的就慢慢被淘汰了。汉人喜欢用阴阳谶纬去解释学术,汉代之后,谁还喜欢搞这套呀?所以我们不会走到那个老路上,现在《诗经》已经和政治脱钩,还原成纯学术了,对它的研究越来越看重本质。

## 书目推荐

第一本是陈鼓应注译的《庄子今注今译》,大家可以看看这本书入门。

第二本是赵逵夫所著的《屈骚探幽》,整本书就是在讲《离骚》是什么,从中可以了解楚文化跟中原文化是如此不同的。

第三本是李泽厚所著的《论语今读》。李泽厚是著名的美学家,他讲得比较通俗,还用了很多现在的哲学思维、美学思维去理解《论语》。

第四本是洪兴祖所写的《楚辞补注》。洪兴祖是南宋时期的人,这本书是传统时代讲楚辞比较权威的一本。

第五本是金景芳、吕绍纲所著的《周易全解》,讲得非常通俗,非常细,比较适合入门者。